U0663912

国家社会科学基金项目(2006BZX041)

Popular Confucianism

大众儒学

邵汉明 刘辉 王永平 著

人民出版社

责任编辑：方国根
版式设计：周方亚

图书在版编目（CIP）数据

大众儒学／邵汉明，刘辉，王永平 著．
－北京：人民出版社，2014.10
ISBN 978－7－01－013317－1

Ⅰ. ①大…　Ⅱ. ①邵… ②刘… ③王…　Ⅲ. ①儒学－研究
Ⅳ. ① B222.05

中国版本图书馆 CIP 数据核字（2014）第 047461 号

大众儒学

DAZHONG RUXUE

邵汉明　刘 辉　王永平　著

人民出版社 出版发行
（100706　北京市东城区隆福寺街 99 号）

北京新魏印刷厂印刷　　新华书店经销

2014 年 10 月第 1 版　2014 年 10 月北京第 1 次印刷
开本：880 毫米 ×1230 毫米 1/32　印张：11.125
字数：260 千字　印数：0,001－5,000 册

ISBN 978－7－01－013317－1　定价：35.00 元

邮购地址 100706　北京市东城区隆福寺街 99 号
人民东方图书销售中心　电话（010）65250042　65289539

目　录

Contents

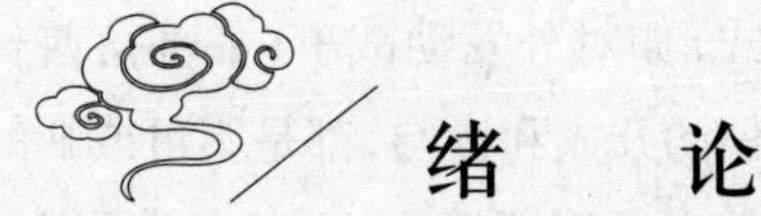

绪　论

什么是儒学？儒学在历史上是怎样发展演变的？儒学精神及其价值何在？如何评价儒学的历史地位？今天应以什么样的态度对待儒学？儒学与马克思主义有什么样的关系？儒学是否必要、是否可能大众化、世俗化？这些都是很大很大的问题，也是至关重要的问题，每个问题都可以作一篇大文章，甚至写一本书。不过这里，笔者只能大题小作，略作解析，略作交代。

一、儒学的概念界定①

要想解答什么是儒学，先要弄清什么是“儒”？何谓“儒”呢？传统的解释：儒是一种职业，即从事“相礼”的工作。在古

① 本节参考了邵汉明的《儒学的未来》，《光明日报》2010 年 11 月 16 日。

代，祭祀是一项十分普遍、十分重要的活动，而祭祀仪式离不开礼，要严格依礼来进行。祭祖、祭天、祭神等祭祀仪式都有十分复杂的礼仪规定：有哪些步骤？哪些人物参加？不同的角色穿什么样的祭服？站何位置？说什么话？都有讲究，一般人主持不了这样的仪式，非从事"相礼"的儒出来主持不可。不仅如此，部落、国家的重大政治活动和社会活动，也都有种种的仪式，如对外发动战事，如部落酋长或国君的婚礼、丧礼大典等，儒的介入和参与，都是不可或缺的。儒在后来的演变和发展中，其内涵逐渐泛化，一般的读书人、有知识有文化的人皆可称之为儒。

这是传统从职业及其演变的角度对儒进行考察得出的认识。这里我们再从"儒"的字形结构来看，"儒"，左侧"亻"，右侧"需"，人的需要。这就意味着，一方面，儒是关心、关注和研究人的需要、人的各种问题的；另一方面，也意味着儒经过思考和研究所得到的关于人的认识和思想是人所需要的，人的生存和发展需要这种认识和思想的滋养和指导。

对于儒的如上考察和把握对于我们理解什么是儒学是有帮助的。那么，何谓儒学呢？从历史的角度看，儒学是孔子所创立、孟子所发展、荀子所集其大成，其后绵延不绝，至今仍有一定生命力的学术流派。这一定位是没有毛病的。不过，学界更多的是从儒学的内涵或学术旨趣来把握儒学，有说儒学是心性之学，有说儒学是人学，有说儒学是一种政治哲学，有说儒学是一种伦理道德哲学，等等。凡此种种说法，无疑都有其成立的理由，很难说哪一种说法绝对的合理、科学，哪一种说法绝对的不合理、不科学。照笔者对儒学的认识和把握，我想说，儒学既是安

曲阜孔庙鸟瞰图

身立命之学，更是经世致用之学，是二者的有机统一。

儒学作为一种安身立命之学，所突出的是儒学的"内圣"层面，所解决的是人的精神生活、精神境界、精神寄托、精神安顿问题，也就是我们现在常说的精神家园问题。党的十七大报告提出构建中华民族共有的精神家园。笔者坚信，构建精神家园，儒学可以提供积极而丰富的思想资源。孔子讲"乐道"，讲"乐以忘忧"、"不知老之将至"（《论语·述而》）；孟子讲"养心"，讲"求其放心"（《孟子·告子上》），讲"理义之悦我心，犹刍豢之悦我口"（《孟子·告子上》），皆在追求精神生活、道德生活的满足，皆在致力于精神境界、道德境界的提升，并从此种满足与提升中获得精神的愉快。

儒学作为一种经世致用之学，所突出的是儒学的“外王”层面，所要解决的是经济发展和社会进步问题，是人的物质生活、政治生活和社会生活问题。儒家特别强调“学以致用”，强调“兼善天下”，强调“立人达人”。孔子云：“士而怀居，不足以为士也。”（《论语·宪问》）“怀居”即所谓“怀安”；“士”者，事也。孔子的意思是说，作为一个有理想有抱负的知识分子，理当用自己的理想去引领社会，用自己的思想去影响社会，用自己的作为去改进社会；理当走向社会，服务于社会，为社会为国家为民族作出自己的努力和贡献，否则，饱食终日，无所用心，贪图安逸，就不配做一个知识分子。孔子弟子子夏还说过一句十分著名的话：“学而优则仕。”（《论语·子张》）表面上看，这是提倡一种读书做官论，然究其实质而言，这却是儒家入世品格和用世精神的最通俗表达。在一定意义上，入世和用世是儒之为儒的关节点。在天下无道的现实面前，以道家为代表的隐者认为洁身自好才是明智的选择，以孔子为代表的儒家则认为，正因天下无道，才有变革现实的必要，在变乱世为治世、变无道为有道的过程中，人生才凸显出其意义与价值。

二、儒学的历史演变

可以这样说，自儒学产生之后，中国历史有多长，儒学的历史就有多长。在儒学发展演变的历史长河中，不同时期或不同时代儒学的中心议题不同，理论旨趣不同，表现方式不同，影响和作用也多各不同。正是这诸多不同，向人们展示了儒学丰富多彩的思想内容和波澜壮阔的精神画面。

关于儒学的历史发展，已有多部中国儒学著作作出详细的阐述，这里，我只想指出，有几个重要的历史阶段有必要引起人们特别的重视和关注，这就是先秦儒学、两汉儒学、宋明儒学和现代新儒学。

（一）先秦儒学

先秦儒学亦称原始儒学，是儒学的初创时期或儒学发展的第一阶段，包括春秋末年及整个战国这一段时间。人所公认，先秦儒学是儒学发展历程中一个最最辉煌的时期。

先秦儒学的代表人物，前有春秋末年的孔子，中有战国中期的孟子，后有战国末年的荀子。孔子作为儒学的创始人，提出仁学等主张，在历史上被尊称为“圣人”；孟子沿着“内圣”的方向发挥发展儒学，提出“性善”学说，在历史上被尊称为“亚圣”；荀子沿着“外王”的方向发挥、发展儒学，提出“性恶”理论，在历史上被视为“集大成者”。

孔子像

先秦儒学提出了一系列的概念、范畴和命题，如道、仁、义、礼、智、信、忠、恕、恭、宽、敏、惠、知、行、勇、诚、中庸、中和；尊德性、道学问；

一阴一阳之谓道、形而上者谓之道，形而下者谓之器；万物皆备于我、民贵君轻；天人相分、人定胜天、化性起伪；格物、致知、正心、诚意、修身、齐家、治国、平天下（八条目），等等。这些概念、范畴和命题的提出和阐述表现了先秦儒学的丰富内容，反映了先秦儒者的致思趋向和认知水平。在这众多的概念范畴中，相比较而言，孔子突出一个“仁”字，所谓“仁”，意指人的内在情感的自然抒发、自然流露；孟子突出一个“义”字，所谓“义”，意指凡事都要讲道理、讲道义，不能不讲理；荀子突出一个“礼”字，所谓“礼”，意指做人做事要讲规矩，要有约束，不能乱来。

先秦儒学的经典（也有学者称之为元典）主要有：《论语》，孔子与其弟子的言论汇集，历史上有“半部《论语》治天下”之说。《孟子》，据《史记·孟子荀卿列传》载：孟子“所如者不合。退而与万章之徒，序《诗》、《书》，述仲尼之意，作《孟子》七篇。”宋大儒朱熹以《孟子》为“四书”之一。《荀子》，战国末年荀子作，现存32篇，有着非常丰富的自然观、认识论、政治观、人性论和教育思想。《周易》，由《易经》和《易传》构成，《易经》包括六十四卦的卦、爻辞；《易传》包括《彖》上下、《象》上下、《系辞》上下、《文言》、《说卦》、《序卦》、《杂卦》，计十篇。《易经》约产生于西周初年，《易传》始于春秋中期，成于战国末年。《易传》是对《易经》的阐释。

（二）两汉儒学

两汉儒学有两大事件，一是董仲舒提出“罢黜百家，独尊儒术”的主张被汉武帝采纳，而使儒学上升到国家意识形态的高度，这对儒学的发展至关重要。董仲舒顺应时代需要，吸收阴阳家、法家等诸家思想，把阴阳五行学说和儒家学说结合起来，建立起一个“天人感应”的目的论理论体系，为封建大一统和专制体制辩护和服务。

董仲舒像

二是今古文经学之争。今文经学是指经学中研究今文经籍的流派；古文经学是指经学中研究古文经典的流派。今文经学始于西汉初，古文经学始于西汉末。今文经与古文经不仅书写字体不同（今文经使用当时流行的隶书，古文经则用秦以前的“古籀文字”），而且对字句、篇章、中心思想乃至对古代典章制度、人物的阐析和评估也很不相同。今文经学着重阐发经学中的微言大义；古文经学则偏重于名物训诂、考证。今文经学与古文经学皆以孔子为先师，然今文经学家认为孔子删定“六经”作托古改制的手段，立万世不易之法；古文经学家则视孔子“述而不作，信而好古”，以“六经”为孔子整理古代史料之书，把“六经”作史料看。今文经学长于理论思维，古文经学长于训诂考据，故在今日看来，今文经学受到哲学界重视，古文经学受到语言学界的关注。

今古文经学之间在汉代共发生四次较大的争论。第一次今古文经学之争是刘歆与太常博士的争论。这次争论是由刘歆挑起的，发生于西汉成、哀之际。刘歆是刘向少子，刘向是今文经学家，刘歆是古文经学家。当时今文经学是官学，五经博士为今文经学所垄断。古文经学仅是私学。刘歆为改善古文经学状况，建议将古文经学立于学官，立古文经学博士。于是与今文经学家发生激烈争辩，最后以古文经学失败而告终，然亦扩大了古文经学的社会影响和学术影响。第二次今古文经学之争是韩歆、陈元与范升的争论。这次争论是由当时的尚书令、古文经学家韩歆发动的，发生于建武初年。这次争论主要围绕《左氏春秋》是否应该立博士而展开，争论虽无结果，但古文经学的影响有所提升。第三次今古文经学之争是贾逵与李育的争论。这次争论是由古文经学家贾逵挑起的，发生于建初元年至四年。建初元年，贾逵条奏《左传》优于《公羊》、《谷梁》，今文经学家李育作《难左氏义》，提出 41 个问题反驳。建初四年，在洛阳白虎观，章帝亲自主持一次经学讨论会，集众多今古文经学家开展辩论，试图解决经学统一问题。会议材料，由班固整理成《白虎通义》，即《白虎通》。第四次今古文经学之争是郑玄与何休、羊弼的争论，这次争论是由何休挑起的，发生于桓灵之际。这次争论主要围绕《公羊》、《左氏》优劣而展开，争论以郑氏泯灭今古文之壁垒，合古今于一体而告一段落。四次今古文经学之争虽因古文经学是否可以立于学官而展开，有门户之嫌，相互攻击，然客观上提升了古文经学的地位，扩大了古文经学的影响，同时通过辩论长短优劣，增进了相互了解，推进了今古文经学的沟通融合。

（三）宋明儒学

宋明儒学亦称宋明理学，因为理学构成宋明儒学的理论表现形态，它是宋明时期占主流地位的思想体系。这个思想体系又区分为两大派别，即程朱理学与陆王心学。所谓程朱理学，

朱熹像

即北宋二程（程颐、程颢）的洛学和南宋朱熹的闽学的合称。程朱理学在整个宋代及至明代皆居于正统的地位。所谓陆王心学，即指南宋的陆九渊和明代王守仁的学说。陆王心学之影响也不容小视。前者以“理”为最高范畴，后者以“心”为最高范畴。

宋明儒学关注的主要问题，一是本体论问题，即世界的本原问题，有主张气本论者，如北宋张载；有主张理本论者，如二程、朱熹；有主张心本论者，如陆九渊、王守仁。二是认识论问题，张载率先提出“见闻之知”（感性认识）与“德性之知”（理性认识）两种知识，二程讲“格物致知”，朱熹讲“即物穷理”，陆九渊讲“发明本心”，王守仁讲“至良知”，主张“知行合一”。三是心性论问题，即人性问题，也包括心、性、情问题，张载提出天地之性和气质之性的人性学说，主张“变化气质”；程朱主张“性即理”，主张“穷天理，灭人欲”；陆王认为心即理即性。四是修养论问题，宋明儒学的认识论不是纯粹的认识论，其实很大程度上也是修养论。程朱强调“格物致知”、“居敬”、“穷理”的功夫，陆王认为心外无物无理，故批评朱熹的方法支离烦琐，而提倡反身内求的“易简工夫”。

宋明儒学或宋明理学有两个十分显著的特点：其一，它是三教合流的产物。以儒学为核心，糅合佛、道，而形成一种崭新的儒学形态。其二，它是儒学哲学化的结晶。无论是与先秦儒学相比，还是与两汉儒学、隋唐儒学相比，宋明儒学的思辨色彩都是最为浓厚的。围绕“性与天道”这一根本问题，宋明学者进行了精深缜密的思考和探索，标志着儒学乃至中国哲学跃升到一个新的层面、新的阶段。

（四）现代新儒学

现代新儒学是相对于宋明新儒学而言的，它是儒学发展进程中的现代形态。现代新儒家从民族文化本位立场和儒家道德意识出发，致力于孔孟原始儒学和宋明儒学的发掘、诠释和新解，并试图用儒学去融合、会通西学，以谋求儒学的复兴、中国文化的复兴，谋求中国社会的现代化。

现代新儒学的发展，根据多数学者的意见，大致分为三个阶段：五四以后至新中国成立前是前期阶段，其代表人物有梁漱溟、张君劢、冯友兰、金岳霖、熊十力、贺麟等；20世纪50年代以后，现代新儒学在港台地区得到新的发展，并达到鼎盛阶段，其代表人物主要有唐君毅、牟家三、徐复观、方东美等；进入20世纪80年代以来，现代新儒学表现出新的发展势头和学术特点，其代表人物主要有杜维明、刘述先、成中英等。

现代新儒学的核心命题，一是“儒学复兴”。所谓“儒学复兴”，其宗旨在于肯认儒家思想不仅没有过时，而且代表着中国乃至世界文化发展的未来方向，弘扬儒学、复兴儒学，不仅可以解救中国，甚至可以解救世界。二是“返本开新”。所谓“返本开新”，即返传统儒学之本，开民主科学之新，也即由内圣（心性之学）开出新外王（民主、科学）。现代新儒家肯认儒家的心性之学与现代民主科学并不矛盾，民主科学和现代化（外王）实是出自中国传统文化的内在自觉的需求，出自儒家生命智慧之自然展现。三是“儒家资本主义”。所谓儒家资本主义，实是对与欧美资本主义相比具有明显不同特征的东亚地区工业文明体系的总称和概括。现代新儒家认为，由于东亚地区属于儒家文化圈，正是儒家伦理的积极作用，导致了这一地区经济现代化的发展，据此推而广之，儒家传统也能促成中国本土的现代化的成功。

平心而论，现代新儒家关于中国哲学和中国文化的研究，关于儒家学说的现代价值的研究，关于传统文化与现代化关系的认识，不乏独到和深刻之处，他们在推进中国哲学和中国文化的现代化、推进中西哲学和中西文化的会通方面是有贡献和成绩的，但他们的根本观念——以儒学的复兴来推进中国社会的转型却很难行得通，他们的理论的致命弱点，就在于未能跳出近代许多有识之士倡导的“中体西用”文化观的旧巢穴。

三、儒学精神及价值①

关于儒学精神，有人说是人文主义或道德人文主义，有人说是中和或中庸，有人说是伦理精神，有人说是人学或人生哲学。按笔者对儒学的认识和把握，儒学精神可以概括为和谐意

① 本节参考了邵汉明的《儒家文化精神及其价值的现代透视》，《光明日报》2001年10月9日。

识、人本意识、忧患意识、道德意识和力行意识五个方面，这五个方面在今天仍有其卓越的价值。

（一）和谐意识与和平发展

儒家文化中的和谐意识包含天人关系的和谐与人际关系的和谐两层意思。关于天人关系的和谐，儒家提倡“天人合一”。孔子主张寓天道于人道之中，要在人道的统一性中见出天道的统一性。因此，他既讲“天知人”，把天拟人化、道德化；又讲“人知天”，强调人在天命面前不是被动的。孟子把天和人的心性联系起来，主张“尽心”而“知性”，“知性”而“知天”，以人性为中介将天和人沟通和统一起来。关于人际关系的和谐，儒家提倡“中庸”。“中庸”也称“中和”、“中行”、“中道”，都是同样的意思，即“和而不同”与“过犹不及”。所谓“和而不同”，说的是对一件事情有否有可，该肯定的肯定，该否定的否定。这是合乎辩证法的和同观的。所谓“过犹不及”，说的是凡事都有一个界限和尺度，达不到或超过这个界限和尺度都不可取。“和而不同”与“过犹不及”的实质乃是强调矛盾的统一与均衡，强调通过对事物之度的把握以获得人际关系的和谐，避免和克服人与人、人与社会乃至国家、民族之间的对立和冲突。

当今的时代是和平与发展的时代。和平与发展既离不开人与自然的和谐，也离不开人际关系的和谐。小至家庭，大至一个国家、一个民族乃至整个人类的发展，都是同样的道理。可以想象，如果片面照搬西方的“戡天”思想而对自然进行掠夺性开发，其结果只会破坏自然生态的平衡，并最终招致大自然的惩罚和报复。

(二) 人本意识与对人的尊重

所谓人本意识，也就是尊重人和推崇人，弘扬人的生命存在的意义和主体独立自觉的价值，这也正是儒家所津津乐道和汲汲追求的东西。无疑，儒家不像西方文艺复兴时代的思想家那样，突出人的个性自由与解放、个体的独立与发展。但这只是相对而言，第一，儒家并没有完全抹杀人的个体主体的作用与价值，抹杀人的个体主体的独立性与主动性。孔子说“为仁由己”(《论语·颜渊》)，仁的境界的实现要靠自己的努力；又说“己欲立立人，己欲达达人”(《论语·雍也》)，认为“立人”、“达人”要以“己立”、“己达”为前提。孟子说“道惟在自得”(《孟子·离娄下》)，求道没有别的途径，全靠自身的修行和体悟。这都是对人的个体主体的独立性和主动性的肯定。第二，主体理应包括个体主体和类主体，主体意识理应包括个体主体意识和类主体意识。就类主体和类主体意识来说，儒家不仅不曾忽略，相反却是十分看重的。一方面，儒家从人性的普遍性出发，把人看成是一种社会性的类存在，作为类存在，人在自然、宇宙中居于特殊的位置。另一方面，儒家立足于人的家族血缘关系，以人伦世界、人伦社会为人的生存发展的根本依托，故而人的社会价值或类主体价值较之人的自我价值或个体价值更重要。正是在这样的意义上，儒家强调“人贵物贱”，认为人类有着不同于其他事物的高明高贵之处，具有其他事物无法比拟的价值；强调“民为邦本”，认为人民构成国家政治的基础，只有基础牢固，国家的安宁才有保障，国家的发展才有可能；强调“民贵君轻”，认为人民、国家、君主的重要性，人民是第一位的，天下之得失取决于民心之向背。

儒家的人本意识突出人的主体性，主张把人当人来看待，提倡重视民意，与民同乐，这是尊重人性、尊重人的体现，也是古代民主思想的萌芽。固然，儒家的人本或民本思想不同于近代西方的民主思想，人本或民本观念是通过对人性的肯定来论证人格尊严，民主观念是通过对人权的肯定导出人格平等。人性与人权、民本与民主具有相通性，但不能等同。不过，人本或民本思想仍然可以成为民主思想的基础。我们建设具有中国特色的社会主义民主，有必要从儒家的人本或民本思想中吸取有益养分。

(三) 忧患意识与责任承担

忧患意识是一种特殊的意识，是指人们从忧患境遇的困扰中体验到人性的尊严和伟大及人之为人的意义和价值，并进而以自身内在的生命力量去突破困境、超越忧患的心态。儒家文化所体现的忧患意识亦正是他们通过对忧患境遇的深刻体验而孕育出来的弘扬人性尊严和人生价值、提升主体人格和精神境界的特殊心态。它包含悲天悯人和承担责任两层意义。所谓悲天悯人，说的是孔孟之所忧所患绝非所谓感性物质生活的匮乏和个体生存发展上的苦困，而主要是内在精神生活的缺憾和人类群体生存发展上的苦困，绝非一己之功利得失，而主要是人类群体之幸福和理想的实现，是物我对立、人我对立的取消。所以当现实的苦困缠绕个人与众生之际，当天人合一的境界和人我和谐的秩序被打破之时，孔孟自然在自己的内心深处产生一种深沉的悲情悲愿和无限的同情之心，孟子称之为“不忍人之心”、“恻隐之心”(《孟子·公孙丑上》)。所谓承担责任即是在悲天悯人的基础上所引发的自我关怀和群体关怀。自我关怀表现为谋求主体道德生命的提升;群体关怀表现为谋求江山社稷的长治久安,正如《易传》所说:“君子安而不忘危,存而不忘亡,治而不忘乱,是以身安而国家可保也。”(《周易·系辞下》)总之,悲天悯人的同情心是责任感得以生发的直接契机;承担苦困的责任感则是同情心的必然升华,两者共同构成儒家忧患意识的有机内涵。

儒家的忧患意识对历代仁人志士胸怀天下、奋发进取、为理想而不懈追求传统的形成产生了十分积极的影响,即便在今天,人们仍可以从中得到许多有益的启示。在严峻的现实挑战面前,我们尤其需要有孔孟儒家那样强烈而深沉的忧患意识和历史使命感、责任感,去扛起时代的重任,消除民族的和人类的危机,由忧患而最终超越忧患,实现人类的崇高理想。

(四)道德意识与文明进步

与道家崇尚自然的传统不同,儒家的传统是崇尚道德。儒家充分意识到道德对于社会和人生的重要性。首先,有无德行构成人们人格评价的直接依据。一个人如若没有崇高的道德,即使贵为王侯,也得不到万民敬重;反之,有了崇高道德,即使穷困潦倒,也能得到万民称颂而名垂千古。其次,道德还是人们为人处世的行为准则。儒家认为仁义之心是人之生命的根本,失去仁义之心也就等于丧失生命之根本。因此,他们强调做事要从仁义出发,不仁之事不做,不义之财不取,哪怕与人相处也要有所选择,要与有仁义之心即有道德的人相处。再次,道德构成文化教育的中心内容。儒家重视教育，但他们所论教育主要不是知识教育，而是伦理教育，即如何做人的教育，儒家的愿望是通过道德教化以造就志士仁人的理想人格。最后，道德也是国家兴衰存亡的重要标志。一个国家的兴衰存亡，与这个国家上至国君，下至百姓的道德状况、道德水准有着非常紧密的联系，仁义存则存，仁义亡则亡。

儒家给我们留下了一个崇尚道德的传统，而严格说来，道德意识与法治意识并不矛盾。一个具有高度道德修养和道德自觉的人，也就是一个奉公守法的人，他在从事经济活动中自然能做到诚实守信。因此，我们认为，尽管儒家所论的那一套道德规范和行为准则不一定都切合现代社会和现代经济，但中国作为文明之邦，在发展市场经济和现代化建设事业中，崇尚道德的优良传统却万万不能舍弃。

（五）力行意识与实践品格

在儒家看来，和谐境界的实现，人本精神的高扬，忧患境域的摆脱，道德素养的提升，无一能够离开人们投身现实、奋发进取的努力和作为。因此，儒家经典大多强调力行，儒家人物大多是力行主义者。孔子说："力行近乎仁。"（《中庸》）仁既是儒家的道德理想，也是儒家的政治理想。因此，以仁为目标的力行显然包含道德修养、道德实践和社会政治实践两层要义。道德修养或道德实践即通过修身或自我改造以达其"内圣"目标；社会政治实践即通过事功或社会改造以达其"外王"目标。"内圣"有赖于"立德"，即注重人的自我身心修养以挺立道德人格；"外王"有赖于"立功"，即在社会上成就一番大事业以挺立政治人格。所以《大学》在强调“修身齐家”的同时，紧接着便讲“治国平天下”，认为这两方面都很重要，不可偏废，所以儒家反对空谈，反对坐而论道，特别强调实践的重要性。《易传》亦云：“天行健，君子以自强不息。”（《周易·乾卦·象传》）要求人们去效仿天地运行的刚健风格，去直面现实，去改造自我和改造社会，而不畏任何艰难险阻；要求人们锲而不舍，知难而进，奋发进取，依靠主体的力量，通过主体的实践，完善自我，改进社会。

从中国历史来看，儒家文化所体现的务实倾向和刚健自强精神，对于中国历代优秀知识分子和仁人志士的爱国主义传统、追求真理的传统、与邪恶势力作斗争的传统的形成，都起了积极的推动和促进作用。而这种种优良传统在今天显然并没有过时，仍有赖于我们进一步去发扬光大。我们有理由从儒家的力行主张中获得有益的启示，开拓创新。

四、儒学的历史地位

关于儒学的地位，这是个老问题，却又是个不容回避的问题，仍有必要作出新的解答。

传统的看法，有所谓儒学主干说，即儒学是中国文化、中国哲学的主干，在中国历史上居有不容动摇的主流地位。这一认识恒久而不变，直至20世纪80年代中后期，开始受到质疑和挑战，周玉燕、吴德勤首倡道家主干说，而陈鼓应先生更是力倡道家主干说。陈鼓应的认识在学术界产生较大反响，引起广泛

曲阜孔庙中的“万世师表”刻石

的争议。总的看，除个别论者附和之外，绝大多数论者并不认同这种认识，更有许多论者纷纷提出质疑。这种争议、质疑和讨论的情况，笔者在《中国文化研究30年》一书的首章《道家文化研究》中曾作出详尽的梳理和总结，此不赘述。

照笔者的意见，简单地提倡传统的儒学主干说，抑或提倡新近的道学主干说，皆有一定的理由，然又皆都不合适，说严重点，皆不符合历史的客观实际。笔者认为，如果一定要用“主干”这个词，那也是儒道互补、儒道交替主干说比较稳妥、比较切近历史实际。在中国历史上，自儒学、道学产生之后，它们对中国社会、中国文化所产生的影响是巨大而深远的，可以说，正是老庄所创立的道学和孔孟所创立的儒学，一隐一显，共同浇灌了中国社会和中国文化的深厚土壤，共同铸就了中华民族的文化性格。儒学、道学都是中国文化的“根”，都具有“根”的地位，我们今天要寻根，或许必须从儒学、道学中去寻。

说到儒道互补，这是从儒学、道学产生、形成之时即已开始出现的文化现象，儒家的创始人孔子即向道家的创始人老子求教过关于礼的问题，其后这种互补就一直未曾间断过。互补的形式，可以是以儒补道，可视为道学的儒学化；也可以是以道补儒，可视为儒学的道学化。儒学的道学化和道学的儒学化，这是两个过程、双向的过程，不是一个过程、单向的过程。我们观察历史上的文化现象、观察儒学、道学的历史演进、历史发展，要看到这样一种复杂情况，要尽可能全面，否则只知其一，不知其二，必然陷于以偏概全，得出错误的认识。总之，历史上的儒学与道学的关系，是相互对立、相互颉颃、相互刺激、相互吸收、相互补充的关系，这就造成既个个不同，又你中有我、我中有你。儒学、道学正是在这种相互颉颃、刺激、吸收、补充中不断向前发展、不断使自身得到丰富和提升的。

所谓儒道交替主干，说的是在中国历史上，儒学和道学的作用和影响不是一成不变的，而是不断处在交替变化之中，在一定的历史时期，是儒学起着主导的作用，在另外的一些历史时期，则是道学起着主导的作用。比如汉初统治者出于与民休养生息的考虑，推行黄老无为而治。东汉后期，道家思想开始向道教转化。道教是宗教，重信仰；儒家是学术派别，重哲理，因此两者不可混为一谈。但道教不仅讲求神仙方术，同时还以黄老学说为其思想渊源，因此两者又有着不可分割的联系。魏晋时期，出现玄学思潮，玄学家们用老庄思想糅合儒家经义，以代替衰微的两汉经学。以上是道学居于主干地位的几个时期。在另外的一些时期，则显然是儒学居于主流的地位。西汉董仲舒提出“罢黜百家，独尊儒术”，为汉武帝所采纳，致使儒学上升为国家意识，成为统治阶级的意识形态而影响深巨。而宋明理学虽说是儒、释、道合流的产物，但儒学的主流地位却是显而易见的。其后数百年，虽亦曾出现反叛儒学的学者和异端思想，但在五四新文化运动兴起之前，儒学的主流地位始终未发生根本的动摇。

五、儒学的批判继承

一般而言，从事中国历史、中国哲学史研究的学人大都强调继承儒学，其他领域的人士大都倾向批判儒学。其实，批判、继承不可偏废。儒学中确有众多超时空的在现代仍有其意义和价值的内容，有赖于我们根据时代的需要加以继承和改造；儒学中又有一些内容，在历史上可能发挥过积极的作用，尽了它的使命，但在今天看来却已经过时，宜当剔除；儒学中还有一些内容不论从现代来看，还是从历史的角度看，都是不足取的，应当予以批判。所以对待儒学，我们仍然要取批判继承的态度。

张岱年先生在《孔子大辞典·序言》中指出："我们研究孔子，与过去的时代有所不同。在'尊孔'的时代，'以孔子之是非为是非'，削弱了人的独立思考的能力，这样的时代已经过去了。在'批孔'的时期，对于孔子谩骂攻击，表现了对于历史的无知，这样的时代也已过去了。我们现在的任务是如实地理解孔子，正确地评价孔子，也就是对孔子进行科学的研究，批判继承儒学的文化遗产。"① "如实地理解孔子，正确地评价孔子"，"批判继承"，构成当今时代越来越多的人的基本态度和基本立场。尽管要真正做到这一点并非易事，但越来越多的人有了这样的愿望和自觉，还是让人欣慰的。

---

① 张岱年主编：《孔子大辞典·序言》，上海辞书出版社 1993 年版。

笔者还想说，批判儒学，不是要彻底否定儒学、抛弃儒学。儒学是中国文化的根和基础，斩断这个根和基础，显然是不明智的。同样，继承儒学也不是要从根本上肯定儒学乃至回归儒学，儒学毕竟是古代中国农业社会的产物，如今时代已经大大地向前发展了，儒学在新的历史条件下发挥其应有的作用，需要有新的改变和新的发展。总之，批判儒学，继承儒学，旨在超越儒学。

六、儒学与马克思主义

众所周知，马克思主义在中国经过一百多年的传播发展，已经深入人心，并成为我们的国家意识形态、指导思想；而儒学作为中国文化之“根”或基础，在中国社会几千年的历史发展中曾产生巨大而深远的影响，并且及今仍有它的一定的影响力和生命力。这都是不容忽视的客观的文化存在，必须给予正视。这就给我们提出一个现实而重大的课题，即如何对待和处理儒学与马克思主义的关系。笔者执信，合则两利，不合则两伤。为什么？因为我们既不能取消也没有必要取消马克思主义在社会政治生活和思想文化领域的主导地位，也不能抹杀儒学在中国文化中的基础地位，不能抹杀儒学对于现实社会改进的意义和价值。同时，中国化的马克思主义——中国特色社会主义理论很大程度上也正是马克思主义与包括儒学在内的中国传统文化结合或融合的产物。

依笔者的认识和把握，儒学与马克思主义之间还存在许多相通相容之处，这就为两者的结合或融合提供了内在的思想理论基础。其一，儒学和马克思主义都主张重视人、关心人，都把人看成是一种社会性的类存在，认为人的价值是个体价值和社会价值的统一，而人的社会价值才是人的价值的中心。其二，儒学与马克思主义都强调理想的重要性，儒家的理想是憧憬、向往和追求“天下有道”、“天下为公”的大同社会，这也就是一种尽善尽美的有序的和谐状态；而马克思主义视全人类的解放为无产阶级的历史使命，主张通过不断发展生产力和变革生产关系，最后建立起“自由人的联合体”——共产主义社会，其实质即在于改变人性异化、人为物役的不合理状态，实现每个人的全面自由和高度幸福。其三，儒学的经世致用、力行传统与马克思主义的实践第一观点若合符节。儒家反对为知识而知识、为学问则学问，而主张将知识、学问运用于社会、运用于实际；在知行关系上，突出行的重要性，“学至于行而止矣”，“知之不若行之”（《荀子·儒效》）。儒家学者大多是力行主义者。而马克思主义哲学的本性即是实践性，从某种意义上说，马克思主义哲学就是实践哲学。其四，儒学的“和而不同”观念与马克思主义的对立统一思想也是可以相通互补的。对立统一，这里不必解释。所谓“和而不同”是针对“同而不和”而言的，“同而不和”即是泯灭了多样性和差别性的绝对的同一性，而“和而不同”则是承认和保持多样性差别性的统一性。可见，“和而不同”与对立统一在实质上是一致的。

当然，马克思主义和儒学由于产生的时代条件不同，理论来源不同，面临的时代课题不同，两者之间必然存在许多差异。不过，正是这种相通相异的存在，使两者的结合或融合成为必要和可能。总之，儒学与马克思主义的结合或融合，既是马克思主义中国化、民族化的需要，也是儒学自身谋求发展、谋求现代化，使自身得到提升，从而继续发挥作用的内在需要。

七、儒学的大众化、世俗化

中国社会的未来发展，离不开包括儒学在内的传统文化的滋养和作用，这一点已为越来越多的有识之士所普遍接受和认同。那么，儒学自身在未来中国将如何发展，或者说如何继续发挥儒学的积极作用呢？笔者认为，儒学的未来发展、未来前途显然不在儒学地位的刻意拔高或刻意贬低，不在将儒学玄学化或庸俗化，而在实现儒学的大众化、世俗化。

儒学原本就有平民化、大众化的特点，原本就是“极高明而道中庸”（《中庸》）的。何谓“极高明而道中庸”呢？“极高明”讲得是，儒学与道学一样，“综罗百代，广博精微”。“综罗百代”是说儒学乃是古往今来历史经验、思想文化的综合、总结，“广博精微”是说儒学内涵丰富，见解深刻。“道中庸”讲得是，儒学贴近生活，贴近实际，贴近大众，很平常，很平实，不是“玄而又玄”的贵族化、玄学化的学问。然而，现在儒学却被部分学人弄得“玄而又玄”，即高明而不中庸，特别是现代新儒家的努力，强化了儒学高明的一面，削弱乃至舍弃了儒学中庸的一面，以致陷入纯粹的形而上学的歧途。这是一种值得注意、急需纠正的不良倾向。

按笔者的意见，儒学要想为更广泛的普通大众所认同和接受，要想在当今社会、当今世界发挥更大的作用，就必须从形而上落实到形而下，必须跳出“玄学化”的怪圈，必须走出书斋，走向生活，走向实际，走向大众。笔者这样说，并不表明儒学的学理探究不必要、不重要，事实上，正常的儒学的学理探究正是儒学的大众化、世俗化健康发展的前提和基础，没有儒学的学理探究的不断深化，儒学的大众化、世俗化便只能是纸上谈兵，或误入庸俗化、低俗化的新的歧途。笔者想说的是，应有更多的同仁来做儒学的大众化、世俗化的工作，这是儒学自身发展的需要，也是中国社会发展的需要。笔者特别欣赏台湾学者龚鹏程先生将大众化、平民化的儒学称之为“生活儒学”，按笔者的提法，就叫“大众儒学”。愿“生活儒学”、“大众儒学”早日开花结果。

一、天地生人　人贵物贱

儒学即人学，它所关注的是与人类自身息息相关的问题。那么，人究竟来自于哪里？人在宇宙中的地位又是如何？宇宙又是如何起源的呢？

天地相合　万物化生

关于宇宙的起源，道家有“道”生天地万物说：“道生一，一生二，二生三，三生万物。”（《老子》四十二章）法家有“精气”化生万物的思想，“凡物之精，此则为生”（《管子·内业》）。儒家关于宇宙起源有多种说法，影响比较大的包括《周易》的“太极”化生论、王充的自然生成论以及周敦颐的“无极”生成论等。

《周易·系辞上》说：“易有太极，是生两仪，两仪生四象，四象生八卦。”“太极”是最早的开端，“两仪”是天地阴阳，“四

八 卦

象”即春夏秋冬四时，八卦即乾、坤、震、巽、坎、离、艮、兑。八卦在表现形式上，用“—”代表阳，用“--”代表阴，由三个这样的符号，组成八种卦形，每一卦形代表一定的事物。乾代表天，坤代表地，坎代表水，离代表火，震代表雷，艮代表山，巽代表风，兑代表泽。由太极生出天地，有天地然后有水、火、雷、山、风、泽，有水、火、雷、山、风、泽，然后有万物。

东汉唯物主义哲学家、无神论者王充强调万物自然生成："夫天覆于上，地堰于下，下气烝上，上气降下，万物自生其间矣。"（《论衡·自然》）此前荀子说过"天地合而万物生"（《荀子·礼论》）。

周敦颐的《太极图说》将宇宙的生成分为自无极而为太极→从太极到阴阳→阴阳生五行→五行生万物的发展过程。"太极"是天，是"无极"的生成物，此说与老子的"有生于无"有相通之处。

总体而言，儒家认为世间万事万物包括人类本身都是大自然的造化之功。宋代大儒张载在《西铭》中把天地与人类的关系形象地比作父母、子女，"天称父，地称母"，人类"乃混然中处"，人类和世间万事万物都是天地自然的子女。《周易·序卦传》云："有天地然后有万物，有万物然后有男女，有男女然后有夫妇，有夫妇然后有父子，有父子然后有君臣，有君臣然后有上下，有上下然后礼仪有所错。”天地自然是一切生命的根源，离开天地自然一切生命都无从谈起。“天地者，生之本也”（《荀子·礼论》）。

在生育万物方面“天”和“地”起着不同的作用，有着不同的分工。天对万物主要起着创生的作用，地对万物主要起着广生的作用。《周易》说：“大哉乾元，万物资始。”（《乾卦·彖传》）乾元是指天，万物资始，是指万物因它而有生命的诞生。《周易·坤卦·彖传》又说：“至哉坤元，万物资生。”坤元是指地，万物资生是指对万物的滋养。所以，天地不仅孕育万物，而且养育万物，对万物尽其生殖的责任，使之绵延不绝。刘禹锡（《天论》）说：“天之道在生植”。人类和世间的万事万物，正是由于天地的滋养，才得以发育繁衍，代代薪火相传，生生不已，所谓“天地之大德曰生”（《周易·系辞下》）。

儒家对天地充满感恩之心，也寄予无限的信赖和期望，在中国一直有祭天、祭祖的传统。在他们看来，无论是人的身体还是人的精神，都是天地自然赋予的，人的一切进取和努力都与天地息息相关，天地运行的规律是人类遵循效法的准则。《周易》有言：“天行健，君子以自强不息”（《周易·乾卦·象传》），“地势坤，君子以厚德载物”（《周易·坤卦·象传》）。说的就是人类应该以天地为榜样，“自强不息”、养宽厚之德，容载万物。

天行有常　唯天为大

儒家常将天、地并言，又说天地共同化育出万事万物，但是儒家专门讲“地”处很少，对“天”则情有独钟，格外关注。儒家对“天”可以说是有“爱”有“敬”，也有“畏”。在他们看来，天的内涵十分广大，“唯天为大”（《论语·泰伯》）。

首先，天即自然。孔子说：“天何言哉？四时行焉，百物生焉，天何言哉？”（《论语·阳货》）天就是四时变化，万物生长。荀子说：“天行有常，不为尧存，不为桀亡。”（《荀子·天论》）天的运行有其自身的规律，不会因为任何个人的意志而有所改变，所以儒家主张尊重自然，按照自然规律办事。这从中国古代对农时的重视可见一斑。中国是农业社会，“不违农时”是农民劳作的基本原则，与之相应，“使民以时”也成为统治者是否称得上有道明君的重要评价标准。

其次，敬畏“天命”。儒家认为天是有神性的，天有着非人力所能改变的力量。世间万事万物都受天命的主宰，所谓谋事在人，成事在天，人的命运归根结底是由上天决定的。“获罪于天，无所祷也”（《论语·八佾》），所以孔子说君子有三畏：畏天命、畏大人、畏圣人之言（《论语·季氏》），“畏天命”位列其首。但是儒家显然不是宿命论者，面对天命不是完全俯首听命，而是主张以积极的态度对待天命。他们提倡“知天命”，认为不知天命就不能成为真正的君子，“不知命无以为君子”（《论语·尧曰》）。孔子说自己经过十五志学，三十而立，四十不惑，到了五十岁的时候才达到知天命。荀子则明确提出“制天命而用之”（《荀子·天论》），主张以人类自己的力量驾驭天命，使其为人服务。

再次，天赋德性。天对人类而言不是一种外在的、单纯左右人类命运的存在，它有着与人类相通的道德属性。孔子说“天生德于予”(《论语·述而》),孟子说“仰不愧于天,俯不怍于地”(《孟子·尽心上》)。人类的道德与天的道德是相通的,他们有共同的“德性”,所以人要修德以配天,达到与天德合而为一是儒家最高的道德境界。

天有“德”还表现在天是爱护人类的,“民之所欲,天必从之”(《左传·昭公元年》)。“天视自我民视,天听自我民听”(《孟子·万章上》)。封建社会君主被称为“天子”,顾名思义,君主是上天的儿子,天子受天之命,代替上天管理百姓。他们只有秉承上天爱民的宗旨,体察民意,为民造福,以德配天,才能江山稳固,中国千百年来的以德治国政治主张就是由此而来。

世间万物　人最为贵

孔子有一次上朝归来,家人报告马厩烧了,孔子只是问“伤人乎?”(《论语·乡党》)其他的什么也没问,孔子关心的是人的生命安全,对于马和其他财产损失没有注意。高扬人的主体性,重视人的价值,强调以人为本自孔子开始成为儒家学者的一致共识。

在儒家看来,人在自然界中的地位十分特殊。人与天、地并列,合称为“三才”,不仅如此,天地虽然被视为人类的父母,但归根结底天地也是为人服务的,人才是世界的主体,人才是宇宙的中心。

人为“万物之灵”。人聚集了“天地之德”、“五行之秀气”(《礼经》)。因为人拥有世界上其他事物所没有的东西——道德情感和理性。

孟子有著名的“人禽之辨”。他说吃得饱、冻不着是动物也有的本能，如果人也只求“饱食”、“暖衣”、“逸居”，而没有道德追求，就和禽兽没有什么区别了。（《孟子·滕文公上》）强调人不能把自己等同于动物，要有更高的标准和要求。

荀子说水火有气而无生，草木有生而无知，禽兽有知而无义，人不仅有气、有生，而且有知还有义，“知”就是理性，“义”就是道德情感，人有理性和道德情感，但是“水火”、“草木”、“禽兽”等没有，所以人“最为天下贵”（《荀子·王制》）。

用我们当代人的理解，从生物进化的角度来看，荀子所说的水火、草木、禽兽是世界上的无机物、低级有机物、较高级有机物的代名词，人则应该是最高级的有机物，是生物进化的最高阶段，因而人类是超拔高贵的。

儒家人贵物贱观念在现实生活中有着重要的意义。战争年代，生灵涂炭，视生命如草芥，所以儒家不主张以武力解决问题，而是倡导“仁义”，主张以德服人。在他们看来，无论是个人还是国家集体，只要躬行仁义，就会无往而不利。儒家这种道德至上的观念固然有其局限性，但是他们反对战争、追求和平、珍爱生命的主张是有积极意义的。现代社会，商品经济时代，物欲横流，人们对物质利益的追求往往超越对人的价值的追求，物的价值凌驾于人本身的价值之上，导致道德滑坡，利益至上，唯利是图，为了追求物质利益，甚至不择手段，所以儒家哲学对人的价值的高扬和肯定有着永恒的价值和意义。

虽然贵人贱物、以人为本是儒家的基本观念，但是儒家的以人为本与西方的人类中心主义有着本质的区别。西方人类中心主义的基本前提是人与自然界的分离和对立。主张人是自然界的主宰，自然界的价值是以人的需要为前提的。换言之，对人类而言，自然界只是可以利用的工具。人类爱护自然、保护自然都是为了使自然界更好地为人类服务。所以，西方人类中心主义基本上主张“天人相分”，儒家则主张“天人合一”，把人与自然合而为一，这是我们必须了解的。

二、动静有常　唯变所适

“动静有常”、“唯变所适”都出自儒家经典《周易·系辞》，一言以概之，是儒家的辩证法和发展观，说的是宇宙间万事万物存在和运动的规律以及我们应该坚持的正确态度。

“动”与“静”、“常”与“变”是中国古代哲学所特有的两对范畴，反映的主要是宇宙万物的常则与变动，包括事物的存在形态以及发展变化中的客观必然性和偶然性，进而延伸至我们处理事情的原则性和灵活性。

天地之道　恒久不已

《周易》有云：“天地之道，恒久不已者也。”（《周易·恒卦·彖传》）恒久不已，就是永恒的运动。“日往则月来，月往则日来，日月相推而明生焉。寒往则暑来，暑往则寒来，寒暑相推而岁成焉。往者屈也，来者信也”（《周易·系辞下》）。日月相推，寒来暑往，一切都在变化之中。屈伸交感，进退交替，事物不断地发展变化。许多人都知道孔子的一句名言：“逝者如斯夫，不舍昼夜！”（《论语·子罕》）意思是说宇宙就如同一个变易不息的大流，像河水一般，奔腾流逝，昼夜不停。张载也说过，今天江河里的水就如同古代江河里的水一样，但是事实上今天江河里所流淌的水并不是古代江河里所流淌的水；灯烛所发射出的光芒昨天的就好像今天的一样，其实并非昨天的烛火就是今天的烛火（《思问录外篇》）。世间万事万物无时无刻不在运动，永远处于变化流动的状态。“动”是宇宙世界的本质特征，事物的静止不动只是一种暂时的现象，是一种运动中相对的静止不动，是一种表象。正如用我们眼睛所看到的，今天的河水似乎是与昨天的河水完全一样的，其实不然，我们看到的只是一种表象和暂时的现象，不是河水的本质和恒久状态。世界上的“静”都是相对的，不存在纯然的、绝对的、恒久的“静”。

由此我们想到中国古代一个著名的故事——“刻舟求剑”，一个楚国人在过河时将宝剑掉到水里了，大家让他赶快到水里打捞，可是他说不急，并不慌不忙地按照宝剑掉下去的地方在船舷上刻了一个记号。船靠岸了，他才从刻着记号的地方下水寻找宝剑，其结果可想而知。剑虽然是不动的，但是船已经不在原来的位置。这个楚国人显然是以

传说中的《洛书》

静止不动的原则来看待和处理事物的。我们如果像“刻舟求剑”的楚国人一样用绝对的、静止的观点去看待问题、处理问题，在实际中是肯定要碰壁的。这也是与儒家哲学的精神相背离的。

天下之动 有其常则

世界上一切事物都处于运动之中，动中有静，动是绝对的，静是相对的，这是儒家关于世界的一个基本认识。同时，儒家认为天地之间事物的运动变化也好，静止不动也好，都不是随意和混乱的，都是遵循着一定规律的，这就叫“天下之动，贞夫一者也”（《周易·系辞下》），也就是“动静有常”，“常”即规律。儒家十分强调对事物发展变化规律的认识和把握。

对于事物变化发展的原因和规律，儒家是这样认识的：一切事物都有其对立着的两个方面，这两个方面相反相成。《周易》将事物之间对立的两个方面统称为“阴”和“阳”。如天为阳，地为阴；男为阳，女为阴；刚为阳，柔为阴；贵为阳，贱为阴；等等。天地、男女、刚柔、贵贱，都是相反的事物和概念，但是又彼此依赖，不可分割，没有彼此，自身便无法成立。

事物对立面之间相互作用，从而产生了事物本身的发展变化，这就是“一阴一阳之谓道”（《周易·系辞上》）。事物自身存在着内部矛盾，使统一物分裂为对立面，对立面之间又相互作用，相互推移、摩擦、冲击，从而促成事物的发展变化。

事物的变化就是对立面相互转化的过程。水满则溢，月满则亏，事物发展到一定程度就要向它的对立面转化。通过观察和思考，儒家认为事物变化的过程无外乎由进而退，由退而进；事物变化的内容，不外乎成与毁。事物的成是来，事物的毁是往，一来一往就是事物的变化，这种往来又是无尽的，正因为事物无尽的往来变化，所以世界是无穷无尽的。

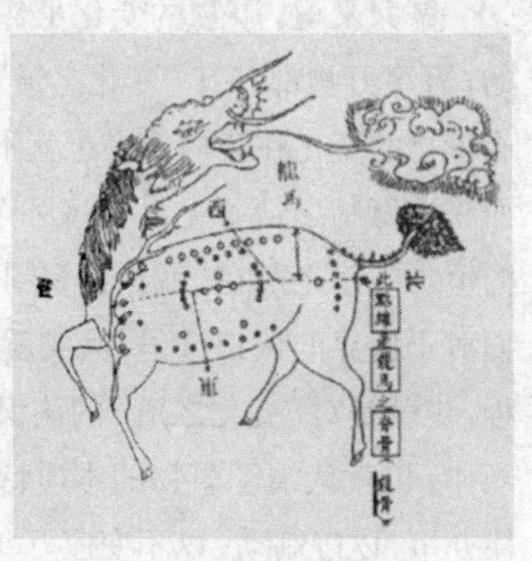

传说中的《河图》

儒家认为，事物对立面之间的相互转化是一个反复过程，但是这种反复是一种前进的、发展的反复，不是消极的循环甚至倒退。这一点和道家的观点完全不同。道家认为事物对立面之间的相互转化是消极的循环甚至倒退。发展观的不同决定了儒家和道家人生态度的根本差异。儒家主张的是积极有为、刚健进取的“入世”的人生态度，道家则坚持自然无为、守柔处弱的“超世”的人生准则。

应该说儒家哲学已经对辩证法的对立统一原则有一定认识，虽然这种认识只是朴素的不彻底的，但是在几千年前有此认识，不能不让不过我们感佩祖先的智慧。

穷神知化　泽惠后世

在儒家看来，认识事物的发展规律虽不容易但很必要。首先，“阴阳不测之谓神”（《周易·系辞上》）。万物的变化神秘莫测、难于把握，这是世间万物自身存在的基本状态，这种状态决定了，我们对客观事物的认识不是一件容易的事情。

儒家又说，事物的变化虽然神秘莫测，但绝对不是不可知的，万事万物都有其“变化之道”，只要掌握了“变化之道”，那么事物的变化在我们看来也就不那么神秘了。所谓“观其所恒而天地万物之情可见矣”（《周易·恒卦·彖传》），能见到宇宙的恒常规律之所在，就是认识到了宇宙的真实面目了。所以我们对于世界的认识过程，其实就是对“动静”之“常”的摸索过程，也就是对“变化之道”的认识过程。我们摸索到事物的发展规律，也就认清了事物的本质特征，就可以按照事物的发展规律办事，以静制动，以不变应万变，事事争取主动。

儒家盛赞能够了解事物变化规律的圣人，“穷神知化，德之盛也”（《周易·系辞下》）。认为他们对自然规律的认识和发现，是一件“盛德”，为人类作出了巨大的贡献，泽惠后世。

至于如何认识事物的发展规律，掌握天地人变化之道，儒家的方法是“格物致知”和“存心养性”。这在其他章节将有专门阐述。

穷则思变　变则长久

所谓“唯变所适”，意思是说既然世界上万事万物都处在永不停息的运动变化中，我们只能以“变”应对，穷则思变，变则长久。

《周易·系辞下》说：“穷则变，变则通，通则久”。物极必反是事物发展的基本规律，事物发展到了极点，就会发生转化，转变以后事物发展的道路就会畅通，道路畅通则能持久。我们今天经常说的“变通”就是由此演绎而来。凡事变则通，僵化固守、不求变化，就会无路可走。

“变”的要义在于“日新”。“屈信相感而利生焉”（《周易·系辞下》）。不断的发展变化，既有利于世间万物发展繁衍，也有利于人类的生存发展。儒家盛赞阴阳生育万物是盛德大业，“盛德大业至矣哉！富有之谓大业，日新之谓盛德，生生之为易”（《周易·系辞上》）。“日新”、“生生”就是“变”。儒家从自然界的“日新”思想出发，进而提出社会变革主张。“天地革而四时成。汤武革命，顺乎天而应乎人。革之时，大矣哉！”（《周易·革卦·彖传》）意思是说天地因四时而发生改变，形成一年的四季。商汤、周武王顺天应命，革夏桀、商纣之命。顺应时代的要求进行社会变革，这是社会发展的普遍规律，但是进行社会变革必须把握好时机。

儒家还提出事物的发展变化一般是由逐渐的变化发展到剧烈变化的。用孔子的话说即“善不积，不足以成名。恶不积，不足以灭身”（《周易·系辞下》）。《周易·坤卦·文言》说：“臣弑其君，子弑其父，非一朝一夕之故，其所由来者渐矣。”人不积累善行，不能成就善名；不积累恶行，不能够招致灭身的结果。弑君、弑父事件的发生，也是一个日积月累的结果。

荀子提出了“尽小者大，积微者著”（《荀子·大略》）的命题。“尽”，极尽。“著”，显著。是说尽量容纳小的就可变成大的；积累微细的就可变为显著的。“积土成山，风雨兴焉；积水成渊，蛟龙生焉；积善成德，而神明自得，圣心备焉”（《荀子·劝学》）。

形象地表述了积少成多可以引起量与质的变化，包含了量变与质变关系的思想，是中国古代哲学对常变问题的深刻认识。

历史发展到今天，儒家哲学中“变”的思想得到继承和发展。中国历史的发展表明，什么时代我们刻板守旧，不思变革，我们社会的发展就会处于停顿甚至倒退状态；反之，什么时代我们锐意进取，不断创新，我们的社会就会突飞猛进，取得长足进步。目前强调创新，已经成为我们党多年来一以贯之的重要思想。江泽民同志在党的十六大报告中指出“创新是一个民族进步的灵魂，是一个国家兴旺发达的不竭动力，也是一个政党永葆生机的源泉。”党的十六大以来，以胡锦涛为总书记的党中央反复强调各个方面的创新，建设创新型国家已经成为我们努力的重要目标。

三、格物致知　睿智明理

“格物致知”一词初见于《大学》:“致知在格物,格物而后知至。”“格物致知”在《大学》中主要属于伦理道德范畴,到了宋代其认识论方面的意义和价值逐渐得到彰显。儒家理学集大成者朱熹认为“格物致知”就是“即物穷理”,即人只有通过对外界的不断认识,才能不断增加自己的知识。儒家心学集大成者王守仁则认为,“格物”就是“正心”,“去心之不正”,“致知”是扩充人固有的良知,使之见诸实践。不同时期、不同学派的儒家学者对“格物致知”的不同解释,反映了儒家认识哲学的发展和矛盾。孔子、孟子、荀子虽未明言“格物致知”,但三者的认识论与“格物致知”一脉贯通。

“格物致知”简而言之,是儒家认识客观世界的方法和过程,也是修德的过程;“睿智明理”是儒家认识哲学的最终目标和主体旨趣所在;“格物致知”是“睿智明理”的前提和基础。

肯认生知　重视学知

儒家创始人孔子认为认识有两个来源，即“生而知之”和“学而知之”。孔子承认世界上有“生而知之”者，并且认为“生而知之”者比“学而知之”者高明。孔子说：“生而知之者上也，学而知之者次也，困而学之又次也，困而不学，民斯为下矣。”（《论语·季氏》）把人分为四等，“生而知之”者是上等，“学而知之”者是次等，“困而学之”者又次等，“困而不学”者是下等。至于哪些知识是生而知之的，哪些人是生而知之者，孔子没有说。孔子多次强调自己是“学而知之”者，而非“生而知之”者，事实上孔子重视和强调的也是“学而知之”。关于“学而知之”，他有许多论述。孔子说过：“多闻，择其善而从之；多见而知之”（《论语·述而》）。意思是说：多听，选择其中有益者而遵从；多看，牢记于心。又说：“多闻阙疑，慎言其余，则寡尤；多见阙殆，慎行其余，则寡悔”（《论语·为政》）。意思是说：多听，有怀疑之处姑且放下不说，其余有把握的也要言语谨慎，这样就可以减少过失；多看，有怀疑之处姑且放下不做，其余有把握的，也要谨慎地去做，这样就可以少做后悔之事。可见在孔子的思想中，每一个人的主观见闻和从别人那里得来的间接经验都是人类认识的来源。所以关于认识的来源，孔子的特点是“悬生知而重闻见”。

关于认知的过程，孔子不仅重视闻见，也重视思考。他提倡要“再思”（《论语·公冶长》）、“三思”（《荀子·法行》）、“九思”（《论语·季氏》）。又说：“学而不思则罔，思而不学则殆”

(《论语·为政》),强调学习与思考两者要有机结合,不可偏废。

孔子还主张学行并重。他说"君子耻其言而过其行"(《论语·学而》),主张言行一致,反对言过其实。

总而言之,孔子的认识论主要应该归属于朴素的唯物主义反映论,他关于学、思、行三者关系的论述,初步接触到了感性认识和理性认识的关系。

良知良能　以觉斯民

孟子继承孔子"生而知之"的思想,提出了"良知良能"说。孟子曰:"人之所不学而能者,其良能也;所不虑而知者,其良知也。孩提之童,无不知爱其亲者;及其长也,无不知敬其兄也。"(《孟子·尽心上》)意思是说人不学就具有的能力是"良能",不用思考就有的认识是"良知"。孩子小的时候都爱他的亲人,长大了都知道尊敬他的兄长,这些是先天具有的,不需要后天培养。

既然人的"良知"、"良能"是"不学而能"、"不虑而知"的,那么人类对于事物的认识只需"尽心"就可以了。所谓"尽其心者,知其性也;知其性,则知天矣"(《孟子·尽心上》)。在孟子哲学中,道德论与认识论是高度统一的。"尽心"、"知性"、"知天",从道德论的角度可以解释为充分扩充人善良的本心,就可以懂得人的本性了,懂得了人的本性也就懂得了天命。从认识论的角度则可以解释为充分发挥人的认识能力,最大限度发挥人的理性思维能力,就可以知道人之何以为人,就可以认识和了解客观存在的外界事物。

孟子认为人的认识能力是有差别的，有些人是“先知”、“先觉”，有些人是“后知”、“后觉”。所谓“天之生此民也，使先知觉后知，使先觉觉后觉也。予，天民之先觉者也；予将以斯道觉斯民也。非予觉之，而谁也？”（《孟子·万章上》）意思是说上天生育人民，就是要先知先觉者使后知后觉者觉悟起来。我是先知先觉者，就要以尧舜之道使现在的人民觉悟起来，不是我去使人民觉悟，又有谁去做呢？这是孟子的英雄史观在认识论上的体现。不过，应该说孟子的舍我其谁的责任意识和担当意识是值得弘扬的。

在认识的问题上，孟子区分了思维器官与感觉器官的分别。“耳目之官不思，而蔽于物。物交物，则引之而已矣。心之官则思，思则得之，不思则不得也。此天之所与我者”（《孟子·告子上》）。意思是说耳目等感觉器官不能思考，与外界事物接触时就会受到蒙蔽，至多只能提供一点儿印象。心是思维器官，用心思考可以把握事物的本质，否则就无法认识事物，这是先天具有的能力。他还将“心之官”和“耳目之官”分为“大体”和“小体”，所谓“先立乎其大者，则其小者不能夺也”（《孟子·告子上》）。将“心之官”称为“大体”，“耳目之官”称为“小体”。在他看来，“小体”是卑微的，所起到的作用是微不足道的，“大体”是高贵的，可以起到决定性作用。在这里，孟子强调了思考的作用，看到了理性认识的重要性。但是却片面贬低甚至否定了感性认识的作用，这样就使其理性认识成为无源之水，无本之木，陷入客观唯心主义。

总之，孟子的认识论与道德论是紧密结合在一起的，其认识对象也是以伦理道德为基本内容的。

天官意物　心有征知

荀子继承和发展了孔子的"学而知之"的思想。荀子认为世界是可知的，人有认识世界的能力，所谓"凡以知，人之性；可以知，物之理"（《荀子·解蔽》）。荀子认为人的认识能力来自于"天官"和"天君"的作用。人的口、目、耳、鼻、身等感觉器官是"天官"，五官各自发挥自己的作用，但是不能互相联系。心是"天君"，居于中心部位，对五官起到统帅和支配的作用。人类关于客观世界的认识来源于"天官意物"和"心有征知"（《荀子·正名》）。

"天官意物"是指人的口、目、耳、鼻、身等感觉器官对客观世界的感觉。人对客观世界的认识首先就来自于感觉器官对事物的感觉，各个器官充分发挥自己的作用，感觉自己所能感觉到的东西。用眼睛分辨不同的形体、颜色、顺序，用耳朵辨别清浊不同的声音，用口舌分辨酸甜苦辣不同的味道，用鼻子分辨芬芳腥臭不同的味道，用体肤感受不同的身体感觉。各个器官各自发挥着不同的作用，既不能相互替代也不能相互干涉，所谓"耳目口鼻形能各有接而不相能也"。它们是"目辨白黑美恶，耳辨音声清浊，口辨酸咸甘苦，鼻辨芬芳腥臊，骨体肤理辨寒暑疾养"（《荀子·荣辱》），各司其职，各尽其责，互不统属。

荀子认为"天官意物"只是认识的初始阶段。感觉器官因为只能感觉到事物的部分属性，所以它们所形成的认识难免带有表面性和片面性。他说当一个人被表面现象所迷惑的时候，就会产生错觉，譬如在黑夜中行走，人会将横卧的石头当成老虎，将树木当成直立的人。当一个人被局部现象所蒙蔽，就会"蔽于一曲"（《荀子·解蔽》）不能发现事物的普遍性和根本规律。至于如何避免单纯感觉经验所容易导致的表面性和片面性认识，荀子又提出了"心有征知"的认识方法。

"心有征知"就是"心"发挥统帅和支配作用，对感觉经验进行分析和验证。"缘耳而知声可也，缘目而知形可也"（《荀子·正名》）。"心"通过耳朵而知道声音可听，通过眼睛而知道形体可见。"是之则受，非之则辞"，从而存是去非，去伪存真，求得对于事物的正确认识。

那么，"心"如何"缘天官"认知万物呢？荀子认为"心"经常处于"藏与虚"、"两与一"、"动与静"的矛盾状态。人类要得到正确的认识就要克服藏、两、动的干扰，克服这些干扰的办法就是"虚壹而静"（《荀子·解蔽》）。所谓"虚壹而静"，简而言之就是虚心、专心、冷静地观察事物。不让已有的认识妨碍接受新的知识；同时兼知两种事物，又不使两物的两种认识互相妨碍；不让混乱的错觉搅乱自己的认识。

荀子说保持人心的"虚壹而静"，就达到了一种"大清明"（《荀子·解蔽》）的境界。所谓"大清明"就是认识上完全透彻无所遮蔽的境界。达到这种境界，万物的一切形状都可一览无余，没有分析判断是不正确的，坐在家里就可知天下之事，身处当今而知道远古之事，通观万物而了解它的一切，考察社会治乱而通晓它的制度，经纬天地，治理万物，把握事物的基本规律，宇宙间的一切就会有条不紊。荀子这种"大清明"的思想受稷下黄老学派影响颇深。荀子认为“大清明”就可无所不知，这实质上是为其认识论增加了神秘色彩。

荀子还谈到“天官意物”和“心有征知”的关系问题，认为两者是认识形成不可或缺的两个阶段，虽然心是“天君”，五官是“天官”，从地位上来讲心是“君”，五官是“臣”，但两者互为依存缺一不可。没有“天官意物”所获得的感觉经验，“心有征知”就失去了根据；反之，没有“心有征知”的分析和辨别过程，单纯感觉经验也无法得到验证。在我们今天看来，荀子将人类的认识过程分为“天官意物”和“心有征知”，其实就是感性认识和理性认识的划分，看似简单，但是在几千年前有此认识，同时还辩证地指出了它们各自的特点、作用和相互关系，确实是一件了不起的事情，是人类认识发展史上的一大贡献。

睿智明理　致知所在

“睿智”即使人变得聪明，“明理”即明白事理，也即把握天道、人道，从而按自然规律和人类社会的发展规律行事处事。

《大学》开宗明义讲治学修身的三纲领八条目，三纲领即明明德、亲民、止于至善，八条目包括格物、致知、诚意、正心、修身、齐家、治国、平天下。修身、齐家、治国、平天下首先需要做的就是格物致知，然后才是诚意正心，最后达到修齐治平的目的。所谓“物格而后知至，知至而后意诚，意诚而后心正，心正而后身修，身修而后家齐，家齐而后国治，国治而后天下平”。

历代学者对“格物致知”的注解也凸显了儒家的主体旨趣

济南文庙

之所在。宋代大儒程颐认为“读书明义理”、“论古今”、“应事接物”都是格物致知。朱熹明言：“如今说格物，只晨起开目时，便有四件在这里，不用外寻，仁、义、礼、智是也”（《朱子语类》卷十七），他还对当时的学习风气非常不满，认为一些人只是对“一草木、器用”下功夫，却不去“穷天理，明人伦，讲圣言，通事故”（《朱子文集》卷三十九），他说这样学习而希望有所得，简直就是把沙子放在锅里煮饭吃。

可见，儒家对事物的认识、对知识的学习都是以完善伦理道德和实现社会政治理想为目标的，儒家认识哲学的最终强调的是睿智明理，学会做人，做一个品德高尚、知书达理、通晓治国安邦之道之人，儒家这一思想在儒家哲学各个领域贯彻始终。

四、知行相须　以行为重

“知”在儒家哲学中相当于知识、认识、智慧的意思。“行”也称“习”、“为”、“践履”、“实践”，多指人的行为活动，尤其是道德行为。知行关系问题相当于认识和实践的关系问题，是中国古代哲学的重要问题。通过对“知”、“行”内涵的揭示，理清“知”与“行”的关系，是准确了解和把握儒家哲学精髓不可或缺的一个环节。

知者不惑　知者利仁

儒家对“知”一向非常重视。孔子将“知”、“仁”、“勇”并举，并说君子之道有三，“知者不惑，仁者不忧，勇者不惧”（《论语·子罕》），自己一样也没有做到。《中庸》也以“知”、“仁”、“勇”三者为天下之达德。

儒家对“知”的肯认涉及哲学、伦理、政治等各个领域。孔子说:“不知命无以为君子,不知礼无以立,不知言无以知人也。”(《论语·尧曰》)这可以说是孔子对“知”的内容的较为集中的论述。意思是说知命、知礼、知言非常重要,不知命,就不能成为君子;不知礼,就无法立身处世;不知言,就不能对人有正确的认识。

“天命”在儒家哲学中是不以人的意志为转移的客观必然存在,天命与人的命运是相通的,天命在冥冥中、在一定程度上主宰着人的命运,谋事在人而成事在天,所以人在现实生活中必须顺天命而尽人事,而“顺天命”必须首先“知天命”。荀子说过“制天命而用之”(《荀子·天论》),认为人可以利用天命实现自己的理想,以天命为用的前提当然也是先知之。

孔子有“忠有九知”之论,所谓“知忠必知中,知中必知恕,知恕必知外,知外必知德,知德必知政,知政必知官,知官必知事,知事必知患,知患必知备”(《大戴礼记·小辨》)。意思是说在个人品德修养方面做到知忠恕之道,知德之所在;在为政处事中知为官之道,熟知政事,居安思危,有备无患,才是真正的“忠”。可见儒家强调道德修养乃至政治理想的实现需以“知”为首要前提,所谓“知者利仁”(《论语·里仁》)。

儒家论“知”的一个重要内容是“知人”。樊迟问“知”是什么,孔子回答说:“知人”(《论语·颜渊》)。那么,如何才能知人呢?孔子说“知人”必须知其言,“不知言,无以知人也”(《论语·尧曰》)。“知言”,就是通过言辞察知人的思想的是非得失,正如朱熹所说:“言之得失,可以知人之邪正。”(《论语

集注》）

孟子认为自己有两个过人之处，一是“知言”；二是“善养浩然之气”。他说：“我知言，我善养吾浩然之气。”（《孟子·公孙丑上》）孟子发挥孔子“知言”的思想，认为“知言”主要是善于分析四类言辞，“诐辞知其所蔽，淫辞知其所陷，邪辞知其所离，遁辞知其所穷”（《孟子·公孙丑上》）。“诐辞”就是不全面的言辞，“淫辞”就是邪恶混乱的言辞，“邪辞”就是不合正道的言辞，“遁辞”就是理屈词穷时用以支吾搪塞的言辞。孟子认为通过对各种不恰当言论之分析，可以找到错误产生之原因，并进而达到纠正其错误的目的。

正是出于对“知”的重视，孔子提出了“正名”的主张。子路问孔子在卫国从政将从何处着手，孔子回答说是“正名”。子路说这种做法太迂腐，孔子批评了子路，并说只有“正名”才能“言顺”，言顺才能“礼乐兴”（《论语·子路》）。意思是说只有正确地认识和理解词义，尤其是道德概念的内涵，才能使自己的言行符合道德规范，这是为政的当务之急。

荀子也认为“正名”是治理国家的重要举措。《荀子》一书中有专篇论“正名”。荀子提出“正名”可以“明贵贱”、“辨同异”（《荀子·正名》）。他说世界上事物各不相同，如果不同的事物没有明确的名称，就会出现事物等级不分、社会等级贵贱不明的情况，这样治理国家就要受到阻碍，所以他提出“制名以指实”（《荀子·正名》）的主张。意思是说分别事物，制定名称以界定客观事物，力求用名统一，名实相符，从而使贵贱、等级有明确的区分。可见，孔子和荀子都从认识论和逻辑学的角度肯定了“知”的重要性。

慎言笃行　力行近仁

儒家也重视“行”。《中庸》记载了孔子的一句名言：“力行近乎仁”，意思是说力行虽非仁，但能求仁，即足以忘私，所以就接近于仁了。“仁”是儒学的核心内容，是儒家人生的崇高境界，孔子说做到了“力行”就接近于“仁”了，足见“行”在儒家哲学中的地位。

儒家所倡导的力行包含道德修养和社会政治实践两个方面的内容。关于道德修养，孔子说过：“弟子入则孝，出则弟，谨而

代州文庙万仞宫墙牌坊

信，泛爱众而亲仁。行有余力，则以学文。”（《论语·学而》）意思是说作为学生在家要孝顺父母，在外要敬重师长，说话做事严谨慎重，诚实可信，对众人心存爱心，与仁德之人接近。这些事情都能做到，如果有精力和时间，再去学习书本知识。在这里孔子要求弟子以孝悌、谨信、爱众、亲仁为学习首要目标，有余力再去学书本和文献知识，体现了孔子重视德育、提倡为学先做人的基本主张。

孔子还说：“贤贤易色，事父母，能竭其力；事君，能致其身；与朋友交，言而有信。虽曰未学，吾必谓之学矣。”（《论语·学而》）孔子的意思是说尊重贤人，轻视女色，能够竭尽所能地孝敬侍奉父母，全身心地侍奉君主，甚至不惜牺牲自己的生命，与朋友交往言而有信，这样的人虽然说自己没有学习过，我也一定认为他学习过了。

荀子说：“君子博学好谋，修身端行。”（《荀子·宥坐》）又说：“君子博学而日参省乎己，则知明而行无过矣。”（《荀子·劝学》）意思是说君子博学又每日不停地反省自己，就可以智识高明行为没有大的过失。

荀子还说：“行之明也，明之为圣人。圣人也者，本仁义，当是非，齐言行，不失毫厘；无他焉，已乎行之矣。”（《荀子·儒效》）意思是亲身实践就会深明义理，深明义理就可以成为圣人。圣人以仁义为根本，辨别是非，统一言行，毫厘不爽。做到这些没有其他的途径，无外乎能够亲身践行罢了。

《中庸》也说：“博学之，审问之，慎思之，明辨之，笃行之。”强调人生的修养过程在“博学”、“审问”、“慎思”、“明辨”、“笃行”过程中实现，人们只要按照圣人提出的仁义礼智努力修身践行，就可以成就高尚的道德。

关于社会政治理想。儒家认为身为知识分子应该有远大的政治抱负，时刻不忘以个人所学服务百姓、回报社会。孔子说："士而怀居，不足以为士矣。"（《论语·宪问》）在他看来读书人如果贪图安逸，不思回报社会，就不配做读书人了。《论语》有过这样记载，子路问君子。子曰："修己以敬。"曰："如斯而已乎？"曰："修己以安人。"曰："如斯而已乎？"曰："修己以安百姓。修己以安百姓，尧舜其病诸！"（《论语·宪问》）意思是说真正的君子不仅要"修己"，更要"安人"、"安百姓"。在孔子看来，修养自身使所有百姓都安乐，是读书人的神圣使命和崇高理想，要做到这一点恐怕连尧舜也不容易。所以当子路问"桓公杀公子纠，召忽死之，管仲不死"，是不是管仲不"仁"？孔子说："如其仁，如其仁。"（《论语·宪问》）对管仲的做法给予了高度肯定。齐桓公和公子纠都是齐襄公的弟弟，齐襄公无道，两人都逃离齐国。召忽和管仲侍奉公子纠逃到鲁国。齐襄公被杀，齐桓公回齐国继位后，兴兵伐鲁，逼迫鲁国杀了公子纠。召忽自杀，管仲则归附齐桓公当了宰相。子路问同样是公子纠属下，召忽自杀殉忠，管仲却投降了，是不是不仁呢？孔子回答说齐桓公多次主持诸侯会盟，称霸诸侯，匡正天下，百姓至今还受他的好处，都是管仲的功劳，这就是管仲的"仁"之所在。孔子认为与管仲的作为和历史贡献相比，召忽自杀只能算是小仁小义，寻常百姓所为。管仲造福天下苍生，才是大仁大义。我们记得在《论语·八佾》中孔子批评管仲不知礼，这里孔子又肯定其为仁，两相对照足见孔子对社会政治实践的重视。

知行兼举 行重知轻

由上文可知儒家既重“知”也重“行”，是否自相矛盾呢？其实不然，儒家既强调知又重视行，是因为他们主张知行兼举，两者互为因果不可偏废。

“好学近乎知，力行近乎仁，知耻近乎勇”（《中庸》），“知者不惑，仁者不忧，勇者不惧”（《论语·子罕》），孔子多次将“知”、“仁”、“勇”并举本身就体现了儒家两者皆重、并行不悖的基本主张。这一点从樊迟问知时孔子的回答中可以看得非常清楚。樊迟问知，孔子回答说：“务民之义，敬鬼神而远之，可谓知矣。”（《论语·雍也》）孔子把“务民之义”作为“知”的重要内容。樊迟又问知，回答说“知人”，强调要“知人”必须“听其言而观其行”。孔子这种知行兼举的思想一直以来成为儒家知行观的基本精神。

重行是儒家哲学的基本精神之一，孔子说：“君子耻其言而过其行”（《论语·宪问》），“君子讷于言而敏于行”（《论语·里仁》），认为只有将所学到的知识与实践结合起来，才达到了学习的目的。他还说即便通读《诗经》三百篇，如果处理政务却政务不达，出使四方，又无能独立应对，读书再多，也于事无益。

孟子以其“良知良能”之说为根据，高扬“知”的地位和作用，但也主张“幼而学之，壮而欲行之”（《孟子·梁惠王上》），“博学而知之”（《孟子·离娄下》）。滕定公死了，滕国世子派然友向孟子请教葬礼，孟子说：“诸侯之礼，吾未学也；虽然，吾尝闻之矣。”（《孟子·滕文公上》）孟子说他虽然没有学习过诸侯之礼，但听说过，于是就将诸侯之礼的内容告诉了然友。从孟子的话中可以看出，孟子也认为他关于诸侯之礼的认识是后天学来的。孟子认为必须专心致志才能学好“弈棋”，善射也不是天生的，要从拉弓开始学。由上可见，孟子认识论中也包含着“知”源于“行”的思想。

荀子“知之不若行之”的观点是儒家重行思想的充分表达。荀子在《儒效》中有过大段精彩论述：“不闻不若闻之，闻之不若见之，见之不若知之，知之不若行之。学至于行之而止矣。行之，明也；明之为圣人。圣人也者，本仁义，当是非，齐言行，不失毫厘，无他道焉，已乎行之矣。故闻之而不见，虽博必谬；见之而不知，虽识必妄；知之而不行，虽敦必困。不闻不见，则虽当，非仁也。其道百举而百陷也。”意思是说没有听到不如听到，听到不如见到，见到不如知道，知道不如亲身去做。学习知识和做人到了实践的阶段就达到目标可以停止了。亲身实践才能明白事理，明白事理就可以成为圣人了。圣人以仁义为本，明辨是非，言行一致，丝毫不差，圣人之所以能如此，不外乎亲身实践罢了。所以听到了而没亲眼见到，听得再多也会有错误；亲眼见到而不能了解，即使记住了也必然虚妄；了解了而不能亲身践行，即使勤勉也必然限于困境。不亲耳听亲眼见，就算行为得当，也未必符合仁道，这种行事方法往往使用一百次就会遭遇一百次的失败。

我们从荀子对于“闻之”、“见之”、“知之”再到“行之”的过程的梳理，可以看出，荀子认为认识是由感性认识、理性思维到实践的过程。“闻之”、“见之”是感性认识，“知之”是理性思维，“行之”是实践。荀子认为，从认识发展的阶段上来看，认识是一个由低级到高级逐步提高的过程，“知之”高于“闻之”、“见之”，“行之”高于“知之”，“行”是认识的最高阶段。从认识的目的来看，“行”又是“知”的目的。所以荀子得出结论“学至于行而止”，这是荀子对中国古代认识论和知行学说的贡献。但是荀子没有认识到“行”以后还要进一步深化，这是他的理论缺陷。

基于以上认识，荀子提出“道虽迩，不行不至；事虽小，不为不成”（《荀子·修身》）。是说道路虽近，但不走永远到不了；事情虽然小，不去做永远不能完成。他还强调言行统一，行高于言。他说：“口能言之，身能行之，国宝也。口不能言，身能行之，国器也。口能言之，身不能行，国用也。口言善，身行恶，国妖也。”（《荀子·大略》）意思是说能言能行是“国宝”，能行不能言是“国器”，能言不能行是“国用”，言善行恶，言行不一是“国妖”。所以荀子力主治国者要“敬其宝，爱其器，任其用，除其妖”（《荀子·大略》）。

五、名正言顺　名实相符

春秋战国时期是我国历史上大动荡大变革时期，旧制度趋于瓦解，新制度尚未建立，“礼坏乐崩”、“名存实亡”、“名不副实”的现象比比皆是。“圣王没，名守缦，奇辞起，名实乱”（《荀子·正名》）。在这种情况下，名实关系问题成为诸多思想家共同关注的问题，一时出现“百家争鸣”的景象。主要有儒家孔荀的“正名”与“制名”论；法家韩非的“综核名实”论；道家老庄的“无名”论；名家宋研、尹文的“形名相应”论，惠施的“历物”论，公孙龙的“唯谓”论；墨子及其后学的“以名举实”论等。儒家以“正名”为核心的名实观，既是其政治伦理学说的重要组成部分，也是其认识和逻辑哲学的重要组成部分。“名正言顺，名实相符”是儒家关于名实关系的基本主张。

正名正实　所为有名

何谓“正名”？正名者，“正百事之名也”（《论语集释》引马融解释正名），意指确定名称的含义，规定事物的正确名称。①

先秦诸子大都以“正名”为己任，但在为何“正名”、如何“正名”的问题上各执一端。孔子认为“正名”的目的和作用就是用周礼的规定来约束和匡正人们的行为，使其“君君，臣臣，父父，子子”，各位其所当位，各是其所当是，一切言行皆符合周礼的道德规范。弟子问政，孔子言为政当以“正名”为先，弟子嘲其迂，孔子对曰：“名不正，则言不顺；言不顺，则事不成，事不成，则礼乐不兴；礼乐不兴，则刑罚不中；刑罚不中，则民无所措手足。”（《论语·子路》）只有“名正”，方能“言顺”，“言顺”方能达到“礼乐兴”、“刑罚中”、百姓各得其所、天下大治的目的。否则必将“名失则愆”（《左传·哀公十六年》），百姓所言所行无所适从。孔子这里将“名正”与“言顺”连举，强调“正名”的作用在于言实一致，“正名”以“正实”，从政治的角度提出了关于名实关系的看法。他认为当时的社会秩序之混乱根本原因在于“名”之混乱，人们的行为不符合礼的规定，“实”不符“名”，所以他提出为政要在“正名”。孔子对于许多易引起混淆的名词进行了明确的辨析，譬如对“直”意的辨析，孔子指出“直”乃是人内心先天具有的德性，“人之生也直，罔之生也幸而

---

① 张岱年：《中国古典哲学概念范畴要论》，中国社会科学出版社 1987 年版，第 233 页。

免”(《论语·雍也》)。当有人说:“吾党有直躬者,其父攘羊,而子证之。”孔子反驳说:“吾党之直者异于是:父为子隐,子为父隐。”(《论语·子路》)正是由于“直”是人内心潜在的道德意识,“直者天德”,所以经过了后天价值判断而作出的“父攘羊”、“子证之”之行为并非“直”。此外,孔子对于“仁”与“圣”、“闻”与“达”、“政”与“事”等亦皆有精到辨析,其目的无非是为了明确“名”的含义,通过正名以达到正实的目的。

我们认为,孔子所倡“正名”究其实乃是一种“志于道”、“据于德”、“依于仁”的伦理而政治的实践。他强调君臣之间要以礼相待,“君事臣以礼,臣事君以忠”(《论语·八佾》)。父子、兄弟、朋友等各种社会关系都要以礼为准则,一切行为遵从礼的要求,“非礼勿视,非礼勿听,非礼勿言,非礼勿动”(《论语·颜渊》)。

孔子之“正名”说在一定程度上还体现了儒家所提倡的“法自君出”的立法原则。古代礼法不分、兵刑一致,制礼定乐征伐实际上是个立法权问题。鲁国季氏身为大夫,窃用天子之礼,“八佾舞于庭”;管氏“树塞门”、“有反坫”,敢侵“邦君”之名,对于这些破坏周礼的行为,孔子十分气愤,尤其是这些情况居然都发生在“周礼尽在”(《左传·昭公二年》)的鲁国,在孔子看来简直是“是可忍也,孰不可忍也”(《论语·八佾》)。因此他提出“正名以正政”的主张,意在重建“礼乐征伐自天子出”(《论语·季氏》)的“君君、臣臣”王道大一统政治法律秩序。

孔子的“名不正,则言不顺;言不顺,则事不成”(《论语·子路》)影响至为深远。在中国历史上举凡有所作为、举大事之人,皆信奉名正言顺、师出有名。平民百姓日常起居也格外看重“名分”。这一方面成就了中华民族重道德规范、重行为操守的美德，一方面也在一定程度上形成了重虚名、不务实的不良风气。

制名指实　为之分别

“制名以指实”（《荀子·正名》）即据实以制名，名是实的反映，实是名的根据，实决定名，名的作用在于明贵贱、辩同异。荀子将“正名”的目的和作用之范围拓展开来。他说：“异形离心交喻，异物名实玄纽。贵贱不明，同异不别。如是则志必有不喻之患，而事必有困废之祸。故知者为之分别制名以指实，上以明贵贱，下以辩同异。贵贱明，同异别，如是则志无不喻之患，事无困废之祸，此所为有名也。”（《荀子·正名》）就是说一切事物都有着形状和内在的不同，人与人之间的交流，只有在有了正确的名称之后，方能得以实现。否则分不清事物之间的贵贱同异之差别，则必然造成混乱与隔膜，影响人与人之间的正常交流行事。“正名”既适用于政治伦理道德方面之“明贵贱”，又适用于认知区分具体事物之差别同异，有见于此，他提出了“制名以指实”（《荀子·正名》）的著名命题，肯定了名是实的反映，

荀子像

坚持了名在实先的原则，明显突破了孔子囿于社会政治伦理的局限，从认识论和逻辑学的角度探讨名实关系。

荀子还具体分析了导致“名实相乱”的“三惑”（《荀子·正名》）。他说“以名乱名”，是歪曲共名和别名的关系，或者用共名抹杀别名之间的区别，将共名和别名混同起来；或者利用共名和别名之间的区别，把别名排斥在共名的外延之外。“以实乱名”，是用个别情况下的实，去否定反映事物一般性质的共名。“以名乱实”，是用关于事物之名否定某种事物。荀子此述意在使名正确地反映实，“名闻而实喻”、“名定而实辨”（《荀子·正名》）。尽管荀子对于“三惑”的分析有不准确的地方，但他强调事物名的确定性，坚持名实相符的原则，反对各种形式的混淆名和名实相违的错误，具有重要的意义。他完善了儒家的“正名”理论，对先秦名学的发展作出了重要贡献。

关于“正名”的根据，孔子乃以周礼之规定为根据，虽有所损益，但其主体未变，要求现实社会一切之“实”，必符合“周礼”的规定，所以孔子正名的根据是以“名”定“实”。荀子则不然，荀子“正名”的根据基本上是“制名以指实”，以“实”定“名”。

首先，“缘天官”。所谓“然则何缘而以同异？曰缘天官”（《荀子·正名》）。就是说确定名称同异的根据在于感官对事物的感知。人们的眼睛可以辨别出形色的不同，耳朵可以辨别声音的不同，口可以辨别味道的不同，鼻子可以辨别气味之不同，身体可以辨别痛痒、冷热等的不同，心可以辨别喜、怒、哀、乐等心情的不同，这些就是人们制定名称而分别同异的基础。

其次，“共其约名”。“凡同类同情者，其缘天官之意物也同。”（《荀子·正名》）人类感官对于事物的感知具有共性，通过“比方之疑似而通”，而达成共识，共同约定给予一个事物或一类事物一个为大家所认同的名称，此即“共其约名”（《荀子·正名》)。由于有了大家共同承认的事物的名称，于是人与人之间可以相对无碍地交流沟通。

最后，“循旧作新”。“若有王者起，必将有循于旧名，有作于新名”（《荀子·正名》)。荀子认为万事万物是发展变化的，所以事物之名称也不是一成不变的。随着万事万物的变化，人们的认识也要发生相应的变化，王者要赋予万事万物以相应的新的名称。他强调“王者之制名”，必须遵循“循旧作新”的规律，即“刑名从商，爵名从周，文名从《礼》，散名从诸夏之成俗曲期”（《荀子·正名》)。

循名责实　制名枢要

关于“正名”之具体方法，儒家主要是荀子概括为以下几个方面：

一是“同则同之，异则异之”。就是说相同的事物用相同的名称，不同的事物用不同的名称，“名”的同异要以“实”的同异为依据，使“异实者莫不异名”，“同实者莫不同名”（《荀子·正名》)。

二是“单足以喻则单，单不足以喻则兼”（《荀子·正名》)。就是说“单名”可以表达清楚事物，则用“单名”，若“单名”无法表达清楚某物，则用兼名。

三是“单与兼无所相避则共，虽共，不为害矣”（《荀子·正名》)。就是说单名和兼名,所反映的事物在类属上无所违背,那么就可以用这一类属之"共名"而名之。

以上荀子对于"名"做了具体的分类,从字数上将"名"分为"单名"和"兼名",单音词即为单名,双音或双音以上的词即为兼名。从概念的外延和内涵角度,将"名"分为"共名"和"别名"。荀子认为:"故万物虽众,有时而欲偏举之,故谓之物。物也者,大共名也。推而共之,共则有共,至于无共然后止。有时而欲偏举之,故谓之鸟兽。鸟兽也者,大别名也,推而别之,别则有别,至于无别然后止。"(《荀子·正名》)荀子区分了事物的共同性和差异性,当人们需要称呼具有共同性的一类事物,即"偏举"之时,则使用"共名",其名又有"大共名"、"小共名"之分,所谓"推而共之,共则有共"(《荀子·正名》)。当人们需指称一大类事物中的一小类事物时,则用"别名",别名亦有"大别名"与"小别名"之分,"推而别之,别则有别"(《荀子·正名》)。以上所云皆儒家"正名"之具体方法,在这些方法的具体操作过程中,荀子又总结出必须遵守的基本原则。

其一是"约定俗成"。"名无固宜,约之以命,约定俗成谓之宜,约之以命实,谓之不宜。名无固实,约之以命实,约定俗成谓之实名。名有固善,径易而不拂,谓之善名"(《荀子·正名》)。在这里荀子提出了"名无固宜"、"名无固实"、"名有固善"、"约定俗成"四个命题。关于"名无固宜",乃言名与实之间,即表达概念的名词与其反映的对象之间并无必然联系,名称本没有天然合适的,通过"约之以命","约定俗成"而形成的"名"即"谓之宜",否则即"谓之不宜"。关于"名无固实",乃言一定的名称并非天然代表某一固定之实体,"约之以命实","约定俗成”方能“谓之实名”。关于“名有固善”，乃言名与实之间虽无天然的必然的联系，但是名称之适合与不适合也具有固定规律可循：一是得到社会公认，为人们所普遍认可；二是简单明了、不自相矛盾。综上所述，儒家认为关于名称的制定，虽“名无固宜”、“名无固实”，但是“名有固善”，衡量一个名称是否相宜、是否恰当的标准在于是否遵循“约定俗成”的规律。

其二是“稽实定数”。“物有同状而异所者，有异状而同所者，可别也。状同而为异所者，虽可合，谓之二实。状变而实无别而为异者，谓云化，有化而无别，谓之一实，此事之所以稽实定数也”（《荀子·正名》）。就是说事物有外貌相同而实体不同，也有外貌不同而属同一实体的，这两种情况宜有所分别。事物外貌相同而实体不同，虽名称可合用一个，但是毕竟分属两个实体，“谓之二实”。有的事物外貌变了，但实质并未发生改变，此前后两个事物，仍然叫作一个实物，“谓之一实”。

六、有经有权　中道直行

人从一出生就生活在社会之中，人的一切行为也都是在社会中发生。那么，人在社会中的行为原则，就成为哲学思考的重要问题。中国传统哲学，尤其是儒家哲学，对人在社会中的行为原则有着深沉的思考。有经有权、中道直行是儒家提出的指导人的各种社会实践行为的基本原则。

有经有权　权不离经

"经"原意为织物的纵线，引申为常道、规范，即至当不移的道理、正常情况下的准则，也就是所谓的原则性。"权"原意为秤锤，引申为权宜、权变，与"经"相对，指要善于衡量是非轻重，因事制宜，也就是所谓的灵活性。儒家主张有经有权，就是要求人的社会实践行为既要坚持原则，同时也要有灵活性，把原则性与灵活性很好地结合起来，使两者达到辩证的统一。

秦朝的度量工具——权，上刻有秦始皇诏文

儒家对原则性的强调，主要体现在对礼的重视上。在儒家看来，礼是社会秩序完美形式的体现，是至当不移的常道，所以人的社会实践行为必须遵循礼的规定。孔子说："不知礼，无以立也"（《论语·尧曰》）；"不学礼，无以立"（《论语·季氏》）；"动之不以礼，未善也"（《论语·卫灵公》），认为一个人若不学习了解礼，其行为就不可能符合社会公认的规范，那么这个人就是不完善的，自然也就无法在社会立足。所以他一再强调人要"约之以礼"（《论语·雍也》），做到"非礼勿视，非礼勿听，非礼勿言，非礼勿动"（《论语·颜渊》），使视、听、言、行等一切行为都符合礼的规定。荀子说："礼者，人之所履也，失所履，必颠蹶陷溺。"（《荀子·大略》）认为礼就好像人平素所走的道路一样。人如果不在道路上行走，就可能跌倒，陷入坑里，或者掉入水中。同理，人如果不依礼而行，也不会有好结果。儒家一再强调人要学礼、知礼、遵礼，其实质就是强调人的行为必须要有原则性。

对不顾道义原则的行为，儒家是坚决反对的。例如，孔子承认摆脱贫困、追求富贵是人性的正当要求，但同时强调这种目标的实现首先必须符合道义原则，要见利思义，取财有道，不能为了个人的私利而违反道义原则，即所谓“富与贵是人之所欲也，不以其道得之，不处也；贫与贱是人之所恶也，不以其道得之，不去也”（《论语·里仁》）。儒家甚至认为，道义原则高于人的生命，为了固守道义原则，付出生命代价也是应该的。例如，孔子就认为：“志士仁人，无求生以害人，有杀生以成仁。”（《论语·卫灵公》）孟子也说：“生，亦我所欲也；义，亦我所欲也，二者不可得兼，舍生而取义者也。”（《孟子·告子上》）可见儒家认为道义原则是至高无上的。

儒家虽然一再强调礼的重要性，但他们同时也认识到，礼只是针对正常情况制定的原则，在一般情况下，符合礼的行为就是符合道义的行为，但在特殊情况下，符合礼的行为就不一定符合道义原则。所以儒家在强调遵礼的同时，也要求人要有灵活性，来保证自身行为的正当性、合理性。此即儒家所谓的权变思想。《论语》说：“子绝四：毋意，毋必，毋固，毋我。”（《论语·子罕》）其中的“毋必，毋固”是说人不能固执，不知变通。孔子也说自己做事是“无可无不可”（《论语·微子》），即没有什么事是他绝对不能做的，也没有什么事是绝对要做的，而是应该因事制宜，要有灵活性。

孟子说：“大人者，言不必信，行不必果”（《孟子·离娄下》），认为在正常情况下，诚实守信是必须遵守的原则，但在一些特殊情况之下，不诚信也是可以，甚至是必要的，否则即过于执实，而不懂得适当的权变，不符合不忍人之心的道德要求。

有个叫淳于髡的人问孟子：“男女授受不亲，礼与？”孟子回答说：“礼也。”淳于髡又问：“嫂溺，则援之以手乎？”孟子回答说：“嫂溺不援，是豺狼也。男女授受不亲，礼也；嫂溺援之以手者，权也。”(《孟子·离娄上》)儒家所推崇的周礼规定：男女之间在交接东西时不能有身体的接触。淳于髡以此规定来诘难孟子：既然礼规定“男女授受不亲”，那么，看到嫂子掉到水里，是否应该伸手把她救上来呢？孟子回答说：“男女授受不亲”确实是礼的规定，但礼的规定在具体行使时还有一个权变的问题。在这种救人生命与“男女授受不亲”的规范不相容的情况下，要知所变通，以救人为先；如果还是一味地坚持“男女授受不亲”的规范而坐视不管，其行为就等同于禽兽。从这一段对话可以看出，孟子是极其看重权变的重要性的。

儒家虽然重视权变，但对“权”的过分强调，极易导致对“经”的反叛与排斥，即所谓的离经叛道。为了防止这种局面的发生，儒家主张“适权”和“权不离经”，强调在绝大多数情况下还是应该守“经”，只有在情不得已的应急形势下才采用“权”的手法和对策，“权”不应该、也不可能被普遍化。即使用“权”，也应该以“经”为基础，即在根本目的、行为动机、主观意志上与“经”保持一致。

总之，儒家强调原则性的重要，但反对一味坚持原则而不知变通，认为这是固执；儒家主张人要有灵活性，但又反对无原则的权变，认为这是离经叛道。最好是能兼顾两面而不陷于一偏，达到原则性与灵活性的辩证统一。

中道而行　执中有权

“中”是儒家提出的另一个重要的行为原则。“中”的最基本含义是“标准”、“限度”。随所叙述问题的不同，“中”有各种表述方式，如“中庸”、“中和”、“中道”、“中正”、“中行”、“执中”等等。

孔子说：“中庸之为德也，其至矣乎！”（《论语·雍也》）子思说：“中也者，天下之大本也。”（《中庸》）都把中庸看作理想的境界和最高的实践原则。“中庸”最基本含义是无过、无不及，即恰到好处的意思。儒家认为，凡事都有一个界限和尺度，达不到或超过这个界限和尺度都不可取，唯有恰当地把握这个界限和尺度，才是最完美的。就个人的修养来说，孔子认为：“质胜文则野，文胜质则史，文质彬彬，然后君子。”（《论语·雍也》）一个人如果太质朴而缺少斯文，就显得粗野；如果太斯文而质朴不足，就显得迂腐。只有斯文和质朴配合恰当，才称得上是一个君子。就人的行为来说，孔子认为：“不得中行而与之，必也狂狷乎！狂者进取，狷者有所不为。”（《论语·先进》）一个人如果进取心不够，当然不会成功；但进取心过强，就会狂妄。进取心不够或过强都不可取，唯有不偏不倚、无过无不及才是完美的处世之道。就为政来说，如果一味地迷信刑杀和暴力，就会加深统治者与人民大众的矛盾，诱发社会动乱；如果过于仁慈宽厚，就无法对危害社会的行为产生威慑，导致社会失序。最恰当的做法应该是宽猛相济，不陷于一偏。

如何在实践中把握恰当的界限和尺度，即在面对具体的事物如何做到无过、无不及，这又是一个问题。因为同样的言行，在不同的时间、场合下，将会产生完全不同的实际效果。同样的一个尺度，对这件事来说是恰到好处，但对另一件事来说就可能是过，或不及。为了解决这一问题，儒家提出了“时中”的概念。所谓“时中”，就是根据时间、场合的不同采取适当的标准和尺度，因时变通以达“中”。儒家反对把“中”看作一成不变的标准而固守不知变通，称其为“执中无权”（《孟子·尽心上》）。

总之，儒家主张人的行为要始终把握一个合适的标准和尺度，反对过头，也反对不及，要做到恰到好处。

直道而行 诚实不欺

儒家认为人的言行都应该基于内心真实的道德良知，要内外一致，正直笃实，反对矫情饰行以取悦于人或沽名钓誉。

孔子说：“巧言、令色，鲜矣仁。”（《论语·学而》）“巧言、令色、足恭，左丘明耻之，丘亦耻之。”（《论语·公冶长》）所谓“巧言”，指表面上冠冕堂皇，悦耳动听，背后却隐藏着权谋机巧的话；所谓“令色”，指装出来的讨人喜欢的脸色；“足恭”，指过分谦恭以取悦于人的行为。孔子认为巧言、令色、足恭都是刻意伪装出来的，表面上看起来和发乎道德的言行没有区别，但却会腐蚀人们的道德良知，是可耻的行为，为仁人君子所不齿。与对“巧言、令色、足恭”的批评相对照，孔子提出了“刚毅木讷近仁”（《论语·子路》）的说法，认为刚毅者秉性率直、公正无欲，木讷者宅心笃厚、真诚力行，他们内外一致，绝不会有巧言、令色、足恭的言行，是有着高尚道德的人。从孔子对“巧言、令色、足恭”的批判和对“刚毅木讷”的赞扬，可以看出儒家对正直品德的赞赏和渴望。

孔子还对不能率直而行、一味矫情饰行以取悦于人的“乡原(愿)”进行了批判。“乡愿”即好好先生,他对任何人都不肯批评,对任何事都不发表反对的意见,故能左右逢源,名誉佳,人缘好,好人说他好,恶人也说他好。但在孔子看来,这种人是非不分,是破坏社会道德风气的罪魁祸首,是“德之贼也”(《论语·阳货》)。孟子解释孔子的“乡原,德之贼也”说:“非之无举也,刺之无刺也;同乎流俗,合乎污世;居之似忠信,行之似廉洁。众皆悦之,自以为是,而不可入尧舜之道,故曰‘德之贼也’。”(《孟子·尽心下》)“乡愿”这种人,表面忠信廉洁,人缘也好,别人很难指出他有什么缺失。但其没有是非标准,一味迎合污浊的社会风气,结果把社会弄得善恶不分,恶人横行,公平正义没有立足之地,所以称这种人为道德的祸害。孔孟批判“乡人皆好之”的“乡愿”,而赞赏“乡人之善者好之,其不善者恶之”(《论语·子路》)的正直之士。

《论语·公冶长》记载:鲁国有一个人叫微生高,素以正直而闻名。一天,有人向其讨点儿醋,正好他家也没有醋,他就向邻居讨来给人。孔子据此对微生高的正直之名提出了怀疑。在孔子看来,有人向你讨要醋,家里有就给一点儿,没有就直言相告,让他到别家去讨。微生高不但没有直言相告,而且向邻居讨来送给别人,这是拿别人的东西换人情,是不正直的表现,有点儿沽名钓誉的味道,可见其素有的正直之名是不副实的。由此可见,人要做到正直笃实确实是不易的。

儒家虽然把直看作是一种美德,但如何才能做到直也有一个权变的问题,而且要把握一定的度。《论语·子路》记载,叶公语孔子曰："吾党有直躬者，其父攘羊，而子证之。"孔子曰："吾党之直者异于是。父为子隐，子为父隐，直在其中矣。"叶公向孔子夸耀说，我们那里有一个正直的人，父亲偷了别人家的羊，他就去告官，证明他父亲偷盗。孔子却回答说，我们这里的正直之人不这样做，父亲为儿子隐瞒，儿子为父亲隐瞒，正直也就在其中了。

叶公把儿子揭发父亲偷盗的行为看作正直的表现，但儒家却不这么认为。这是因为儒家认为孝悌是仁之本，是一切美好道德的基础。如果一个人在家能尊敬爱戴自己的父母，那他在社会上就会以仁爱之心对待别人，就不会犯上作乱，社会秩序自然就会和谐，天下就会太平，此即孟子所谓的"人人亲其亲，长其长，而天下平"（《孟子·离娄上》）。反之，一个人连自己父母都不爱戴孝顺，那他在社会上就会目无尊长，违法乱纪，进而导致社会的混乱。所以儒家主张人要以亲情为重、孝悌为先。当正直与孝悌发生冲突时，要分清轻重缓急，知所权变，以孝悌为先，设法为父母的过失隐讳。这样做，虽然表面上看来是不正直，但正直其实已经包含其中了。对不知权变，率直而行，揭发父母的过错的行为，儒家认为这是有违孝道，是不仁不义的行为，自然也就谈不上正直了。

另外，儒家认为正直要注意掌握分寸，不要过头，否则就会伤人。孔子曾说自己"恶称人之恶者"，子贡说自己"恶讦以为直者"（《论语·阳货》）。一个人经常当着众人的面揭发别人的隐私，虽然他说的都是真的，但却让对方很难堪，伤害到其人格尊严，这是正直过头了，过犹不及，有违正直之道。这种所谓的正直是儒家所厌恶的。

总之，儒家主张人的言行要内外一致，大是大非面前能够做到公正耿直，既不矫情饰行，也不畏危苟安。同时提醒人们正直也要注意场合和分寸，知所权变，无过无不及。

七、过犹不及　和而不同

中庸不仅是儒家提出的一个重要道德范畴，同时也是儒家处理问题的基本态度和方法。中庸在儒家思想中占有极其重要的地位，它的基本原则渗透在儒家思想的各个方面，并对后来中国思想文化的发展产生了很大的影响。

过犹不及　不偏不倚

虽然“中庸”作为一个概念最早是由孔子提出的，但作为思想方法的“中庸”或用“中”的思想则由来已久。早在甲骨文、金文中就有“中”字，《诗经》、《尚书》、《易经》中也多次出现过“中德”、“中罚”、“中行”等观念。在《尚书》等典籍中亦有“庸”字。孔子在继承和发挥了前人“尚中”思想的基础上，首次将“中”和“庸”结合起来，并上升到哲学的高度，正式提出了“中

子在川上坊 王新堂 / 摄

庸”的概念。中庸的核心在“中”，中庸即用“中”。

孔子所谓的中庸，指恰到好处，无过无不及。孔子曾评价弟子子张和子夏说：“师也过，商也不及。”子贡问：“然则师愈与？”子曰：“过犹不及。”（《论语·先进》）在孔子看来，子张做事容易过头，而子夏做事往往不足。过头和不足一样，都不符合中庸原则，都是不理想的，只有做到无过无不及、恰到好处才是最完美的。孔子把中庸视为一种至高无上、难能可贵的道德伦理原则，但同时又认为要真正做到无过无不及、恰到好处是不容易的，他曾深有感慨地说“中庸之为德也，其至矣乎！民鲜久矣。”（《论语·雍也》）

《中庸》一文在孔子的基础上对“中庸”的含义作了进一步的补充和发挥，把中庸和人心、天道联系了起来，并进而把中庸提升至“天下之大本”和“天下之达道”的高度。《中庸》说：

“喜怒哀乐之未发，谓之中；发而皆中节，谓之和。中也者，天下之大本也；和也者，天下之达道也。致中和，天地位焉，万物育焉。”一方面，“中”是内在的情感状态，指人的喜、怒、哀、乐等情感藏于内心尚未发动之前，都是中正的，无所偏倚；另一方面，“中”是外在的行为状态，指人的行为中节，无过无不及，恰到好处。内心中正是行为中节的前提和基础，行为中节是内心中正的外显和结果。这样一来，中庸就成了“和内外之道”的关键，同时也是贯通天道和人道的中介，因为《中庸》讲“天命之为性，率性之谓道”，“中”一方面是内在人性的必然要求，同时也是天所赋予人的。人遵循天所赋予的本性去做，就能保证内在情感的不偏不倚，外在行为的恰到好处，无过无不及，不至于产生偏激、乖戾的行为，进而使天地各安其位，万物各得其育。总之，中庸是万事万物所从出的根源，是世界的本质和发展规律，也是处理问题的基本态度和方法。

那么，中庸不偏不倚、无过无不及的具体衡量标准是什么呢？儒家认为这个标准就是礼。孔子说：“夫礼所以制中也。”（《礼记·仲尼燕居》）荀子说：“曷谓中？曰：礼义是也。”（《荀子·儒效》）在儒家看来，礼是为人处世的基本准则，也是塑造内在情感的标准尺度。有了礼的节制，不但能使内心中正、不偏不倚，而且能使行为中节、无过无不及。反过来说，如果没有礼的节制，思想和行为就容易走极端，犯过头或不及的毛病。孔子说：“恭而无礼则劳，慎而无礼则葸，勇而无礼则乱，直而无礼则绞。”（《论语·泰伯》）态度恭敬、做事谨慎、生性勇敢、性格直率本来都是美好的品质，但如果没有礼的节制，做过了头，就会产生相反的效果：恭敬过了头，就会成为谦谦君子，惹人厌烦；谨慎过了头，就会畏缩不前，犯谨小慎微的毛病；勇敢过了头，就会粗暴作乱；直率过了头，就会成为一个尖酸刻薄的人。可见，礼是内心中正、行为中节的关键和具体衡量尺度。

执两用中　中道而立

中庸反对走极端，要求“执两用中”，即在对立的两极之间寻求适中的解决方案。就治理国家来说，孔子主张：“政宽则民慢，慢则纠之以猛；猛则民残，残则施之以宽。宽以济猛，猛以济宽，政是以和。”（《左传·昭公二十年》）统治者太过仁慈宽厚，就无法对危害社会的行为产生威慑，导致民众散漫不经，社会失序；如果一味地依靠严刑酷法，则会伤残民众，加深统治者和人民之间的矛盾，诱发社会动乱。可见，过于仁慈和过于严酷都不好，都是偏执一端，最恰当的做法应该是宽猛相济，这样才符合中庸原则，才能保证社会秩序的和谐稳定。就人的情绪宣泄来说，儒家要求做到“乐而不淫，哀而不伤”（《论语·八佾》）。在儒家看来，快乐和哀伤等情绪宣泄是必要的，但必须把握一个合适的度，不能走极端，否则就会对本人和社会造成伤害。比如一个人有了好事，心情快乐，呼朋唤友，小饮几杯以表庆祝，这是正常的；但如果快乐过了头，纵酒寻欢，往往干出不道德或不法的事情，对自己和社会都会造成伤害。再比如，亲人不幸去世，心情悲伤，这是人之常情；但如果因为悲伤而不吃不喝，或者一蹶不振，放弃对事业理想的追求，这样不但有害健康，而且也是对故去亲人和社会不负责任。

应该指出的是，儒家所谓的“执两用中”并非固定于两端之中点而不知变通，乃是随事物的变化而不断权衡调节自己的行为，使之合于中道，这就是儒家所谓的“时中”，即根据具体时间、场合把握合适的度，因时变通以达“中”。《中庸》说：“君子之中庸也，君子而时中。”尽管事物总是处于不断的变化之中，但君子能够灵活对待，通权达变以合于中道。孟子称赞孔子是“圣之时者”（《孟子·万章下》），就是因为孔子能根据一时一地不同情况，灵活决定自己的行为，做到“可以仕则仕，可以止则止，可以久则久，可以速则速”（《孟子·公孙丑上》）。孟子批评说：“杨子取为我，拔一毛而利天下，不为也。墨子兼爱，摩顶放踵利天下，为之。子莫执中，执中为近之，执中无权，犹执一也。所恶执一者，为其贼道也，举一而废百也。”（《孟子·尽心上》）在孟子看来，杨朱是个极端利己主义者，“为我”而害仁；墨子是个极端的利他主义者，“兼爱”而害义，都是不可取的。子莫在杨朱“为我”和墨子“兼爱”两个极端之间找平衡点，虽然近于中道，但因其“执中无权”，不知因时变通，在本质上与杨朱和墨子的各执一端没有什么差别，都有悖于中庸之道，也是不可取的。

许多人常把儒家所谓的中庸理解为没有原则的折中和调和，是骑墙主义，其实这是一种误解。恰恰相反，中庸反对无原则的折中主义，要求为人处世一定要坚持原则。比如孟子说：“大匠不为拙工改废绳墨，羿不为拙射变其彀率。君子引而不发，跃如也。中道而立，能者从之。”（《孟子·尽心上》）在孟子看来，所谓的“中道”就是要恰到好处地符合一定的标准，就像高明的工匠一样，绝不会因为拙劣的工人而改变规矩，像善射者一样，绝不会因为拙劣的射手而改变调教弓的标准。荀子也曾说:“凡事行,有益于理者立之,无益于理者废之,夫是之谓中事。凡知说,有益于理者为之,无益于理者舍之,夫是之谓中说。事行失中谓之奸事,知说失中谓之奸道。”(《荀子·儒效》)也就是说,凡是合于理的事情就去做,不合于理的事情就放弃,这样才符合“中”的要求,称为“中事”;凡是知识和学说,合于理的就接受,不合于理的就舍弃,这样才符合“中”的标准,称为“中说”。行为不符合“中”,就会做奸邪的事情,知识学说不符合“中”,就是歪理邪说。可见,儒家的中庸强调合理、合道,与不讲原则的骑墙主义风马牛不相及。

执中致和　和而不同

中庸要求内心之“中正”与外在行为之“中节”两者的圆满统一,其目的是要达到中和,也就是《中庸》所说的“致中和”。在儒家看来,中与和是紧密相连的,中是和的前提条件,和是中的必然结果。“致中和”不仅能使天地万物各得其所,达到人与自然的和谐,而且能够使君臣父子各安其位,达到人际关系的和谐。也就是说,没有内心之“中正”与外在行为之“中节”,就不可能达到人与自然的和谐及人际关系的和谐;而人与自然的和谐、人际关系的和谐,都必须建立在内心之“中正”与外在行为之“中节”的基础之上。

儒家追求中和,但反对同一。关于和与同之分别,孔子以前的晏婴和史伯曾作过说明。《左传·昭公二十年》载晏婴说:

美国洛杉矶加州大学孔子像

"和如羹焉，水火醯醢盐梅以烹鱼肉，燀之以薪，宰夫和之，齐之以味，济其不及，以泄其过，君子食之，以平其心。君臣亦然，君所谓可，而有否焉，臣献其否，以成其可；君所谓否，而有可焉，臣献其可，以去其否。是以政平而民无争心……今则不然。君所谓可，据亦曰可；君所谓否，据亦曰否。若以水济水，谁能食之？若琴瑟之专一，谁能听之？同之不可以如是。"《国语·郑语》载史伯说："夫和实生物，同则不济。以他平他谓之和，故能丰长而物归之。若以同裨同，尽乃弃矣。故先王以土与金木水火杂，以成百物。是以和五味以调口，刚四支以卫体，和六律以聪耳，正七体以役心，平八索以成人，建九纪以立纯德，合十数以训百体。"可见，所谓和，就是不同事物、不同方面之间相互补充调剂，达到整体上的和谐；所谓同，就是同质事物之间的简单相加，即无差别的同一。儒家继承和发展了前人的和同之辨，提出了"和而不同"的原则。孔子说："君子和而不同，小人同而不和。"（《论语·子路》）君子与人相处，能分别站在双方的角度来看待和处理问题，即能坚持自己的意见，又能尊重别人的意见，居中行权，使矛盾的双方都能保持一个合适的度，使大家能够和谐相处；但对不正确或不合义理的意见，决不苟同，坚持原则不妥协，这样的行为才符合“中和”的原则。而小人与人相处则不然，他们爱走极端，或者不讲原则，一味地附和以奉承、讨好别人，或者不管错对固执地坚持自己的意见，强求别人服从自己，这样的行为是“同”，与中庸原则是背道而驰的，结果不免造成党同伐异的纷争，破坏人际关系的和谐。孔子的弟子有子讲：“礼之用，和为贵，先王之道斯为美。有所不行，知和而和，不以礼节之，亦不可行也。”（《论语·学而》）也就是说，和谐虽然是人追求的理想目标，但不能为了和谐而无原则地去讨好别人，而要以礼节之，同其所当同者，恶其所当恶者，这样才能真正地处理好人际关系。

荀子也主张通过礼为不同的人制定一个合适的度来达到人际关系的和谐，他说：“夫贵为天子，富有天下，是人情之所同欲也；然则从人之欲，则势不能容，物不能赡也。故先王案为之制礼义以分之，使有贵贱之等，长幼之差，知愚能不能之分，皆使人载其事，而各得其宜。然后使谷禄多少厚薄之称，是夫群居和一之道也。”（《荀子·荣辱》）

荀子是性恶论者，认为人生而有欲，且这种对名利的欲望是无限的，而社会的物质财富却是有限的，不可能同时满足每个人无限的欲望。如果放任人欲自由发展，就会导致人与人之间陷入无休止的争斗，社会也将分崩离析。先王为了化解人与人之间因欲望而引起的争斗，通过制礼把人按贵贱、长幼、智愚分为不同的等级，并分别为处于不同等级之人的欲望追求设置一个合理的度量分界，使每个人都能各得其宜。这样就能养人之欲，给人之求，使欲必不穷于物，物必不屈于欲，两者相持而长，既满足了每个人的欲望，又化解了人与人之间的矛盾和争斗。故在荀子看来，“制礼义以分之”是人能“群居和一”的必要条件，没有礼的分别，就没有人际关系的和谐。

儒家的“和而不同”体现出了一定的辩证法思想，它没有因为追求和而否认矛盾双方之间的差异，而是在承认差异的前提下，执两用中，通过居中调和使矛盾双方都能保持一个合适的度，进而达致矛盾双方的和谐。

八、性善性恶　为善去恶

人性问题是人生的重要问题，关于人性问题人们讨论最多的又是人性的善与恶问题。

儒家第一个讲人性的是孔子，孔子说："性相近也，习相远也。"（《论语·阳货》）认为人先天本性没有什么差别，只是后天的习染使人与人之间产生了差距，对人性的善恶没有讨论。战国中期孟子提出性善论的观点，引发了历史上对人性善恶问题长久不息的争论。

天赋"四端"　人性本善

儒家对于人性善恶问题有多种不同观点，影响大的是性善论、性恶论和性二元论，其中以性善论为主。

"人之初，性本善；性相近，习相远；苟不教，性乃迁；教之道，贵以专。”这是南宋人编撰的《三字经》开篇，历经千年风雨沧桑，今天幼儿园的孩子们还在诵读。由此可见，人性本善思想对中国文化和社会生活影响之广之久。

周敦颐像

性善论的首倡者是孟子。他认为人本性中天赋就有“善端”，就像水都是从高处往低处流一样，人的本性也没有不善良的。人本性中天赋具有“善端”，这些“善端”即“仁”、“义”、“礼”、“智”“四端”。所谓“仁之端”是“恻隐之心”，“义之端”是“羞恶之心”，“礼之端”是“辞让之心”，“智之端”是“是非之心”。

“恻隐之心”是天赋的同情心，是仁的萌芽。“羞恶之心”是天赋的羞耻之心，依据道德标准所作出的行为判断，是义的萌芽；“辞让之心”是人的谦让的心理，是礼的萌芽；“是非之心”是天赋的分辨是非的判断力，是“智”的萌芽。

人的“四端”是与生俱来的，人有仁、义、礼、智这四种“善端”，就像有四肢一样，人的四肢是人生来就有的，所以人的善端也是生来就有的。当一个人看见小孩即将落到井里，出于天生的同情心，他会立即去挽救小孩的生命。在这一瞬间他救小孩不是因为与小孩的父母有交情，也不是为了沽名钓誉于乡党朋友之间，更不是因为厌恶孩子的哭声，纯粹是由于天然的对别人的同情之心。所以，人的怜悯之心是与生俱来的，也是人人都具备的，而且具有超越功利的特点。同样，人的“羞恶之心”、“辞让之心”、“是非之心”也是如此。

孟子又提出一种“良知”、“良能”说，他说人天生具有“不学而知”、“不虑而能”的“良知”、“良能”。就像两三岁的孩子没有不爱他的父母的，等到他长大，没有不知道尊敬兄长的，“亲亲”、“敬长”这些善性就是人的“良知”、“良能”。

人的“四端”是人所独有的。孟子说人和动物的差别其实很少，其区别就在于人有“四端”，而动物没有，这就是孟子著名的人禽之别的论点。他说：“无恻隐之心，非人也；无羞恶之心，非人也；无辞让之心，非人也；无是非之心，非人也。”（《孟子·公孙丑上》）是否拥有道德的萌芽是人与动物的根本区别，也是人之为人的根本标志。

就如同看到小孩有落井的危险，人人都会本能地出手相救，人的善端是人人都有的，具有普遍性。这是因为“凡同类者，举相似也”（《孟子·告子上》）。大麦播种后，如果土地一样，种植的时间一样，都会蓬勃生长，夏至以前都会成熟。一切同类的事物，都是大体相同的，圣人与普通人是同类，圣人天性本善，所以普通人也是天生有善性的。就如同人有相同的脚，相同的味觉、听觉、视觉一样，所有的人都有相同的道德意识。这是一种人性天然平等的思想。“尧舜与人同耳”（《孟子·离娄下》），“圣人与我同类者”（《孟子·告子上》），所有人在人性上都是平等的。在战国中期，孟子提出这种人性平等的思想，不能不说这是中华民族文化史上的骄傲。

性有二元 性善为秉

到了宋代，在孟子性善论的基础上出现了人性二元学说。首先系统提出人性二元论的是张载。他把人性分为两层，即“天地之性”和“气质之性”。“天地之性”纯粹至善，“气质之性”有善有恶。

“天地之性”就是太虚的本性。那么，什么是太虚呢？张载认为，宇宙中的一切事物都是由气构成，人也是由气凝聚而成。气有聚散两种形态，气散为太虚，气聚则为物。太虚是气散而未聚的本然状态。太虚之气清澈纯正、和谐完美，人秉承太虚这种秉性所构成的性是“天地之性”，“天地之性”是纯粹至善的。天地之性是在人和万物未产生之前就有的，对于人而言是与生俱来的，是根本的、永恒的。

“气质之性”是指人形成后，因为各自不同的形体而具有的性。人的天地之性是同一的、普遍的，气质之性则因人而异。因为人由气凝聚而成，阴阳之气凝聚后有清有浊，有厚有薄，气清人性显露为善，气浊人性显露为恶，所以人的气质之性有善有恶。

后来程颐又将性分为两个层面：一是理性。“性”即是“理”，理无不善，所以性也是善的，善的表现是仁、义、礼、智、信。一是气质之性，也称为“才”。“才出于气”，有善也有恶。“才禀于气，气有清浊，禀得清者为贤，禀得浊者为愚”（《河南程氏遗书》卷一八）。

朱熹是宋代理学集大成者，在人性善恶的问题上，他综合张载和二程的观点进一步将人性论系统化。认为人性是由理和气结合而生的。理在人未生之前已存在，人生之后禀受天理为人的本性，此即天地之性或者说义理之性，也称天命之性。天理是完满至善的，体现为人性，也是完满至善的，仁、义、礼、智是其四大纲领。

天地之性与气质之性的关系，在朱熹看来就是理和气的关系。理是“生物之本”，气是“生物之具”。气由理而生，所以在天命之性与气质之性的关系上，气质之性产生于天命之性。朱熹说天命之性像水一样，本性至清。用干净的器皿盛，水会保持清澈，用不干净的器皿盛，就会污浊，就如同水盛在不同器皿中有清浊之分一样，理与气相糅杂，也有清浊之分，于是气质之性就有了善与恶的分别。“人之所以有善与不善，只缘气质之禀，各有清浊”（《朱子语类》卷四）。禀气质之清者，天命之性不被禁锢，发散出来，为善；禀气质之浊者，蔽锢多而私欲胜，则为恶。在朱熹看来，不仅人的精神之善恶，而且人的贫富贵贱、生死寿夭，也都是由禀气的不同决定的。秉承精英之气，便可以成为圣人贤人，这就可以说是“得理之全，得理之正”。秉承清明气质者就英姿飒爽，秉承敦厚气质者就温文和气，秉承清高气质者就高贵，秉承丰厚气质者就富裕，秉承长久气质者就会长寿，秉承衰颓薄浊气质者，就会愚钝不肖，贫贱寿夭。

总体看来，宋代的性二元论是一种性善为主的人性学说。在儒家思想发展史上，人性本善居于绝对的主导地位，这是确定无疑的。儒家以性善为主的人性学说对于中国社会发展影响深巨。孟子的天赋“四端”以及宋儒的天命之性、天地之性实际上是一种理想主义的人性观点，充满着对完美人性和完美人生的向往和追求，儒家“知其不可为而为之”的精神支柱即在于此。

当然，儒家的天赋善性思想无疑是有其自身的局限性的，但善的发现是文化上的一个阶段，善本身就是目的。从这个意义上说，儒家性善论提出本身，已经达到了一种目的，具有划时代的意义和价值。

生而好利　性恶善伪

儒家除性善论和以性善为主导的性二元论以外，不容忽视的还有性恶论。性恶论发端于荀子，他说：“今人之性，生而有好利焉。”（《荀子·礼论》）“人之性恶，其善者伪也。”（《荀子·性恶》）

“生而有好利”是说好利恶害是人的本性，“人之性恶”是说人的本性先天就是丑恶的。荀子认为，人生下来就有贪图私利的特点，顺着这种本性发展，争夺就产生了，谦让就丧失了；人生下来就有嫉妒和憎恶之心，顺着这种本性发展下去，伤害别人的行为就出现了，忠信的品德就丧失了；人生下来就有耳目之私欲，好声色的本能，顺着这种本性发展下去，淫乱的行为就出现了，礼仪文明就丧失了。由此看来，顺从人的本性，必然出现争夺，出现违反等级名分、扰乱礼义的行为。

“其善者伪也”，是说人的良好品德是后天教育的结果。荀子承认人有善的一面，有“辞让”、“忠信”、“礼仪文理”等良好的品德，但他认为这些品行并非人的本性，而是后天人为得来的。他说人饿了，见到长者在不敢先吃，必然要推让；人累了，看见长者在就不先去休息，代替长者继续劳动。儿子对父亲的推让，弟弟对兄长的谦让，儿子代替父亲劳动，弟弟代替兄长劳动，这些行为都是与人的本性相背离的，出现这些行为是由于后天“孝子之道”和“礼仪之文理”的教育结果。如果完全顺从人的本性而为，就不会出现这些推让的行为。所以在荀子看来，人的善的行为不出于人的本性，而是后天人为的结果。

荀子是中国思想史上一个伟大而又颇有争议的人物，在中国思想史上占据突出位置。他的人性论尤其是性恶论是最为后人所诟病的。荀子将人性归结为本恶，将人的自然属性和社会属性混为一谈，这是不对的，但荀子认为善是人的后天努力所为，否定了道德先验论，这是他较之孟子高明之处。在相当长的历史时期内，荀子的哲学思想没有得到应有的评价，这是一个误区。

为善去恶　从善如流

儒家对人性的善恶存在观点上的不同，无论是哪一种观点，都是对人类道德起源的探索和思考，人性善恶观不同，道德修养方法也就不同，但最终的目标都是一致的，就是为善去恶，从善如流，提升人类的道德修养和水平。

孟子有“存心养性”、“求其放心”（《孟子·告子上》）说。孟子说“四端”只是善的发端和萌芽，还不是善本身。“四端”只有经过不断保持和扩充，才能发展成仁、义、礼、智四种道德

南京夫子庙照壁

始建于宋景祐元年（1034 年），20 世纪 80 年代重建

品质。对于为人不善者，孟子认为绝不是人本性的不善，而是由于舍弃了善的本性，所谓“操则得之，舍则失之”（《孟子·尽心上》）。所以孟子主张存心养性，求其放心。

“存心”就是保持住本性中固有的善心而不失去，他说：“君子所以异于人者，以其存心。君子以仁存心，以礼存心。”（《孟子·离娄下》）就是说，君子之所以超出常人，就是因为他保持住了自己本性中的善心，而一般人，则失去了部分的善心。仁义之心是每一个人内心存在的，但是由于不良环境的影响，不注意保存持养，这种本有的良心就失去了，所以进行道德修养，不仅要“存心”，而且要“求其放心”。“求其放心”就是把失掉的良心收回来。“存心”、“求其放心”具体通过“思诚”和“反求诸己”（《孟子·公孙丑上》）实现。

继承孟子的思想，依据人性二元的观点，宋代张载提出变化气质的修养方法。张载认为气质之性是可以通过后天的学习和修养加以改变的，他提出了“变化气质”的理论。“如气质恶者，学即能移”。（《经学理窟·气质》）“为学大益，在自能变化气质”。（《经学理窟·义理》）通过学习可以使人性中丑的东西转化为美，恶的东西转化为善，克服气质之性的蔽塞，回复天地之性。

朱熹认为人们为了生存所产生的物质欲望，是气质之性的浑浊，在他看来，物质欲望是罪恶的渊薮，于是他提出了人心与道心、天理与人欲的划分，主张“存天理，灭人欲”（《朱子语类》卷四）。朱熹的人性论，从南宋以后成为正统思想，支配中国社会数百年，直到明朝才逐渐开始受到批判和质疑，但其在思想界和政治界的主导地位一直没有动摇。以朱熹为代表的宋明理学在学术上是对原始儒学的大发展，但是就道德修养论而言存在许多糟粕，所以我们要分别对待，去其糟粕，取其精华。

荀子有“化性起伪”说。荀子说“性”是“天之就也”，不是后天人为造成的，“然而可化也”，性是可以改造的。他说圣君与暴君、君子与小人的自然本性都是一样的，饿了要吃饭，冷了要穿衣，好利而恶害、好荣而恶辱，是君子与小人本性中都有的。“圣人之所以异于众者，伪也。”（《荀子·性恶》）圣人与众人不同的地方在于后天的人为，这种人为就是“化性”，通过后天的努力改变人性中恶的东西。荀子同时强调每一个人皆有化性起伪的能力，所谓“涂之人可以为禹”（《荀子·性恶》），因为“凡禹之所以为禹者，以其为仁义法正也。然则仁义之法正有可知可能之理；然而涂之人也，皆有可以知仁义法正之质，皆有可以能仁义法正之具。然则其可以为禹明矣”（同上）。世上人人皆有化性起伪、成德成善的能力，而普通人有的不肯化性，“纵性情，安恣肆”（《荀子·性恶》）；有的虽然肯于化性，但是化性的决心和功夫不到。所以能否达到“圣人”的境界关键在于能否积善成德，积善成德主要通过“强学而求”达至。

通过学习而通晓礼义是化性起伪、积善成德的最有效办法，“今人之性固无礼义，故强学而求有之也”（同上）。“强学而求”的目的在于“始乎为士，终为圣人”，这种目标是不易达到的。“学至乎礼”是一个坚持不懈、不断积累的过程。所谓“积土成山，风雨兴焉；积水成渊，蛟龙生焉，积善成德而神明自得，圣心备焉”（《荀子·劝学》）。

荀子强调“强学而求”必须以实践为目标。“知之不若行之，学至于行而止”（《荀子·儒效》）。学是道德修养的初始阶段，行则是道德修养的最高阶段，没有道德实践，一切的学习都无法最终达至道德修养的目的。

荀子的化性起伪思想肯定了人性是可以变化的，强调了环境对于人的影响以及发挥主观能动性的作用，是难能可贵的朴素辩证法和唯物论思想，也是一笔宝贵的精神财富。

九、生于忧患　死于安乐

儒家有着浓厚的忧患意识，这种忧患意识是在遭遇各种磨难后产生的一种精神财富和宝贵文化遗产，它要求以戒惧、沉毅的态度对待自然、社会和人生，表现出对国家、民族、人民的命运和前途的强烈关怀，是一种危机感、使命感和责任感的集中体现。

忧劳兴国　安豫亡身

儒家的开山祖师孔子就有强烈的忧患意识，他说："人无远虑，必有近忧。"（《论语·卫灵公》）意思是说人没有长远的思虑，忧愁很快就会降临。它的目的在于告诫人们要有忧患意识，应该明白人生之多艰，命运之多舛，思渐虑远，防患于未然，切不可只顾眼前，否则必遭祸殃。

文昌文庙
宋庆历年间始建

孟子则有“生于忧患，死于安乐”之说，他解释说：“舜发于畎亩之中，傅说举于版筑之间，胶鬲举于鱼盐之中，管夷吾举于士，孙叔敖举于海，百里奚举于市。故天将降大任于斯人也，必先苦其心志，劳其筋骨，饿其体肤，空乏其身，行拂乱其所为，所以动心忍性，增益其所不能。人恒过，然后能改；困于心，衡于虑，而后作；徵于色，发于声，而后喻。入则无法家拂士，出则无敌国外患者，国恒亡。然后知生于忧患而死于安乐。”（《孟子·告子下》）舜、傅说、胶鬲、管仲、孙叔敖、百里奚等人出生贫贱，屡遭磨难和忧患，但他们在不利的环境下能坚韧心志，涵养智慧，增益才能，后来成就了一番大事业。就一般人来说，由于平日缺乏戒惧之心，不能防微杜渐，难免会遭遇祸殃。只有等到事穷势蹙，心中郁闷，思虑不畅，处处遭人白眼、受人指责之时，才知警悟而改过。对于一个国家来说，如果朝中缺乏懂得法纪、忠肝义胆、敢于直言诤谏的良臣，外部没有强国虎视眈眈，就会使君臣懈怠，法纪败坏，最终难免亡国的结局。孟子借圣贤兴起、国家存亡的事例，说明忧患可以使人奋起、使国家兴盛，而安乐则使人沦落、导致国家灭亡的道理。

荀子主张“先事虑事，先患虑患”，也是强调忧患意识的重要性，即在事情发生之前就应该深思熟虑，早为之备；在祸患到来之前就应该防微杜渐，防患于未然。他解释说：“先事虑事谓之接，接则事优成。先患虑患谓之豫，豫则祸不生。事至而后虑者谓之后，后则事不举。患至而后虑者谓之困，困则祸不可御。”（《荀子·大略》）在事情发生之前就已经预见到了可能出现的各种情况，并做好了相应的准备，就一定能取得成功；在祸患到来之前就已经发现了不好的苗头，见机而作，把危险消灭在萌发状态，那么祸患就不可能真正出现。如果等事情真正发生了才考虑应对之策，则很难取得成功；等祸患真正出现了才考虑化解之方，就来不及了，必遭祸殃。这显然是继承了孔子“人无远虑，必有近忧”的思想。

《大戴礼记·曾子立事》有和荀子相近的论述：“先忧事者，后乐事；先乐事者，后忧事。昔者天子日旦思其四海之内，战战唯恐不能乂；诸侯日旦思其四封之内，战战唯恐失损之；士大夫日旦思其官，战战唯恐不能胜；庶人日旦思其事，战战唯恐刑罚之至也。是故临事而栗者，鲜不济矣。”先有忧患，才能安豫；安于享乐，必遭祸殃。天子整日战战兢兢，唯恐四海之民不服，才能使天下百姓归心；诸侯时时谨慎戒惧，担心失去封地，才能使社稷永存；士大夫每日忧心忡忡，忧虑不能胜任职位，才能保证不丢掉官衔；庶民时常心存恐惧，害怕刑罚加于己身，方能避免法律的惩罚。上至天子，下至庶民，只要有忧患意识，时时保持谨慎戒惧之心，才能保证祸害不至、万事有成。此正《周易·系辞下》所谓的“是故君子安而不忘危，存而不忘亡，治而不忘乱，是以身安而国家可保也”，亦即《礼记·檀弓》所谓的“君子有终身之忧，而无一朝之患”。总之，不管是对个人来说，还是对国家来说，忧患意识都是非常重要的。个人如果能始终保持忧患意识，就会免遭祸患；国家能始终保持忧患意识，就会长治久安。

忧道忧学　忧国忧民

儒家所谓的忧患，并不是对个人名利的患得患失，而主要是对道义精神能否弘扬的担忧，是对国家民族命运的深沉忧思。孔子说：“君子忧道不忧贫。”（《论语·卫灵公》）一个有志之士，担忧的应该是道义能否畅明，真理能否弘扬，而不因个人物质生活的匮乏和生存发展的艰辛而苦闷。这里所谓的“忧道”包含两层意思：一是忧虑自己是否得道；二是忧虑自己能否弘道。前者是对内在道德修养的忧思，后者是对外在道德实践的忧思。孔子对此有详细论述：“德之不修，学之不讲，闻义不能徙，不善不能改，是吾忧也。”（《论语·述而》）德必修而后成，道必学而后明，懂得了道义并能践行，有了过错能及时改正，这是成就君子人格的必由之路。然而由于人们专注于个人名利，不能一心研习学业、涵养道德，因而无法得道；即使有得道者，又不能勇敢践行，明知错了，却不去改正，结果导致道义不畅，道德沦丧，世风日下。面对此情此景，怎能不叫人担忧！《礼记·杂记》说："君子有三患：未之闻，患弗得闻也；既闻之，患弗得学也；既学之，患弗能行也。"曾子说："君子既学之，患其不博也；既博之，患其不习也；既习之，患其无知也；既知之，患其不能行也；既能行之，贵其能让也。君子之学，致此五者而已矣。"（《大戴礼记·曾子立事》）这些显然都是对孔子"德之不修，学之不讲，闻义不能徙，不善不能改，是吾忧也"思想的继承，说明儒者之所忧，均在道义能否畅明，真理能否弘扬。

孔子告诫人们要摆脱名利的搅扰，专心涵养道德，不断充实自己。他说："不患无位，患所以立；不患莫己知，求为可知也"（《论语·里仁》），"不患人之不己知，患其不能也"（《论语·宪问》），劝勉人们不必因为得不到别人的赏识而忧愁，也不要因为谋不到职位而怨天尤人，倒是应该担忧自己是否具有被别人赏识的品德和才能，是否能够胜任某种职位。孔子把道义看得比生命更重要，主张"志士仁人，无求生以害仁，有杀身以成仁"（《论语·卫灵公》），为了弘扬道义宁可舍弃生命，区区个人名利的得失，又怎么能困扰儒者的心绪，妨碍其对道义的传承与弘扬。

除了忧道忧学，儒家还忧国忧民。孔子常为礼崩乐坏、世道衰微而兴叹，又为赋税无度、苛政伤民而忧虑，表现出对国家和人民命运的强烈忧患。正是在这种忧患意识的驱使下，他到处奔走呼号，企图通过重建西周的礼乐传统来救国家于危亡、救民于水火。虽然屡遭磨难，明知“道之不行”（《论语·微子》），仍矢志不渝，体现出对国家、对人民强烈而深沉的使命感和责任感。

面对战国诸侯纷争、生灵涂炭的乱局，孟子内心充满了对国家和百姓命运的忧虑，决心改变现状。他曾自负地说：“如欲平治天下，当今之世，舍我其谁与？”（《孟子·公孙丑下》）认为自己就是挽救国家和民众于危亡的当然人选。孟子提出的平治天下的对策就是实行“仁政”，要统治者以仁爱之心来对待民众。他说：“乐民之乐者，民亦乐其乐；忧民之忧者，民亦忧其忧。乐以天下，忧以天下，然而不王者，未之有也。”（《孟子·梁惠王下》）告诫统治者要关心民众的疾苦，与百姓共忧乐，只有这样，才能保证国家长治久安，使万民安居乐业，免受饥寒之苦。虽然孟子提出的“仁政”理想没有变成现实，但其忧国忧民的博大情怀，对国家和民众勇于承担责任的精神，对后世产生了巨大而深远的影响。

荀子说：“儒有今人与居，古人与稽，今世行之，后世以为楷。适弗逢世，上弗援，下弗推，谗谄之民，有比党而危之者，身可危也，而志不可夺也。虽危，起居竟信其志，犹将不忘百姓之病也。其忧思有如此者。”（《礼记·儒行》）认为作为一个儒者，不管在多么困难的境遇下，都不可舍弃忧国忧民的精神，不可放弃对国家和民众的责任和使命，要学习古人的优良传统，为后世树立楷模。

荀子所言不虚，儒家忧道忧学、忧国忧民的博大情怀，已经成为中华民族宝贵的精神财富，成为中华民族和中华文化延续几千年而不衰的内在动力。

发愤忘食 乐以忘忧

儒家提倡忧患，同时又讲不忧，如孔子就主张“仁者不忧”（《论语·宪问》）、“君子不忧不惧”（《论语·颜渊》），表面看来似乎矛盾，其实不然。儒家所忧患者，在于德业不修，道义不畅，但这种忧患意识不是一种消极、悲观的情绪，而是相信“人能弘道”（《论语·卫灵公》），认为只要秉持忧患之心和戒惧谨慎的态度，积极涵养德性，使内心充实无亏，行为符合道义，既适应外在社会规范，又不违反内在的理性道德原则，就能突破和超越忧患，得到一种精神上的满足和快乐，达到无忧的境界。可见，“忧患”是“不忧”的前提，“不忧”是“忧患”的结果。

开城成均馆明伦堂

孔子曾自述说："发愤忘食，乐以忘忧，不知老之将至。"（《论语·述而》）孔子有感于自身德性的不足，努力进德修业，以至于达到了废寝忘食的地步；从进德修业中，获得了精神上的满足与快乐，结果就把忧愁忘记了，甚至不再担忧生命的日渐衰老，真正达到了"不忧"的快乐境界。可见，儒家的无忧和快乐是一种较高层次的道德境界上的主体内心体验，是在求道、得道、弘道中获得的一种精神上的满足，是一种"乐道"的精神。

儒家并不否认人可以从感官欲望和自然生理的满足中获得快乐，但更重视精神、道德、理性层面的满足。孔子说："饭疏食饮水，曲肱而枕之，乐亦在其中矣。"（《论语·述而》）称赞弟子颜回说："贤哉，回也！一箪食，一瓢饮，在陋巷。人不堪其忧，回也不改其乐。贤哉，回也！"（《论语·雍也》）物质匮乏，生活条件艰苦，常人生活在此境遇下，难免会忧心忡忡，但孔子和颜回却丝毫不受贫困生活影响，安心修德进业，从而获得了一种精神上的满足和快乐。

这种无忧快乐的心境，只有君子能够享受，小人无法体验得到。孔子说："君子坦荡荡，小人常戚戚。"（《论语·述而》）荀子对此他有着详细的论述："君子其未得也，则乐其意，既已得之，又乐其治。是以有终生之乐，无一日之忧。小人者其未得也，则忧不得；既已得之，又恐失之。是以有终身之忧，无一日之乐也。"（《荀子·子道》）君子怀德喻义，唯恐德业不修、道义不畅，一生孜孜不倦、发愤忘食地求道。还未得道之时，以求道为快乐；得道之后，以弘道为快乐，故能做到内省不咎，仰不愧于天，俯不怍于人，坦坦荡荡，快乐无忧。小人怀利喻惠，唯恐财富不丰、官位不高，终日挖空心思、不择手段地追求名利。

没有得到名利之时，怨天尤人，闷闷不乐；既得名利之后，又担心失去，整日提心吊胆，忧惧不安。不同的志向，导致了君子和小人各自不同的心境和精神状态：君子忧道，也能乐道，获得精神上的满足和快乐；小人忧利，故为利所累，整日忧戚不安。

总之，儒家认为君子的忧乐是统一的，目标都指向道义。只有具备忧患意识，才能求道、得道、弘道，求道、得道、弘道，才能获得精神上的快乐和满足。

十、悲天悯人　承担责任

儒家哲学基本精神之一是忧患意识，忧患意识是一种危机感、使命感和责任感的集中体现。在儒家看来，忧患意识产生的内在根据源于人类与生俱来的悲天悯人的同情心。可以说悲天悯人的同情心是责任感得以生发的直接契机；承担苦困的责任感则是同情心的必然升华，两者共同构成儒家忧患意识的有机内涵。

恻隐之心　人皆有之

樊迟问仁，孔子说“爱人”（《论语·颜渊》）；子贡问仁，孔子说：“己欲立而立人，己欲达而达人”（《论语·雍也》），“己所不欲，勿施于人”（《论语·卫灵公》）。“己所不欲，勿施于人”就是将心比心、推己及人的一种同情心，即如孔子弟子子贡所理解的:“我不欲人之加诸我也,吾亦欲无加诸人。”(《论语·公冶长》)子张问仁于孔子,孔子说能行五者于天下即为仁,即恭、宽、信、敏、惠。“仁”的本质特征是爱人,“仁”是一切同情心、仁慈之心产生的人性基础。“仁者人也,亲亲为大”(《中庸》),人之所以为人在于“仁”,人的本质在于爱。孔子之于同情心没有直接阐述,但是孔子仁学思想无疑为儒家悲天悯人思想奠定了基调。

天津府学文庙

明正统元年(1436年)建

孟子说:“人皆有不忍人之心”,“恻隐之心,人皆有之”(《孟子·公孙丑上》)。同情心是人类先天即有的情感,是人的本性,当我们见到一个小孩不慎掉进水井里去了,就会立刻赶去救他,这就是“恻隐”之心。救小孩并不是为了和小孩的父母攀交情,或者是为了要取得乡里和朋友的赞扬而搭救,也不是因为讨厌小孩的哭声才去做这件事情,完全是人的天性使然。

孟子又说有同情心是人之所以为人的重要标志，没有同情心的人不能称其为人，所谓“无恻隐之心……非人也”；反之，有“恻隐之心”就是有了善之发端、善的萌芽，人类只要让此善的发端、萌芽不断生发、扩充，就可以成为“仁爱”的人，成为一个高尚的、受人尊敬的人，“恻隐之心，仁也”（《孟子·公孙丑上》），这与孔子的“仁者人也”一脉相承。

从现代心理学角度讲，人都有追求真善美的心理需求，当我们的这种心理需求被外在的环境打碎时，就会有一种情感的自然流露，或是惋惜，或是感同身受，[1] 或是伸出援助之手，凡此种种，就是平常所谓的同情心。这种同情心，有时及于自己的同类，有时及于有生命的动物甚或是没有生命的自然物。儒家把这种施及人和万物的“恻隐之心”、慈爱之心，作为其伦理哲学的起点，也为儒家悲天悯人、承担责任思想奠定了理论基础。

仁民爱物　民胞物与

“诗圣”杜甫长期生活困苦，“布衾多年冷似铁，娇儿恶卧踏里裂”，在风雨交加的夜晚，茅屋为秋风所破，他没有为自己的窘困忧愁，而是大声疾呼：“安得广厦千万间，大庇天下寒士俱欢颜，风雨不动安如山。呜呼，何时眼前突兀见此屋，吾庐独破受冻死亦足。”（《茅屋为秋风所破歌》）这是儒家知识分子悲天悯人情怀的真实写照，是孔孟儒家文化长期浸染的结果。

---

① 参见邵汉明主编：《中国文化精神》，商务印书馆2000年版，第74页。

儒家认为同情心是人类与生俱来的自然情感，人皆有之。但儒家倡导的悲天悯人的同情心与普通人的同情心又有所分别。圣人君子之所同情忧患的绝非感性物质生活的匮乏和个人生存发展上的苦困，而主要是内在精神生活的缺憾和人类群体生存发展上的苦困；也绝非一己之功利得失，而主要是人类群体之幸福和理想的实现。远古之时，看到人类满足于饱食暖衣不思教化，圣人忧之，乃教以“五伦”。所谓“人之有道也，饱食、暖衣、逸居而无教，则近于禽兽。圣人有忧之，使契为司徒，教以人伦”（《孟子·滕文公上》）。

先王看到世间争乱无序，乃以天下为已任，“制礼义以分之”，于是“礼”应需而生。所谓“礼起于何也？曰：人生而有欲，欲而不得，则不能无求，求而无度量分界，则不能不争。争则乱，乱则穷。先王恶其乱也，故制礼义以分之，以养人之欲给人之求。使欲必不穷乎物，物必不屈于欲。两者相持而长，是礼之所起也”（《荀子·礼论》）。

到了孔子之时，礼坏乐崩，人心不古，世风日下。孔子说：“文王既没，文不在兹乎？天之将丧斯文也，后死者不得与于斯文也；天之未丧斯文也，匡人其如予何？”（《论语·子罕》）又说：“君子忧道不忧贫”（《论语·卫灵公》）；“德之不修，学之不讲，闻义不能徙，不善不能改，是吾忧也”（《论语·述而》）。

孟子之时，诸侯争霸，征战连年，孟子“忧以天下”、“忧民之忧”（《孟子·梁惠王下》）。他说：“尧以不得舜为已忧，舜以不得禹、皋陶为已忧。夫以百亩之不易为已忧者，农夫也。”（《孟子·滕文公上》）整天担心自己百亩良田的得与失者，是农夫这样的普通人，尧、舜这样的人忧虑的乃是关系天下苍生的大事。

他盛赞“禹思天下有溺者，由己溺之也；稷思天下有饥者，由己饥之也”（《孟子·离娄下》），伊尹“思天下之民匹夫匹妇有不被尧舜之泽者，若已推而内之沟中”（《孟子·万章上》）。

当现实的苦困缠绕个人与众生之际，当天人合一的境界和人我和谐的秩序被打破之时，孔孟自然在自己的内心深处产生一种深沉的悲情悲愿和无限的悲天悯人同情之心，他们把对天下苍生的悲悯和关爱落实于“仁民爱物”。孟子说：“君子之于物也，爱之而弗仁；于民也，仁之而弗亲。亲亲而仁民，仁民而爱物。”（《孟子·尽心上》）君子对于万物，以爱心相待，对于百姓则以仁心相待；君子爱亲人，因而爱百姓；仁者爱百姓，因而爱万物。

关于“仁民”，孔子讲“四海之内，皆兄弟也”（《论语·颜渊》），虽然孔子自己不忧贫贱，但对百姓的疾苦却非常关心，要求统治者“节用而爱民，使民以时”（《论语·学而》），轻徭薄赋，节省民力，反对不顾百姓苦乐一味索取。孟子讲“老吾老以及人之老，幼吾幼以及人之幼”（《孟子·梁惠王上》）。张载提出著名“民胞物与”主张，“民吾同胞，物吾与也”（《张子正蒙·乾称》），国君是人民父母的嫡长子，国家的大臣是嫡长子家里的相帮者。凡是天下有身体残疾或者是孤独穷困的人都是我们的兄弟。强调人与人之间在道义基础上的相互同情、体谅和理解。

爱物是“仁民”思想的扩展。人能“参天地之化育”，能够体悟得到“天人合一”的至高境界，能感觉到宇宙的和谐美满，我们应以事亲之道来侍奉天地，视天地为宇宙万物的“父母”，视人类为自己的同胞，称人类之外的其他自然物为自己的“朋友”。从这个意义上说，人在宇宙中最为尊贵，人有善待万物的道义责任，这既是人的职责，也是人性尊严之表征。孟子曰："万物皆备于我矣。反身而诚，乐莫大焉。强恕而行，求仁莫近焉。"(《孟子·尽心上》)推己及人，推人及物，由父母的生养之恩溯源天地化育之德，报父母之恩为孝，赞天地之德即应长养万物，此即亲亲而仁民，仁民而爱物。《中庸》说："唯天下至诚，为能尽其性；能尽其性，则能尽人之性；能尽人之性，则能尽物之性；能尽物之性，则可以赞天地之化育；可以赞天地之化育，则可以与天地参矣。"天下只有至诚的人才能体验到万物的本性，因为能体验到万物的本性，所以就能够感知到天地生化万物的神奇，因为能够感知到这种神奇，所以就可以达到与天地感通的境界。能够感知万物生命的过程，也就自然认识到人的生命过程，重视万物的存在则更加重视人自己，这是"仁民爱物"、"民胞物与"价值的体现。

在当今社会，我们提倡儒家的"仁民爱物"、"民胞物与"思想具有非常重要的现实意义。我们视"一方有难，八方支援"为一种社会公德大力提倡，正是我们怀着一种视人如己的内在情怀发自内心的行动，体现出对人的关爱。我们提倡构建和谐社会，就是要求人与人之间要友爱关切，人与自然之间要和谐共生，这正是"民胞物与"思想内涵所展示出来的人生理想追求，它与时代要求相映生辉，体现出中华文化的旺盛生命力。

天下兴亡　匹夫有责

儒家在悲天悯人的基础上进而引发出承担责任的博大情

怀。所谓承担责任就是自我关怀和群体关怀。自我关怀实现的是“内圣”，群体关怀实现的是“外王”，合而言之就是儒家的“内圣外王”之道，是儒家学者强烈的历史责任感、时代使命感和文化担当意识的集中体现。

自我关怀是内圣之道，关注的主要是主体道德生命的提升，而不是个体感性生命的延续和物质生活条件的改善。孟子将人的感官生命称为“小体”，精神生命称为“大体”，说“体有贵贱，有小大。无以小害大，无以贱害贵。养其小者为小人，养其大者为大人。”“饮食之人，则人贱之，为其养小以失大也”（《孟子·告子上》）。提倡养其“大体”，如果人只注重感官享受而不注重精神境界的提升，只养其“小体”而不养其“大体”，注定受到人们的鄙视。

孔子弟子曾子说过：“士不可以不弘毅，任重而道远。仁以为己任，不亦重乎？死而后已，不亦远乎？”（《论语·泰伯》）主张士人要“仁以为己任”，实现仁德于天下。在全社会推行仁道，实现理想社会“任重而道远”，需要付出长期的艰苦卓绝的努力，要首先从自身做起，孔子所谓“己立立人”，“己达达人”，“己所不欲勿施于人”（《论语·颜渊》）。从自身做起也就是自我道德修养的提升，“自天子以至于庶人，壹是皆以修身为本”（《大学》）。关于修身的方法，儒家学者所述颇详。孔子说君子应“就有道而正焉”（《论语·学而》），克己内省、与善人居。孟子强调“尽其心，知其性”，存心养性、动心忍性、反求诸己、养浩然之气。荀子倡导致气养心、养心以诚、强学而求，努力提升个人道德境界，成就理想人格。此外《大学》之三纲领八条目所述皆为修身之要。

群体关怀是外王之道，即时刻以天下为己任，谋求国家社稷的长治久安、社会的和谐安宁以及人民生活的幸福安康。儒家在追求道德自我完善的同时，力求以主体内在修养所得，推广于外，施之于社会。《大学》所云："古之欲明明德于天下者，先治其国；欲治其国者，先齐其家；欲齐其家者，先修其身。"即以修身为根本，齐家、治国、平天下成为历代仁人志士的不懈追求。

中国古代社会是宗法制社会，家国一体，十分重视"齐家"，只有家庭和睦，社会才会和谐，所以"齐家"成为理想社会实现不可或缺的一个重要方面，也成为儒家士人理想人格的重要组成部分。每一个人在家庭中，都要根据身份的不同承担不同的家庭责任。父母有养育子女的责任，"养不教，父之过"（《三字经》）；子女有赡养父母的责任，百行孝为先；长兄如父，长嫂如母；夫妻要相敬如宾，举案齐眉；等等。当今社会，家庭意识日渐淡薄，家庭责任感缺失，应该说儒家关于家庭责任的重视有积极的现实意义。

以天下为己任，治国平天下，是儒家学者矢志不渝的政治抱负。孔子说："沽之哉！沽之哉！我待贾者也"（《论语·子罕》），"苟有用我者。期月而已可也，三年有成"（《论语·子路》）。表达了强烈的希望见用于世、以自己所学造福社会的愿望。孟子说"穷则独善其身，达则兼济天下"（《孟子·尽心上》）。"独善其身"，是儒家知识分子处于"穷"之境地的退而求其次，只要条件具备，他们就要大展宏图、济世救民。孔孟之道培养了一大批以天下为己任的知识分子，"学而优则仕"、身居林泉心忧天下者层出不穷。宋代范仲淹《岳阳楼记》云："不以物喜，不以己悲。居庙堂之高，则忧其民；处江湖之远，则忧其君。是进亦忧，退亦忧。然则何时而乐耶？其必曰：先天下之忧而忧，后天下之乐而乐欤！”明末清初顾炎武《日知录》亦表达了“天下兴亡，匹夫有责”的思想。“风声雨声读书声声声入耳，家事国事天下事事事关心”，成为中国历代知识分子的精神追求。

从自我关怀到群体关怀，从修身到齐家、治国、平天下，乃是以济世救民为己任，由内而外、推己及人及社会的过程。自我关怀与群体关怀、内圣与外王、穷独与达兼、成己与成人成物是儒家人生理想之一体两面，缺一不可，两者齐头并进，最终才能实现参天地、赞化育、与天地合其德的最高人生境界。

儒家学者的责任意识在更高层面上表现在他们所具有的强烈的文化担当意识。儒家士人把胸怀天下的责任意识熔铸在对理想人格的设定和追求上，无论是孔子朴实敦厚、文质彬彬的“君子”形象，还是孟子超凡脱俗、凌然正气的“大丈夫”人格，都是他们“忧道不忧贫”的文化担当。司马迁宫刑作《史记》，秉笔直书，“究天人之际，通古今之变，成一家之言”（《汉书·司马迁列传》）。北宋大儒张载“为天地立心，为生民立命，为往圣继绝学，为万世开太平”，道出了儒家“铁肩担道义，妙手著文章”的文化人格追求。

十一、自强不息　厚德载物

著名学者张岱年先生说过，中华民族的基本精神集中表现在《周易大传》的两句名言之中："天行健，君子以自强不息"；"地势坤，君子以厚德载物"。意思是说天道刚健，君子以天为法，自强不息；地道顺承天道，容载万物，君子以地为法，厚德育人。张岱年先生还说，自强不息、厚德载物可以称为"中华精神"，是中华民族延续发展的思想基础和内在动力。"自强不息"是中华民族不断进取、不甘落后、不向恶势力屈服的拼搏奋斗精神，"厚德载物"是中华民族崇尚道德、爱好和平、容纳众物的博大宽容精神。

刚健有为　自强不息

中国文化中有柔静无为和刚健有为两个方面的内容，两者互补互动，一隐一显，对中国社会的历史变迁和中华民族之性格的形成产生了莫大的影响。其中儒家文化主张刚健有为、自强不息，道家文化主张柔静无为、柔弱胜刚强，儒家倡导的刚健有为、自强不息的精神是其主导方面。

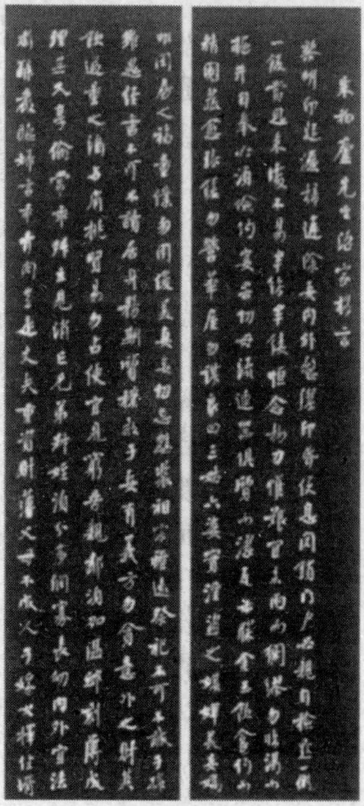

朱子治家格言

“刚健有为、自强不息”体现了“求诸己”的主体自觉意识。孔子曾提出“君子求诸己，小人求诸人”（《论语·卫灵公》），把“求诸己”与“求诸人”作为君子与小人的重要分野。所谓“求诸己”就是依靠自我的力量实现人生理想境界。孟子说：“祸福无不自己求之者”（《孟子·公孙丑上》），反对“所求于人者重”而“自任者轻”（《孟子·尽心下》）。又说：“待文王而后兴者，凡民也。若夫豪杰之士，虽无文王犹兴。”（《孟子·尽心上》）认为人生理想的实现主要取决于人的主观努力，社会环境不能起到决定性作用。荀子则提出了“制天命而用之”和“敬其在己”的观念，反对“错人而思天”、“慕其在天”（《荀子·天论》），还说“敬其在己”者“日进”，而“慕其在天”者“日退”。朱熹也曾有云：“学者自强不息，则积少成多，中道而临，则前功尽弃；其止其往，皆在我而不在人”（《论语集注》卷五）。

“刚健有为、自强不息”体现了儒家知难而进、发奋进取的精神。所谓“不息”，也就是《大学》所谓“无所不用其极”。强调在困难面前不低头，不退却，迎难而上，锐意进取。道家主无为，庄子说“知其不可奈何而安之若命”（《庄子·人间世》），儒家则强调“知其不可而为之”（《论语·宪问》），说的就是这个意思。《史记·太史公自序》所云：“昔西伯拘羑里，演《周易》；孔子厄陈蔡，作《春秋》；屈原放逐，著《离骚》；左丘失明，厥有《国语》；孙子膑脚，而论兵法；不韦迁蜀，世传《吕览》；韩非囚秦，《说难》、《孤愤》；《诗》三百篇，大抵贤圣发愤之所为作也。”是儒家自强不息精神的真实写照。

“刚健有为、自强不息”体现了儒家的刚健意识和对勇敢正直品格的赞美。孔子说“刚毅木讷近仁”（《论语·子路》），认为“刚”是君子必备的一种品格。又说“勇者不惧”（《论语·子罕》），《中庸》也将勇与知、仁并称为天下之三达德。可以说刚亦即勇，但刚又不仅仅是勇。《论语·公冶长》有这样的记载：孔子说我没有见过刚强的人，有人说申枨是刚强的，孔子说申枨欲望太多，哪里能够刚强呢？由此可知，“刚”在儒家文化中是一种更加内在的东西。孔子认为申枨欲望太多，他的思想行为必然为“欲”所累，必然无法做到刚正，所以不可能刚强。我们今天所说的“人到无求品自高”说的应该就是这个道理。所以，孔子所云“三军不可夺帅，匹夫不可夺志也”（《论语·子罕》），孟子所说“富贵不能淫，贫贱不能移，威武不能屈”（《孟子·滕文公下》），荀子所谓“权利不能倾也，群众不能移也，天下不能荡也，生由乎是，死由乎是”（《荀子·劝学》），应该才是儒家刚健意识的真正精神内核。

以德为尚　厚德致远

在我国民间有一副流传久远的对联:“忠厚传家久,诗书继世长”,横批为“修善修德”。以德为尚是中华民族的传统,也是自强不息、厚德载物民族精神的重要体现。这一优良传统的形成与儒家文化息息相关。

与道家崇尚自然的传统不同,儒家崇尚道德。在政治上儒家强调以德治国。孔孟提出了系统的仁政德治学说和治国方略。孔子说:“为政以德,譬如北辰,居其所而众星共之。”(《论语·为政》)孟子说:“三代之得天下也以仁,其失天下也以不仁。国之所以废兴存亡亦然。”(《孟子·离娄上》)儒家学者一再告诫统治者要施仁政,弃霸政,指出施仁政则长治久安,施霸政则短命而亡。孟子说:“以力服人者,非心服也,力不赡也;以德服人者,中心悦而诚服也。”又说“善教得民心”,“得道者多助”。后儒亦指出:“仁义者,治之本也。”“仁义者,为厚基者也,不益其厚而张其广者毁,不广其基而增其高者覆。”(《淮南子·泰族训》)强调举纲张目、修本治末。

在法律上儒家强调“德主而刑辅”。孔子说:“政宽则民慢,慢则纠之以猛。猛则民残,残则施之以宽。宽以济猛,猛以济宽,政是以和。”(《左传·昭公二十年》)主张治理国家宽猛相济,相互补充。荀子主张王霸兼用,礼法并用。他说:“治之经,礼与刑,君子以修百姓宁。明德慎罚,国家既治四海平。”(《荀子·成相》)道德和刑法是治理国家必备的两种手段,没有道德基础的刑罚和没有刑法补充的道德,都无法达到四海升平的政治目的。两者之间又以道德教化为政治之始，诛赏刑法为政治之终。后来汉儒董仲舒则明确将道德与法制的关系归结为主辅、本末关系，指出："刑者德之辅"，"教，政之本也；狱，政之末也"（《春秋繁露·对策》）。这种观念对中国古代政治影响深远。

在发展经济方面，儒家倡导"有道经济"，强调"君子爱财取之有道"。儒家肯定人对利益追求的正当性，但主张对利益的追求必须以道义为原则。对于符合道义的利，孔子鼓励人们积极争取，所谓"富而可求也，虽执鞭之士，吾亦为之"（《论语·述而》）。当利与义发生冲突时，就应无条件服从义的要求。对于通过不义手段得来的富贵，孔子是鄙视的。他说："不义而富且贵，于我如浮云。"（《论语·述而》）孟子也说："非其道，则一箪食不可受于人；如其道，则舜受尧于天下，不以为泰。"（《孟子·滕文公下》）总之，"义以为上"（《论语·宪问》）、"见利思义"（《论语·阳货》）是儒家经济思想的一个基本原则，也是儒家放之四海而皆准的不变准则。

在人与人的交往中，儒家强调以仁爱为本，由"爱亲"出发，"老吾老以及人之老，幼吾幼以及人之幼"（《孟子·梁惠王上》），推己及人，"泛爱众而亲仁"（《论语·学而》）。追求诚信至上，所谓"无信不立"，"上好信，民莫敢不用其情"（《论语·子路》）。信既是立人之本，也是立国之本。当个人利益与集体利益发生矛盾时，个人利益必须服从集体利益。在家庭关系方面，儒家强调子女对长辈的孝顺，儒家认为，"孝"是一个人最重要的道德要求，"夫孝，德之本也"（《孝经·开宗明义》）。一个人只要孝敬父母，就能够遵守社会秩序，成为国家的良好子民。儒家的孝道为历代统治者所提倡，孝敬老人成为中华民族的传统美德，千百年来中国人一直以几世同堂为天伦之乐。随着社会的发展进步，中国的家庭结构由大家庭分化为小家庭，于是老人的赡养成为重要的问题，随着人口老龄化的到来，养老问题更成为当代社会的突出问题。所以，在全社会倡导儒家孝道是十分必要的。当然在儒家孝道思想中也含有“愚孝”等封建糟粕，我们应该有甄别地采纳、吸收和利用。

容载万物 博大宽容

我国有句名言“海纳百川，有容乃大”，数百年来，人们或口耳相传，互相劝勉；或写成条幅挂在墙上以为镜鉴，足见人们

呼和浩特土默特满族文庙

清雍正二年（1724 年）土默特都统奏请朝廷同意后建

对宽容博大精神的崇尚。博大宽容既表现为人类对自然的爱护、仁民爱物，也表现为作为一个人所具有的谦和宽厚的品格，还表现为一个民族对和谐万邦、世界和平的追求崇尚。

仁民爱物。儒家认为，人在自然界中虽然超拔万物，“最为天下贵也”（《荀子·王制》），但是人与宇宙万物一样，都是自然界的产物，是自然界的一个组成部分。“人的生命价值归根到底来源于自然界，是自然界的赋予，而不是来自超自然的精神实体，不管这个精神实体是上帝还是其他的最高存在，也不是来自人自身的创造能力，虽然人的创造是很重要的”。[①]人类要以仁爱之心，关爱同情自然界的一切生物。孟子曰：“亲亲而仁民，仁民而爱物。”（《孟子·尽心上》）张载云“民吾其胞，物吾与也”（《张载集·西铭篇》），提出人民是我的同胞，万物是我的朋友，人类要本着“以仁体物”的态度，“平物我，合内外”（同上），平等地看待一切生命。荀子说过“制天命而用之”（《荀子·天论》），主张发挥人的主观能动性，充分利用自然，改造自然，造福人类。但是自然界有其内在的运行法则，不以人的意志为转移，天地造化之功有其人力无法企及的精妙之处，所以人类的一切利用自然的行为都要顺天而动，尊重自然界的运行规律。儒家自然观彰显出儒家一贯的伦理道德关切、和谐共生的价值理念，以及积极有为的人生进取态度，饱含着丰富的生态哲学智慧，蕴含着无限的可资当代人利用的文化资源。

谦和宽厚。儒家重“和”，孔子曰“和为贵”（《论语·学

---

① 蒙培元：《人与自然——中国哲学生态观》，人民出版社2004年版，第58页。

而》)，孟子曰“天时不如地利，地利不如人和”(《孟子·公孙丑下》)，荀子曰“和则一，一则多力”(《荀子·王制》)。儒家道德修养的具体德目中所包括的温、恭、谦、让、忍、宽等，都体现出儒家重“和”、倡导谦和宽厚精神。儒家讲“恕道”，强调“推己及人”，“己所不欲，勿施于人”(《论语·卫灵公》)；赞赏君子成人之美；主张“躬自厚薄责于人”(同上)。常言道“世界上最大的是海，比海大的是天，比天大的是人的胸怀”。儒家倡导的正是这种宽大为怀、谦和忍让的为人准则。

和谐万邦。儒家崇尚和平，反对不义战争。卫灵公请教孔子排兵布阵的事宜，孔子说祭祀礼仪的事知道一些，排兵布阵的事没学过。然而据《礼记·射义》和《史记·孔子世家》所载，孔子不仅有很高的军事技能，而且还具备相当的军事指挥知识，他的“军旅之事，未之学也”，所表明的只是一种对不义战争的不屑态度。孟子说：“争地以战，杀人盈野；争城以战，杀人盈城。此所谓率土地而食人肉，罪不容于死。故善战者服上刑”(《孟子·离娄上》)。认为不义战争使百姓承受苦难、生灵涂炭，穷兵黩武之人应该服最重的刑罚。不仅孔孟，历史上的儒家反战言论史不绝书，班固指责“孙、吴、商、白之徒，皆身诛戮于前，而功灭于后”，是他们“因势辅时，行为变诈”的“报应”(《汉书·刑法志》)。陈师道称孙吴之书是“盗术”，要求朝廷“循大禹之事，服下惠之言，而却兵家之书”(《后山集》十四《拟御试武举策》)。这些儒家学者反对不义战争，因战争所带来的危害而迁怒于兵家，此做法固然欠妥，但儒家对和平的向往和追求，由此亦可见一斑。

阴阳互补　刚柔相济

《周易·系辞上》有云："一阴一阳之谓道。"刚柔相济、阴阳互补、中庸适度应该是儒家哲学的基本精神，也是自强不息、厚德载物的精神内核。儒家文化不仅有阳刚的一面，也有阴柔的一面。道家讲柔弱胜刚强，儒家强调刚柔相济，阴阳互补。

儒家哲学认为，水满则溢，月满则亏，物极必反，事物发展到一定程度就要向它的对立面转化。基于此种认识，儒家倡导刚健有为，积极进取，也强调刚柔相济，以柔克刚。"穷则独善其身"（《孟子·尽心上》）是儒家学者积极倡导的人生哲学，当理想与现实相距甚远，远大的抱负无法实现时，则退而求其次，修心养性，养精蓄锐，厚积薄发，而不能不识时务、不分形势地蛮干硬闯，做无谓的牺牲，这就是以柔克刚。俗语所谓"忍一时烟消云散，退一步海阔天空"、"小不忍则乱大谋"等也都是人们基于对现实社会的清醒认识而作出的智慧抉择。汉朝名将韩信的命运是最好的明证。韩信正因为当年忍下胯下之辱，才有机会出将拜相，立下赫赫战功，流芳千古；后来也正因为没有认清物极必反的道理，手握重兵，身居高位，却不知适时急流勇退而遭致杀身之祸。

儒家以柔克刚、刚柔相济是包含着"知"和"德"的内涵的。能做到刚柔相济、阴阳互补、中庸适度，需要自身修养达到一定境界，这种修养包括文化修养和道德修养，是一种智慧，更是一种德性。要恪守中道，中庸适度，否则就难免偏离了"一阴一阳之谓道"的精神。有一个成语叫韬光养晦，很到位地体现了儒家刚柔相济的哲学智慧。韬光养晦一言以概之，就是才美不外漏，懂得审时度势，等待时机发展自己。20 世纪 80 年代，邓小平同志就是以“韬光养晦”来阐述当时情况下中国外交战略的。媒体评价，“韬光养晦”的外交战略思想，是邓小平灵活务实思想方法和个人风格的体现。

十二、立志有恒　修身达道

儒家重“志”，志即人的志向、信念、追求。孔子说：“三军可夺帅也，匹夫不可夺志也。”（《论语·子罕》）《礼记》说：“生则不可夺志，死则不可夺名。”（《礼记·缁衣》）作为一个人，要有坚定的信念和追求，要有长期远大的志向，这种信念、追求和志向以修身达道为主要内容。

人贵有志　志存高远

孔子强调“立志”，以“立志”为修身的首要环节。孟子主张“尚志”（《孟子·尽心上》）。当王子垫问他读书人所重何事的时候，他的回答是“尚志”。孟子认为一个人没有志向、怀疑自己的能力就是自暴自弃。

志在己不在人。儒家认为志向的确立和坚持取决于个人的信仰和自觉努力，不取决于外在因素。孔子说譬如用土堆山，只差一筐土就完成了，这时停下来，是我自己要停的；又譬如在平地上，虽然只倒了一筐土，这是继续前进，也是我自己要前进的。“三军可以夺帅，匹夫不可以夺志”，朱熹《论语集注》是这样注解的：“三军之勇在人，匹夫之志在己。故帅可夺而志不可夺。如可夺，则亦不足谓之志矣。”所以志之确立和坚守在己而不在人，做人要有独立的意志和主见，不人云亦云，不随波逐流，坚持自己做人的原则。儒家此论无论何时何地都具有其永恒价值。

志与气。我们今天常说做人要有志气，人不可有傲气，但不可无傲骨。孟子对于志与气关系的论述或许可以使我们得到某种启发。他说：“夫志，气之帅也”，意志是气的统帅，意志决定气的运行。气的运行随志而动，所以说“夫志至焉，气次焉”（《孟子·公孙丑上》）。但是气的运行反过来也影响意志的活动，志与气是相互作用相互影响的，人既要坚持自己的意志不动摇，又要保证不泄其气，保持气的饱满。所以，孟子主张立志在于养气，存养浩然之气。对于今天人们所说的“人就在于一股气”，“人活的就是一种精神”，通过孟子志气关系的阐述，我们应该有了更为内在直接的理解和感悟。

“志”不是个人的小目标，而是一个值得我们长期为之奋斗的目标。这种目标应该是崇高的、伟大的、值得一个人终生为之努力和奋斗的。对儒家而言，这种志向就是修身养性，达天下道。

修身养性　求道达道

儒家提倡人应该树立远大理想，志存高远。那么，怎么才算是志存高远、理想远大呢？儒家将这种高远的志向和追求的内容指向为对“道”的追求。孔子说：“士志于道。”（《论语·里仁》）作为君子应终身求道、谋道，一生以弘道、闻道为己任，不可须臾离道。又说如果早晨能够听到道，晚上死了也心甘。作为仁人君子可以吃饭不求饱足，居住不求安逸，但应该每天到有道的人那里去就教，修正自己的言行。孟子说君子对道的追求，不达到一定成就就不会通达。荀子说：“君子乐得其道，小人乐得其欲。”（《荀子·乐论》）

江宁府学孔子庙大成殿

在秦淮河东岸，东晋国学在太庙之南，大约离此不太远

由上可知“君子志于道”是历代儒家公认的远大志向。那么，“道”又是什么呢？在儒家哲学中“道”的内涵极其丰富。“道”包括天道、地道、人道，举凡仁义礼智等人伦道德、天地运行之自然规律和法则，都是道的内容，“道”可谓无所不包，无所不容。孔子说“苟志于仁矣，无恶也”（《论语·里仁》），人只要有志于“仁”的追求，以实现仁道为自己的人生目标，就可以“无恶也”。子路请孔子谈谈自己的志向，孔子说使老者安乐，使朋友信赖，使年轻人想念就是他的志向。王子垫问孟子什么是“尚志”？孟子说：“仁义而已矣。”（《孟子·尽心上》）可见历代儒家提倡追求的“道”就是仁义之道。仁者人心，义者人路。“仁”内在于人心，人的心性与天地相通，所以人所追求的是与天地合其德，天人合一，这是儒家人生的最高境界。

儒家这种对天人合一最高境界的追求具体落实于修齐治平。自孔子始，历代儒家所思所想、前赴后继不懈努力的无外乎“修齐治平”四个字。所谓“修齐治平”就是修身、齐家、治国、平天下，包括个人道德修养的完成和社会政治理想的实现双重内容。修身是个人修养身心成为圣贤君子，成就理想人格；齐家、治国、平天下是以个人所学致力于家庭的和谐、国家的治理和天下的安宁，实现其社会政治理想。四者之中又以修身为其根本，齐家、治国、平天下是修身所要达到的现实目标，齐家、治国、平天下社会政治理想的实现必须以修身为基础。事实上，儒家理想人格的完成已内含有社会政治理想实现的内容。

儒家倡导的志存高远激励着一代代莘莘学子。心有多高，舞台就有多大。安于享乐，只会让自己放弃远大的前程，失去追求的目标。燕雀看见高飞的鸿鹄，不解地问：“这里有吃有喝，为什么不停下来，还要去面对狂风暴雨的袭击呢?”鸿鹄说:“你们安于蓬草之间，而我的目标在于远方更为广阔的天地。”这就是燕雀安知鸿鹄之志的故事。周恩来总理年少时即确立了“我为中华之崛起而读书”的远大志向。我们年轻人应有追求、有梦想，志存高远，心怀天下。

苦其心志　持志有恒

确立了远大理想就应该坚持自己的志向不动摇，儒家称之为“持志”。在儒家看来，志向是内在于人心的一种精神追求，是一种长期的内在追求，所以需要有恒心，要有坚强的意志为支撑，持之以恒。

孔子曾自述其学习和修养的历程，说自己15岁立志于学，30岁能自立，40岁不被外界事物迷惑，50岁知天命，60岁能正确对待各种言论不觉得不顺，70岁能随心所欲不越出规矩。在儒家看来，修养是需要终身行之的过程，人的一生是不断提升自己境界的过程。孔子正是从15岁开始，持志不已，终生不断修养提高自己，所以到70岁做到了“从心所欲不逾矩”，心中丝毫没有了与道相悖的杂念，即使随心所欲，言行举止也不会违背道德，达到了人生修养的最高境界。这从孔子的另一段自述中也可以看出来。子曰:“《诗》之好仁如此。乡道而行，中道而废，忘身之老也，不知年数之不足也。俛焉，日有孳孳，毙而后已。”(《礼记·表记》)

欲持其志，忌浅尝辄止，半途而废。《尚书·周书·旅獒》

有云："为山九仞，功亏一篑"。用土堆山，已经堆到九仞之高，但是因为一筐土没堆完，前面的工作就都白做了。孔子说半途而废是我所无法做到的。他高度赞扬颜回坚持不已的精神。"惜乎，吾见其进也，未见其止也"（《论语·子罕》）。又说人做事就如同挖井，挖到六七丈深没见到水，如果就此放弃，你所挖的只能是废井一口，就是半途而废。

如果我们做一件事前期已经投注了一定的精力，但却半途而废，此前的心血付之东流，这是十分可惜的事情。细细想来，使我们做事半途而废的原因有很多，但是目标不专一、意志不坚定、不能持之以恒应是其主要原因。

欲持其志，须用心专一，持之以恒。对此孟子所论最为充分。孟子游历齐国，人们对齐王治理国家不满意，怀疑他天资愚钝。孟子不同意，于是打了一个一曝十寒的比喻。他说就算是最易生长的植物，如果把它放在太阳下晒一天，然后又放到寒冷的地方冻十天，也一定生长不好。意思是说齐王身边像我这样给予温暖的人很少，我不在，那些施加寒冷的人纷至沓来，齐王虽想有所作为，得不到一贯的支持也是做不到的。他又以下棋作比喻，他说下棋虽是小技，但不专心致志也学不好。两个人同时跟从最擅长下棋的奕秋学下棋，一个专心致志，一个却三心二意，他学不好是由于智力不如人家吗？当然不是。

我们常以"三天打鱼两天晒网"说有些人一时的心血来潮奋发努力，坚持不了多久就荒废下来，结果一事无成。

欲持其志，须意志坚强。在儒家看来在逆境中锻炼自己，是磨炼自己的意志的最好方法。孟子有一段著名的论述，许多人将之作为自己的座右铭。"天将降大任于斯人也，必先苦其心志，劳其筋骨，饿其体肤，空乏其身，行拂乱其所为，所以动心忍性，增益其所不能”（《孟子·告子下》）。上天要将重大任务交给某人，必定先使他心意苦恼，筋骨劳累，体肤饥饿，身体穷困，使他的每一次行动都不如意，这样可以激励其心志，坚韧其性情，增加他所不具备的能力。就是说一个人若要成就大事，必然经历艰难困苦的磨炼，锻炼出坚强的意志。

历史上无数有所作为的人都是经历了艰苦的磨难，舜兴起于田野，傅说兴起于筑墙的工作中，缪鬲兴起于鱼盐，管夷吾兴起于狱官的手中，孙叔敖兴起于海边，百里奚兴起于买卖场中。著名的程门立雪、愚公移山、铁杵磨针等故事也说明了，我们做任何事情，如果没有坚定的意志和信念为支撑都是不会成功的。

做人做事重要的在于坚持不懈、持之以恒，细水贵在长流，最忌一曝十寒，世间万事莫不如此。20世纪80年代恢复高考后不久，语文考试的一道题目是看图作文，作文的内容就是浅尝辄止。历经几千年，高考还是以此为题，可见其道理看似好懂，欲深解其中三昧，还需多多思考，多多学习，我们不妨多学学古人所说所作。

十三、内养外化　成善之道

道德价值是儒家人生价值的核心和最高体现。追求成善之道，成就理想人格，是儒家学者毕生的事业和信念。理想的道德境界是通过内养外化共同作用实现的。内养是指人的自我道德修炼；外化是指外界因素对人的自我道德修炼的影响。

为仁由己　求则得之

儒家认为在道德修养的道路上人人都是平等的，人人皆可成圣，人人皆可以成为尧舜。

孔子说："仁远乎哉，我欲仁，斯仁至矣。"（《论语·述而》）仁离我们很远吗，我想要仁，仁就来了。当学生颜渊问怎样才是仁的时候，孔子回答说约束自己，一切照着礼的要求去做就是仁。一旦做到了这一点，天下就归于仁义了。实行仁德全在

台北文庙

始建于清光绪七年(1881年),1907年被日军拆除,
1927年热心士绅发起重建

于自己,还能靠别人吗?这就是"为仁由己"(《论语·颜渊》)。

孔子强调了人的道德修养的自觉能动性,一方面指出人的道德修养必须依靠自觉,不能依靠外力;另一方面指出只要自觉努力,人人都可以成为道德高尚的人。他说有谁能把一整天的时间都用在对仁的追求上呢?我没有见过在道德修养的道路上力量不够用的人。言外之意,在道德修养的道路上,没有力量不够的人,只有不用其力的人。在孔子看来,人的道德修养只存在主观上"能与不能"的问题,不存在客观上行与不行的问题。

孟子也突出强调每个人都是自我品格和人格的主人,人在道德领域是自由的。"求则得之,舍则失之,是求有益于得也,求在我者也。求之有道，得之有命，是求无益于得也，求在外者也”。（《孟子·尽心上》）人之德性涵养如何？其道德修养可否达到理想境界，不是由外在决定的，而主要取决于人自身的取舍。因为人天生具有向善的能力，只要努力，就可以使内在本有的善的萌芽得到涵养和发挥，成就理想人格。反之，如果主观不努力，就会失去本来就有的善端。所以孟子谴责在道德修养上的自暴自弃，“自暴者，不可与有言也。自弃者，不可与有为也”（《孟子·离娄上》）。自己残害自己的人，不能和他说出有价值的话；自己抛弃自己的人，不能与之共同成就有价值的事业。

孟子说：“夫人必自侮，然后人侮之。”（《孟子·离娄上》）人必然有自取其辱的行为，然后别人才会侮辱他。在孔子看来，家与国也是一样，一个家庭必先有自取毁坏的因素，别人才会毁坏它。一个国家必然有自己败坏的行为，别人才会讨伐它。他还引用《尚书·太甲》的思想来论证自己的观点，“天作孽犹可违，自作孽不可活”。意思是说上天降下的灾害，人还有可能存活，自己造下的罪孽，就是想逃也逃不脱。

与孟子一样，荀子强调道德修养之主观意志“在我”，所谓“若夫志意修，德行厚，知虑明，生于今而志乎古，则是其在我者也”（《荀子·天论》）。意思是说内心美好、德行深厚、智虑高明，生于当时而有志于古代，完全出于每个人自己的选择。荀子说“心”是我们每一个人自身意志的主宰，“心”可以选择“自禁”、“自使”、“自夺”、“自取”、“自行”、“自止”，人的道德责任主要在于自我。基于此种认识，荀子对荣与辱做了颇具特色的划分。他说因正义而获得的荣誉叫“义荣”，因权势而获得的荣誉叫“势荣”；因违反正义而耻辱叫“义辱”，因权势地位而耻辱叫

"势辱"。志向美好，德行淳厚，智虑聪明，这种荣誉是从内在产生的，是因正义而光荣，是"义荣"。爵位尊贵，俸禄优厚，地位权势优越，即便是做了天子、诸侯、卿相、士大夫，这种荣誉也是外在的，是因权势而荣耀，是"势荣"。行为放荡污秽，违反道义，扰乱伦理，骄横凶暴，贪婪图利，这种耻辱产生于内心，是违反正义的耻辱，叫"义辱"。受人责骂侮辱，被揪住头发挨打，杖刑鞭打，受膑刑割去膝盖，受刖刑被砍掉脚，砍头掉手，车裂分尸，绳索捆绑，手脚带上刑具，这些耻辱都是来自于外界，是权势地位的耻辱，叫"势辱"。荀子提出"君子可以有势辱而不可以有义辱"（《荀子·正论》）。

总之，儒家认为人的道德修行有着充分的内在选择自由，人的道德修养的责任主要在于人本身，所以儒家在道德修行的进路上，选择了内求之路，追求的是一种内在超越之路。

存养心性　反求诸己

儒家从内求的基本道德修养理路出发，提出道德修养的过程就是对心性的存养过程。《孟子·尽心上》载："尽其心者，知其性也；知其性，则知天矣。存其心，养其性，所以事天也。"虽然人生来即有仁义礼智四善端，但此善端充其量只是道德善行的可能性，若使善端转为实实在在的善行，则需要后天的存养和扩充。这种存养和扩充的功夫，就是"求放心"，"学问之道无他，求其放心而已矣"（《孟子·告子上》）。人只要保持天赋的良心与理性，并扩而充之，就可以成就其大人君子人格。

相对于孟子之道德修养以“修心”为主，荀子之道德修养可谓以“修身”为主。但是荀子论修身也谈治气养心之术。他说血气刚强的，就以调和的办法使之柔和；智谋阴险的就用简单善良平稳抑制；凶狠暴力的，则以训诫疏导的办法教育他；行动迅速便捷的，就以动静之道调节他；如此不一而足。总之，孟子的存心养性也好，荀子的治气养心也罢，看似虚玄，其实完全是落实于具体的行动中，不外乎克己、内省、反求诸己。

“克己”。严格要求自己，约束和克制自己的言行，使自己的一言一行都合乎仁、礼的规范。孔子说“克己复礼为仁”（《论语·颜渊》），克己是克制和战胜自己的不良欲望和情绪，使之复归于礼的规定和要求，是个人修养功夫；复礼是复归“礼”的要求。孔子说：“非礼勿视，非礼勿听，非礼勿言，非礼勿动。”（同上）不符合礼的要求的东西不要看，不符合礼的要求的话不要听，不符合礼的要求的话不要说，不符合礼的要求的事不要做。“礼”既是克己的标准和尺度，又是克己所要达到的目标。

提到礼，有些人就会想到鲁迅的《祝福》，刘心武的《贞节牌坊》，吃人的礼教，儒家的礼在这里成为僵化和桎梏人性的代名词，其实这是对儒家“礼”的片面认识。在儒家哲学中，礼有着非常人性的规定。从根本上说礼是“仁”的具体表现形式，而“仁”是与人性相通的，所以儒家关于礼的诸多规定也是非常人性的。孔子说“礼之用，和为贵”（《论语·学而》），强调礼的制定和实行，要不偏不倚，无过无不及，合乎天理人情。孟子说当嫂子落水之时，出手援救，虽然违背男女授受不亲的规定，但却是合乎人之常情的，所以也是合礼的（参见《孟子·离娄上》）。不同的历史时期对礼有不同的规定。宋代“饿死事小，失节事大”则走向极端，是对礼的曲解，不符合先秦儒学本意。现代社会有现代社会的礼仪规范，同样需要我们遵守。

孟子说“养心莫善于寡欲”，主张“以礼克欲”（《孟子·尽心下》）。荀子既反对纵欲主义，又反对禁欲主义，主张“以道制欲”（《荀子·乐论》）。随着科学的发展、时代的进步，我们面临的诱惑越来越多，有些欲望是正当的、合理的，有些欲望是不正当、不合理的，我们需要随时克制自己不正当的、不合理的欲望，以道制之，以礼克之。此外，我们还要注意调整好自己的情绪，喜怒哀乐之情是一切行为的情感基础，情绪的过分表达，不仅不利于社会的和谐，还不利于个人身心健康。“克己复礼”，我们只要正确理解它的含义，在现代社会依然有其实践价值。

内省。内省就是自我反省。孔子说：“内省不疚，夫何忧何惧？”（《论语·颜渊》）意思是说自我反省，于心无愧，还有什么可忧可惧的呢？孔子倡导之内省，不是闭门思过，而是以道德标准和规范对自己的行为进行省察。其弟子曾子说，“吾日三省吾身”（《论语·学而》），“三”在中国古代有多的意思，曾子每天多次反省自己，为人做事是不是尽力，与朋友交往是不是忠诚。孔子说作人应该“见贤思齐，见不贤而内自省”（《论语·里仁》）。看到好的行为就要努力使自己也能如此，见到不好的行为，就要反省是不是自己也有这样的错误。荀子也有相同论述，“见善，修然必以自存也；见不善，楸然必以自省也”（《荀子·修身》）。孟子也赞同内省的道德修养方法，他与孔子和荀子不同之处在于更加强调从自身行为的动机上加以自我反省，后来宋儒继承孟子的思想，在道德修养上走向极端，则使道德修养与实际相脱离，而趋于空疏和迂腐，这是我们应该注意分别的。

反求诸己。孟子以射箭为例，说明人的行为是否仁德，全在于人主观的动机是否端正。“仁者如射，射者正己而后发，发而不中，不怨胜己者，反求诸己而已矣”（《孟子·公孙丑上》）。他说对别人的不亲，要从自己对别人的仁爱上找原因；对别人的不治，要从自己的智力和知识水平上找原因；对别人的不礼，要从自己的恭敬上找原因。任何事情没有达到预期结果，就要从自己身上找原因。所谓“爱人不亲，反其仁；治人不治，反其智；礼人不敬，反其敬。行有不得者，皆反求诸己”（《孟子·离娄上》）。

孟子还说君子如果碰到有人对他蛮横无理，他一定会自我追问，看自己是否有不仁无礼之处。反省之后还是找不到自己的错处，君子一定再次反省，看自己是否有不忠之处。如果反省后没有发现自己不忠，那人还是蛮横如故，君子自此才心安理得，停止反省。

孟子提出“反身而诚，乐莫大焉”（《孟子·尽心上》）。荀子也主张养心以诚，所谓“君子养心，莫善于诚，致诚则无它事矣”（《荀子·不苟》）。意思是说君子修心养性，最好的途径就是真诚，做到真诚就没有任何问题了。荀子从正反两方面论证了“诚”在养心中的重要作用。一方面，诚心守仁则可以成就“天德”。反之，以天地之大，不诚则不能化育万物；以圣人之英明，不诚则不能感化百姓；以君主之高贵，不诚就会变得卑贱。真诚是君子之操守，政事之根本。

总而言之，儒家强调人的主观努力在道德修养中的作用，提倡严于责己，宽以待人。孔子说：“躬自厚而薄责于人”（《论语·卫灵公》）。意思是从严要求自己，多多责备自己，少责备别人，这样就会远离怨恨。这是一种处世之道，也是儒家成善之道的基本进路。严于律己，宽以待人就是从这一思想发展而来。我们今天所谓的自我批评、自我检查，其实也是脱胎于此。

注错习俗　所以化性

儒家认为人所处的环境对人的整体性格、道德观念及能力的形成有着重要的影响。有什么样的风俗环境，就会使人形成什么样的习性。荀子说，一个人可以为尧禹，可以为桀跖，可以为工匠，可以为农贾，全在于环境习俗日久年深的影响熏陶，所谓“注错习俗，所以化性也”，“习俗移志，安久移质”（《荀子·儒效》）。

荀子在著名的《劝学》篇中有过这样的论述：“蓬生麻中，不扶自直；白沙在涅，与之俱黑；兰槐之根是为芷，其渐之滫，君子不近，庶人不服。其质非不美也，所渐者然也。故君子居必择乡，游必就士，所以防邪僻而近中正也。”（《荀子·劝学》）就是说蓬草之所以不扶而直，是因为长在麻中；白泥之所以变黑，是因为放在黑土里；香草之所以君子不去接近它，普通人不去佩带它，是因为被浸在了臭水里。所以，君子无论在家还是出游，都必须注意环境，慎重交友。

儒家认为居住环境对人的发展有直接的影响，孔子以“里仁为美”（《论语·里仁》）。我们许多人都知道孟母三迁的故事。孟子幼年丧父，起初与母亲居住在邻近墓地的村落里，孟子看到人们出殡下葬，就玩送葬筑埋的游戏，孟母见状，就迁居到客商云集的邹县城内，孟子开始学习商人叫卖，孟母于是又迁居到子思学宫附近，使孟子从小受到礼乐文化的熏陶，耳濡目染，连儿戏也是"设俎豆，揖让进退"（《烈女传》），孟子最终成为一代"亚圣"。孟母则成为家庭教育的典范，百世流芳。

社会大环境的好坏对人的发展影响深巨。孟子说"富岁子弟多赖，凶岁子弟多暴"（《孟子·告子上》），丰收年景，少年子弟多半懒惰，而灾荒之年，少年子弟多强梁暴乱。不是天生的资质不同，而是环境使他们发生变化。这种社会客观环境的好坏非个人所能左右，人虽无力选择社会大环境，但有能力选择自身所处的小环境，工作环境的选择就是其中的一个重要方面。因为不同职业往往会对人产生不同的影响，孟子说造箭的人难道比造甲的人本性要残忍吗？如果不是这样，为什么造箭的人生怕他的箭不能伤人，造甲的人生怕他的甲不能抵御刀剑呢？做巫师和木匠的也是如此，巫师唯恐自己的法术不灵，病人不能痊愈，做棺材的木匠唯恐病人好了棺材卖不出去。不同的职业对人的心理有不同的影响，所以选择职业必须谨慎。

不同的社会交往对人的教育颇有影响。孔子说"无友不如己者"（《论语·学而》），倡导与学识德行超过自己的人交朋友。"友其士之仁者"（《论语·卫灵公》），与士人中的仁人交朋友。又强调"与善人居"。他说与善人相处日久，就会同化为善人，就如同"兰芷之室，久而不闻其香"；反之与恶人相处日久，就会同化为恶人，如同"入鲍鱼之肆，久而不闻其臭"（《孔子家语·六本》）。所以儒家强调择友一定要谨慎，朋友分"益友"、"损友"，一定多交益友（《论语·述而》）。荀子强调不仅要以理性选择好的朋友，还要选择好的老师，要接触良师益友，因为得到贤师的教诲，所听到的是尧舜禹汤之道；与良友交往，看见的是忠信敬让行为表现，这样不知不觉之间你自己的德行每天都有进步，这是环境熏陶的结果。儒家强调环境对一个人的影响非常重要，但同时更强调人的主观能动作用，我们应该对此有清醒认识，避免误入环境决定论之歧途。

十四、成仁取义　修养正气

“天地有正气，杂然赋流形。下则为河岳，上则为日星。于人曰浩然，沛乎塞苍冥。”这是南宋丞相文天祥战败被元人所俘，誓死不降，在狱中所作《正气歌》。文丞相三年后被杀害，临刑绝笔写道：“孔曰成仁，孟曰取义。读圣贤书，所学何事？而今而后，庶几无愧。”重精神气节，讲正气、重操守是中华民族的优良传统，成仁取义、修养正气是儒家文化乃至中国传统文化精华之所在。

生死抉择　唯义所在

在生死关头作何抉择，是衡量一个人是否有气节，是否讲正气、重操守的主要评判标准。生命诚可贵，有谁不珍惜自己的生命呢？儒家重孝，在他们看来，身体发肤受之父母，珍惜生命、爱惜自己的每一根头发就是对父母的孝顺。但是面对道德原则与生命安全的选择，在生命与仁义不能兼顾之际，儒家主张舍弃生命，保全仁义，这就是生死抉择，唯义所在。

孔子说："志士仁人，无求生以害仁，有杀身以成仁。"（《论语·卫灵公》）认为人的道德比生命更重要，为实现人的道德理想，即使牺牲生命也在所不惜，贪生怕死损害仁德是儒家坚决反对的。商纣王无道，微子、箕子、比干冒死进谏，被纣王杀死，孔子称赞他们是殷代三位仁人，杀身成仁的榜样。

正定文庙大成殿

据梁思成先生鉴定为五代时的建筑

孟子说："鱼我所欲也，熊掌亦我所欲也；二者不可得兼，舍鱼而取熊掌者也。生我所欲也，义亦我所欲也；二者不可得兼，舍生而取义者也。"（《孟子·告子上》）意思是说鱼是我喜欢的，熊掌也是我喜欢的，如果两者不可兼得，舍弃鱼而选择熊掌；生命是我所要的，道义也是我所要的，两者不能兼得，舍弃生命而选择道义。

孟子的舍生取义与孔子的杀身成仁一脉相承，后世以“孔曰成仁，孟曰取义”并提，就此而有了文丞相惊天地泣鬼神的临终绝笔。

孟子说人的一生“所欲有甚于生者”，“所恶有甚于死者”（同上）。意思是说对于一个人有比生命更重要的东西，有比死亡更令人感到可怕的东西。他又说如果人们所喜欢的没有超过生命的，那么一切求生的办法都会使用；如果人们所厌恶恐惧的事情没有超过死亡的，那么一切可以避免死亡的事情就都会去做。但是世上有一些人明知有求生的办法却选择死，明知可以避免灾祸和死亡的办法却不使用。而且有这种想法的，不仅有贤人，还包括普通人。

孟子还说：“一箪食，一豆羹，得之则生，弗得则死，呼而与之，行道之人弗受；蹴而与之，乞人不屑。”（《孟子·告子上》）意思是说一筐饭，一碗汤，得到就可以活下去，得不到就会死去，呼喝着给他，就是行路的饿人也不接受，脚踏过再给他，就是乞丐也不屑于要。

后来荀子又提出“从生成死”的观点。他说：“人之所欲，生甚矣；人之所恶，死甚矣；然则人有从生成死者，非不欲生而欲死也，不可以生而可以死也。”（《荀子·正名》）意思是说人对生的渴望是很强烈的，对死亡的厌恶也是很强烈的。但是人们“从生成死”，不是因为不想生而想死，而是形势所迫不能生只能死，因为选择生就会违背道义，所以只能选择死亡。细细品味，由于人性观点的根本差异，荀子的“从生成死”与孟子的“舍生取义”还是有所分别的。

推而广之，能够表现出人的精神气节的不只是面对生与死的态度，对于义利的选择则是我们更加经常要面对的。在儒家哲学中，义与利的选择是君子小人的重要分野，见利思义、重义轻利、舍利取义都是一个人气节高尚的表现。目前我国正处在社会主义市场经济快速发展时期，无法不言利，也不能不重利，但是对利的追求必须建立在君子爱财取之有道的基础上，当经济利益与道义原则发生矛盾时，就应以“富贵于我如浮云”的气概，舍弃经济利益，维护社会的正义与公正。这种舍弃，某种意义上说比面临生死抉择更需要勇气。毕竟死的选择是一时的决断，生的困境则需要长久地面对。这是儒家思想给予我们的启示。

浩然之气　配道与义

孟子像

国学大师冯友兰先生说，“浩然之气”是中国文化中的一个词，懂得这四个字，才可以懂得中国。

“浩然之气”语出《孟子》。公孙丑问孟子擅长什么事情，孟子说：“我知言，吾善养吾浩然之气。”(《孟子·公孙丑上》)公孙丑又问什么是浩然之气，孟子说浩然正气“至大至刚”，“直养而无害”，“塞于天地之间”，这种气最伟大最刚强，用正义去培养它，一点儿不加伤害，它就会充满四方无所不在。

的确，浩然之气不是指一种客观的物质，不是一种有形的东西，而是一种因道德情操所表现出的精神气质，是一种受信念指导的情感，是一种与意志相混合的心理状态和精神境界，是一种因为对自身德性的自信而生发出的理直气壮的勇气。

“浩然之气”，“配义与道”，“集义所生”。浩然正气必须与道和义相配合，否则就会“气馁”；它是由正义经常积累产生的，不会因为偶然的正义行为就能产生；只要做一件有愧于心的事，浩然之气就会疲软了。

浩然之气的培养不能拔苗助长，须“直养”而成。“直养”是孟子提倡的培养正气的方法，与“集义”相伴，两者共同作用，各有侧重。“集义”着眼于通过理性认识去把握道义，“直养”着眼于精神的专一与意志的锻炼。如何“直养”“浩然之气”，孟子首先批评告子不懂得义，认为告子把义看成是心外之物，实际上义是心内之物。孟子说，对于义我们一定要培养它，但是不要带着特定的目的去做，就是说不能有功利心，而要时时刻刻记住它，不能违背规律地帮助他成长。拔苗助长式的行为，不仅没有益处，反而会有害于它。

“浩然之气”也即“平旦之气”或“夜气”。夜气，孟子专指人在夜间萌发的善良的感情和思想。孟子认为每个人在夜间都会萌发善良的心念，但是有些人夜间产生的善念很快被白天产生的不良行为冲销了，善念一旦被冲散，这个人与禽兽也就差别不大了。所以，养气最好选择在夜半至天明这段时间，因为这段时间的“平旦之气”或“夜气”纯真而清明，并处于上升阶段。如果“得其养”，没有什么不能生长，“失其养”没什么物质不能消损，就像孔子所说，人之善念“操则存，舍则亡，出入无时，莫知其乡”（《孟子·告子上》）。

“养气”说是孟子首创的一种学说，他将气视为人的一个不可或缺的因素，并赋予气以道德性、社会性。历代学人对孟子的“养气”说评价极高。在我们今天看来，孟子的“养气”说，强调气节，强调修养的主观精神，使人进入一个唯真理是求的高尚境界，影响至深。

孟子提出养气须“配义与道”，道义的具体内容是随着时代的发展而变化的，不同的阶级对之有不同的理解和态度，清代焦循说“杀身不必尽刀锯斧镬”，“以死勤事，即杀身成仁”（《雕菰楼文集》），为封建社会的道义做了很好的诠释。现代社会，我们有更为科学人性的社会主义道义观，对于社会道义与公正都有明确的阐释，内容虽然不同，但重道义、讲正气的根本精神并无二致。此外孟子养气在于日积月累，反对“拔苗助长”的修养方法，凝聚着深沉的智慧，所有这些对我们今天仍然具有借鉴指导作用。

大哉丈夫　正气凛然

有个叫景春的纵横家问孟子，像公孙衍、张仪这样的人难道不是真正的大丈夫吗？他们一发怒，连诸侯都怕，他们安静下来，天下就太平无事。孟子的回答是，他们算什么大丈夫呢，真正的大丈夫应该是“贫贱不能移，富贵不能淫，威武不能屈”

(《孟子·滕文公下》)。

“大丈夫”是孟子心目中的理想人格。在儒家哲学中，杀身成仁、舍生取义既是为道义献身、存养人间正气的过程，也是个体人格的完成过程。孔子推崇“君子”人格，孟子推崇“大丈夫”人格。无论大丈夫还是君子，都有一种内在气质，这种内在的气质发散出来，正气凛然，使好人敬仰，令坏人胆寒，惊天地，泣鬼神，日月江河为之动容。

我们综观孟子所设定的“大丈夫”理想人格，仪容风度大义凛然，威风凛凛，气势不凡；行事态度果敢英勇，叱咤风云，顽强不屈，有着宏大刚强，一往无前的人格气势。孔子所推崇的“君子”人格与“大丈夫”有显著的不同。君子人格文质彬彬，庄重严肃、谨守礼节、循序渐进、按部就班。表面看来两者之间似有矛盾，其实不然。君子风范虽气象平和，但不怒自威，自有其人格魅力，威慑之力不亚于气势夺人的“大丈夫”。孔孟理想人格的外在表现不同，但内在精神气质相同。这种精神气质具体而言之就是“贫贱不能移，富贵不能淫，威武不能屈”(《孟子·滕文公下》)，这才是儒家理想人格的本质之所在。至于“威风凛凛”、“叱咤风云”、“庄重严肃”、“按部就班”都只是理想人格的外在表现。

李泽厚先生说“贫贱不能移，富贵不能淫，威武不能屈”这句话，是千百年来始终激励人心、传颂不绝的伟词名句。其实不独孟子，孔子早有“不义而富且贵，于我如浮云”(《论语·述而》)的名言。荀子也说过：“权利不能倾也，群众不能移也，天下不能荡也。”(《荀子·劝学》)“君子”、“大丈夫”，与其说是孔孟所构建的理想人格模式，毋宁说是孔孟构建其理想人格体系的基本精神气质，这种精神气质充斥孔孟理想人格之各个层次，造就了孔孟独具特色的理想人格理论，也成为儒家理想人格的基本精神内核。

“大丈夫”对上“说大人，则藐之”，不屈摄权；对下虽有“食前万丈，侍妾数百”，“后车千乘”（《孟子·尽心下》）也不以为意，以独立的道德意志坚守自己的人格操守。当道义与人的生命发生冲突时，宁可舍弃生命也要保持做人的尊严，“士可杀而不可辱”，不“枉尺而直寻”，不迁就、不妥协、不媚俗。

与之相关，孟子有“天爵”与“人爵”的划分。他说自然的爵位是“天爵”，社会的爵位是“人爵”。仁义忠信，乐于善行而不厌倦是天爵，天子、公侯、公卿、大夫是人爵。孟子说，对于真正的人而言，人爵不是最重要的。“人之所贵者，非良贵也。赵孟之所贵，赵孟能贱之。”（《孟子·告子上》）人为给予的尊贵不是真正的尊贵，赵孟可以使之尊贵，也可以使之低贱。齐王曾对苏秦“敬以国从”，把国家重要权力交给他，但是将苏秦处以车裂之刑的也是齐王。天爵才是真正的尊贵，天爵可以带来人爵，人爵却不能带来天爵。他赞赏古代的人注重修养天爵，于是人爵与之俱来。感慨当时的人通过修养天爵来获得人爵，有了人爵以后就放弃了对天爵的葆有和追求。他强调天爵是人自然具有的美好品质，但人需要经常保持发展它，因为人的天爵就像山间小路，不经常走就会长满荒草。

孟子说世人重人爵者多，重天爵者少。对天爵与人爵的选择，有时是义利的选择，有时是生与死的抉择。孟子之于天爵、人爵的划分对后人启示良多，孔孟本人一生没有什么显赫的人爵，但万世景仰，后人尊他们为“素王”。在他们的感召激励下，古往今来无数志士仁人，舍弃人爵致力于天爵，表现出崇高的精神气节，创造出可歌可泣的英雄业绩。

西汉霍去病以“匈奴未灭，何以家为”的英雄气概，征战沙场，立下赫赫战功。

东汉班超以“不入虎穴，焉得虎子”的气势，为恢复西域与内地的交通作出了不可磨灭的贡献。

宋代辛弃疾以“男儿到死心似铁”的不屈意志，不顾投降派的阻挠打击，为恢复失地奋战一生。

明代海瑞眼见国家政治腐败，黎民涂炭，毅然为自己准备棺木，诀别妻儿，上书直斥嘉靖皇帝。

戚继光以“封侯非我意，但愿海波平”的胸襟和抱负，痛击倭寇，保卫了国家海防。

清代老将关天培，战前将牙齿和衣服寄回家，以示死战的决心，赤膊上阵，壮烈牺牲。

邓世昌在甲午海战时受伤，指挥军舰撞向敌舰，同归于尽。

谭嗣同变法失败，拒绝逃亡，以“我自横刀向天笑，去留肝胆两昆仑”的英雄气概，慷慨就义。

鲁迅先生称他们是“中国的脊梁”。

不同时代有不同的理想人格，但是儒家重气节、重天爵的精神是永恒的，我们应赋予这一传统精神以时代的内容，将它发扬光大，使它为中华民族的伟大复兴发挥更大的作用。

十五、节欲导欲　遂天下欲

欲，是人类生活中一个最基本的问题。在欲的问题上，儒家既不主张纵欲，也不主张禁欲，而是在承认欲望存在的普遍性和合理性的基础上，以道德理性克制和引导人的情欲，使之获得合理的满足。

欲不可去　欲不可纵

如何对待人的自然情欲，先秦学者提出各自不同的见解。它嚣、魏牟之徒主张"纵情性"（《荀子·非十二子》），是典型的纵欲主义者。道家则是禁欲主义者，如老子说："五色令人目盲；五音令人耳聋；五味令人口爽；驰骋田猎，令人心发狂；难得之货，令人行妨。是以圣人为腹不为目。故去彼取此。"（《老子》第十二章）缤纷的色彩使人眼花缭乱，纷繁的音乐使人听

曲阜孔庙鲁壁碑

觉不灵敏，纵情围猎使人内心发狂，稀罕的器物使人操行变坏，这些自然情欲扭曲了人性、损害了生命的本真，所以老子主张“常使民无知无欲”（《老子》第三章）、“不欲以静”（《老子》第三十七章）。

与道家的“无欲”不同，儒家承认并肯定情欲存在的合理性。孔子说：“富与贵是人之所欲也。”（《论语·里仁》）认为对富贵的追求是人合理的欲望。孟子说：“口之于味，有同嗜也。易牙先得我口之所嗜者也。如使口之于味也，其性与人殊，若犬马之与我不同类也，则天下何嗜皆从易牙之于味也？至于味，天下期于易牙，是天下之口相似也。惟耳亦然。至于声，天下期于师旷，是天下之耳相似也。惟目亦然。至于子都，天下莫不知其姣也。不知子都之姣者，无目者也。故曰：口之于味也，有同耆焉；耳之于声也，有同听焉；目之于色也，有同美焉。”

(《孟子·告子上》)承认只要是人,就有追求美味、美色、美声等感官享受的欲望。而且除了感官享受方面的欲望,人还有追求名利、富贵的欲望。“欲贵者,人之同心也”(《孟子·告子上》),“人亦孰不欲富贵”(《孟子·公孙丑下》)。无论是追求感官欲望的满足,还是追求名利、富贵欲望的满足,在孟子看来都是正当合理的。荀子从人性论的角度探讨个人欲望存在的合理性与普遍性,他说:“性者,天之就也;情者,性之质也;欲者,情之应也。以所欲为可得而求之,情之所必不免也。以为可而道之,知所必出也。故虽为守门,欲不可去,性之具也。虽为天子,欲不可尽。”(《荀子·正名》)欲是人性所固有的,是与生俱来的,乃“人之所生而有也,是无待而然者也”(《荀子·非相》),上至天子,下至庶民,概莫能外。这种与生俱来的欲望不可能人为去除,也没有必要去除,因为它是维持人类自身生存的动力,能激励人们为实现一定的目标而奋斗。失却了这种欲望,一切社会历史活动也就无从谈起。

儒家虽然肯定欲望的合理性,但与它嚣、魏牟不同,儒家反对纵欲。孔子把“欲而不贪”(《论语·尧曰》)作为五种美德之一,在肯定人的欲望的正当性和合理性的同时,告诫人们要防止欲望过多过滥。过多过滥的欲望,必然会引起人与人之间的争斗,影响社会的和谐和正常发展。孟子认为,过度的情欲对人本心善性“旦旦而伐之”(《孟子·告子上》),是损害本心之善性的主要因素。要保住本心之善,最重要的就是要寡欲,即减少过度过滥的欲望。他说:“养心莫善于寡欲。其为人也寡欲,虽有不存焉者,寡矣;其为人也多欲,虽有存焉者,寡矣。”(《孟子·尽心下》)荀子批评它嚣、魏牟等纵欲主义者“争饮食,无廉耻，不辟死伤，不畏众强，侔侔然唯利饮食之见，是狗彘之勇也。为事利，争货财，无辞让，果敢而振，猛贪而戾，牟牟然惟利之见，是贾盗之勇也。”（《荀子·荣辱》）这样的人不顾礼义廉耻，放纵私欲，为了满足个人的情欲甚至不惜生命，其行为和禽兽、强盗没有差别，是不可取的。

以理制欲　节欲导欲

儒家虽然肯定情欲存在的合理性和普遍性，同时更强调要以道德理性和社会规范来节制和引导人的情欲。

孔子主张“克己复礼”（《论语·颜渊》），要求人们克制自身的私欲，一言一行都要“约之以礼”（《论语·颜渊》），努力做到“非礼勿视，非礼勿听，非礼勿言，非礼勿动”（同上），通过长期自觉地节制情欲，就能达到“从心所欲不逾矩”（《论语·为政》）的地步，即一种既能使情欲自由发挥，同时又不违背社会规范的精神境界，实现了自然情欲与道德规范统一的自由境地。这种境界是儒家追求的最高理想。

孟子也认为，人们的欲求是受到道德规范制约的，应当按一定的道德标准去取舍，“无为其所不为，无欲其所不欲”（《孟子·尽心上》），不去做不该做的事，不去追求不该追求的东西。

荀子说：“凡语治而待去欲者，无以道欲而困于有欲者也。凡语治而待寡欲者，无以节欲而困于多欲者也。有欲无欲，异类也，生死也，非治乱也。欲之多寡，异类也，情之数也，非治乱也。欲不待而得，而求者从所可。欲不待可得，所受于天也；

求者从所可，所受于心也……故欲过之而动不及，心之所可中理，则欲虽多，奚伤于治？欲不及而动过之，必使之也。心之所可失理，则欲虽寡，奚止于乱？故治乱在乎心之所可，亡于情之所欲。”（《荀子·正名》）在荀子看来，人的情欲是与生俱来的，不可能彻底去除掉；但对于欲的追求，却是后天的，是人的主观选择。国家和社会的治乱并不在于人有没有欲望，也不在于欲望的多寡，关键在于人们对欲的追求是否合理。如果人们所追求的欲望是合理的，即使多些，对于国家社会的治理也不会有什么影响；相反，如果人们所追求的欲望是不合理的，即使再少，也会给国家社会带来伤害。如果认为只有去除人们的欲求才能治理好国家社会，必然会受困于人们的欲求。如果认为只有减少人们的欲求才能治理好国家社会，则必然会受困于人们过多的欲求。所以，荀子反对去欲、寡欲，主张导欲、节欲，即通过引导使人们对欲的追求都能合理。

荀子节欲、导欲的具体办法是用礼义规范来约束人们的行为。他说：“人生而有欲。欲而不得，不能无求；求而无度量分界，则不能不争；争则乱，乱则穷。先王恶其乱也，故制礼义以分之，以养人之欲，给人之求；使欲必不穷乎物，物必不屈于欲。两者相持而长，是礼之所起也。故礼者养也。”（《荀子·礼论》）人人都有欲望，而相互之间又没有明显的度量分界，就必然引起互相之间的纷争，其结果便必然导致社会的混乱，这样，就产生了以礼来对人的欲望进行约束和限制的必要，于是，礼便应运而生。实质上，礼的制定目的就在于养人之欲，给人之求。

对于个人来说，荀子主张“欲利而不为所非”，强调要通过正义的手段来满足欲望，切不可为了满足欲望而为非作歹。他说："见其可欲也，则必前后虑其可恶也者；见其可利也，则必前后虑其可害也者，而兼权之，孰计之，然后定其欲恶取舍。如是则常不失陷矣。凡人之患，偏伤之也。见其可欲也，则不虑其可恶也者；见其可利也，则不虑其可害也者。是以动则必陷，为则必辱，是偏伤之患也。"（《荀子·不苟》）面对利欲诱惑，要仔细考虑这样做是否符合礼义规范，是否会侵害他人或社会的利益，多方权衡，再行取舍；如果不顾社会的礼义规范，一味地放纵自己的欲望，不但会给他人和社会造成伤害，而且会给自己带来耻辱和灾祸。

到了宋代，儒者夸大了道德理性与自然情欲的对立，提出了"存天理，灭人欲"的主张，背离了先秦儒家以理制欲、以理养欲的道路，走上了禁欲主义的歧途。

体民之情　遂天下欲

在儒家看来，个人在追求自身欲望满足的同时，也要兼顾他人，至少不能因自身过度的欲求而伤害他人。尤其对统治者来说，要体恤民情，在满足自身欲望的同时，保证庶民的基本欲望也能得到满足，切不可因自身私欲泛滥而影响人民的正常生活。

孔子提出了"均无贫"的思想。他说："闻有国有家者，不患寡而患不均，不患贫而患不安。盖均无贫，和无寡，安无倾。"（《论语·季氏》）如果统治者的私欲膨胀，对人民横征暴敛，强取豪夺，使人民无衣无食，无法维持生存，不得已只能铤而走险，起来反抗，最终导致社会混乱，生产停滞，统治者也就失去了满足个人私欲的物质基础。孔子告诫统治者“博施于民而济众”(《论语·雍也》)，体恤民情，惠民利民，使人民过上富裕的生活，然后才会有源源不断的赋税流入国库供其享乐。

孟子批评当时的统治者说：“庖有肥肉，民有饥色，野有饿殍，此率兽食人也。兽相食，且人恶之，为民父母，行政不免于率兽食人，恶在其为民父母也。”(《孟子·梁惠王上》)孟子把这种只顾自己享乐，不顾民众死活的行为比作是带着野兽来吃人，认为这样的统治者根本就不配为民的父母官。

孟子对统治者横征暴敛、荒淫无度的行为进行了批判，但他并不反对统治者的合理享受，只是要求统治者在享乐的同时，能够兼顾到民众的疾苦，要与民同乐，把自己的享乐建立在民众的幸福之上。他说：“不得而非其上者，非也；为民上而不与民同乐者，亦非也。乐民之乐者，民亦乐其乐，忧民之忧者，民亦忧其忧。乐以天下，忧以天下，然而不王者，未之有也。”(《孟子·梁惠王下》)统治者若能与民同乐，保证民众乐岁终身饱，凶年无死亡，这时既使其仍然庖有肥肉，厩有肥马，以供自己享乐，民众也是拥护的。如果统治者为了满足个人的淫欲，极力搜刮，不管民众的死活，就会引起不满和反抗。比如周文王的猎场纵横70里，因为能与百姓共同享用，所以百姓还觉得太小。而齐宣王的猎场只有纵横40里，因为禁止百姓入内，擅入者按杀人罪论处，所以百姓就认为太大了。

孟子劝齐宣王行仁政，齐宣王说自己“好货”、“好色”，孟子认为喜好钱财和美色都不是什么毛病，重要的是要“与百姓同之”(《孟子·梁惠王下》)。他举例说，以前公刘也喜好钱财，但同时能保证民众家中有余粮，行军的人无冻饿；周太王也喜好美色，宠爱嫔妃，但同时能保证民间没有怀怨无偶的女子，国中没有单身无妻的男子。以上两位周先王，虽然“好货”、“好色”，但因为能“与百姓同之”，所以能得到人民的拥护，开疆辟地，为周朝的建立奠定了基础。如果大王喜好钱财和美色，能与百姓共同享有，称王天下还会有什么困难吗？

孟子“与百姓同之”的具体办法是“正经界”（《孟子·滕文公上》）和“薄其税敛”（《孟子·梁惠王下》）。所谓“正经界”就是国家把田地均分，交给农民去耕种，保证每一农户能有五亩之宅和百亩之田。在农业社会中，土地是最重要的生产资料，有了土地，农民才能够生产出必要的农产品，维持一家人的正常生产和生活。孟子认为通过“正经界”，下可以保证民众“养生丧死无憾”（《孟子·梁惠王上》），上可保证统治者的正常享乐，达到上下同乐的和谐状态。所谓“薄其赋敛”就是减轻民众的赋税，限制统治者对民众的无厌剥夺，保证百姓能够维持基本的生存需要。

和孟子一样，荀子也反对统治者的过分聚敛，他说：“故修礼者王，为政者强，取民者安，聚敛者亡。故王者富民，霸者富士，仅存之国富大夫，亡国富筐箧，实府库。筐箧已富，府库已实，而百姓贫，夫是之谓上溢而下漏，入不可以守，出不可以战，则倾覆灭亡可立而待也。故我聚之以亡，敌得之以强。聚敛者，召寇、肥敌、亡国、危身之道也，故明君不蹈也。”（《荀子·王制》）荀子反对为了“富国”而大肆掠夺民众，他认为应该“兼足天下”，使“上下俱富”（同上），即能把“富国”和“富民”、“足上”和“足下”统一起来的分配方式才是最合理的。

十六、公重私轻　公而后私

公与私是人们在生活中时常需要面对的问题，也是历代哲人讨论的重点问题之一。尽管不同的儒家学者对公私关系的理解有所不同，但在基本立场和态度上，他们都主张公重于私，提倡先公后私。

公私相对　公重于私

在中国传统文化中，公与私的含义很复杂，从道德价值体系和伦理原则上来说，公代表着国家和社会的利益，是集体主义道德的化身，而私代表着个人的利益，是个人主义道德的体现。在先秦，杨朱为我，“拔一毛而利天下，不为也”（《孟子·尽心上》），是极端的个人主义和利己主义者；而墨家兼爱，“摩顶放踵利天下，为之”（《孟子·尽心上》），是典型的集体主义和

吉林文庙棂星门

利他主义者。先秦儒家与杨朱和墨家不同，反对在公私关系上走极端，主张中道而行，既强调集体利益和价值的重要性，同时也兼顾个人利益和价值的实现。

“公”、“私”概念在《论语》和《孟子》中很少出现，但这并不是说孔孟没有对公私关系的论述。孔孟的公私观在其义利思想中得到了充分的体现。孔孟所谓的义，即公义，也就是集体利益；利，即私利，也就是个人利益。所以，孔孟的义利之辨实质上讨论的就是公私关系。正如程颐所说：“义利云者，公与私之异也。”（《二程集·论道》）孔子反复强调“君子义以为上”（《论语·阳货》）、“君子义以为质”（《论语·卫灵公》），其实质就是强调公重于私，要人们把集体利益放在第一位，在面对个人利益时，必须“见利思义”（《论语·宪问》）、“见得思义”（《论语·子张》），即在不危害集体和社会整体利益的前提下，去合理地满足个人的私欲。孟子则有舍生取义的主张，他说："鱼，我所欲也；熊掌，亦我所欲也，二者不可得兼，舍鱼而取熊掌者也。生，亦我所欲也；义，亦我所欲也，二者不可得兼，舍生而取义者也。"(《孟子·告子上》) 即当个人的生命与集体的利益发生冲突时，宁可献出生命，也要保全集体的利益。

荀子对公私关系则有直接的论述，他说："志不免于曲私，而冀人之以己为公也；行不免于污漫，而冀人之以己为修也；甚愚陋沟瞀，而冀人之以己为知也，是众人也。志忍私，然后能公；行忍情性，然后能修；知而好问，然后能才，公修而才，可谓小儒矣。志安公，行安修，知通统类，如是则可谓大儒矣。"(《荀子·儒效》) 荀子把如何处理公私关系作为区分人品高低的重要标准：立志偏私，为了个人的私利不顾公义，这是一般人的处事原则；能克制自身的私欲，不去破坏公义，这样的人可称之为小儒；能以维护公义为自身的使命，能以行公义为快乐，这样的人就是大儒，是道德高尚的君子。可见，荀子也认为公义重于私利，社会公利重于个人私利。

先秦儒家之所以主张公重于私，是因为在他们看来，个人利益实现必须以集体的和谐和稳定为前提。如果个人优先追求自身利益最大化而不顾集体和社会的整体利益，势必引发人与人之间的争斗，导致集体的瓦解和社会的动乱。此即孔子所谓的"放于利而行，多怨"(《论语·里仁》)。而在一个到处是争斗、混乱无序的社会里，个人利益也无法得到保障。反过来说，如果人人都能做到以集体利益为重为先，在维护集体和社会整体利益的前提下去合理地追求个人的私利，就能实现公私两者的统一：既保证了社会的和谐有序，又能满足个人合理的欲望。

可见，先秦儒家并不是绝对地排斥个人的私利，而是认为社会整体利益是个人利益实现的前提和基础，相对于个体利益，社会整体利益是第一位的，应该通过先公后私来实现集体利益与个人利益的双赢。在个人利益与社会整体利益发生冲突时，儒家主张个体利益要绝对服从社会整体利益，反对损公肥私。

公而忘私　大公无私

面对因个人私欲膨胀而导致征伐连连、生灵涂炭的严酷现实，儒家特别强调大公无私精神的重要性，把公而忘私看作是一种高尚的道德情操和理想的精神境界。

孔子对尧舜等先贤圣君大加赞赏，他说："巍巍乎！舜禹之有天下也而不与焉。"（《论语·泰伯》）赞美舜和禹功业伟大，身为君主而不把天下据为己有。这显然是针对时君世主为了满足一己的权势私欲而陷天下苍生于水火的现实而发，目的是要统治者清楚君主的职责是为大众服务，劝诫君主要放弃一味追求安逸富饶生活和无上权势的欲念，秉着大公无私的精神，把崇高的地位和权势看作兼善济众的机会，真切践行养民、育民的责任。

程颐像

孔子赞扬禹说："禹，吾无间然矣，菲饮食而致孝乎鬼神，恶衣服而致美乎黻冕，卑宫室而致力乎沟洫。禹，吾无间然矣。”(《论语·泰伯》)古人相信人世间的幸福与灾祸都是由上帝、祖灵、鬼神掌控，所以祭祀乃属国家大事，祭品是否丰富实关系着天下的祸福、人间的苦乐。大禹作为君主，为了下民的福祉，自己饮食很简单而尽力去孝敬鬼神；平时穿的衣服很简朴，而祭祀时尽量穿得华美；自己住的宫室很低矮，却致力于修治水利事宜。在孔子看来，大禹为了公共事业，使自己的生活清俭到几近苛刻，真正地做到了大公无私，实在挑不出来有什么毛病，是执政者的楷模。孔子借古喻今，告诫统治者不要拼命追逐权力、地位和财富，而要把人民的生活和国家的富强放在首要位置。

在儒家看来，大公无私不仅是一种道德要求，也是天地万物所遵循的根本法则。《礼记·孔子闲居》载：“子夏曰：‘三王之德，参于天地，敢问何如斯可谓参于天地矣。’孔子曰：‘奉三无私以劳天下。’子夏曰：‘敢问何谓三无私。’孔子曰：‘天无私覆，地无私载，日月无私照，奉斯三者以劳天下，此之谓三无私。’”在儒家看来，上天覆盖一切而无偏私，大地承载万物而无偏私，日月普照品类而无偏私，天道本身就是大公无私的，人作为天地间的一分子，应当尊奉和效法天道之大公无私的品性，参赞天地之化育。这就把大公无私上升到天道自然的高度，为大公无私寻找到了一个形而上的根据。

在《礼记·礼运》中，儒家设想了一个理想社会的蓝图——“大同世界”。在这个理想的社会中，天下是所有人共有的，而不是属于任何个人所有，所以天子之位传贤而不传子；官员也是依品德和才能为标准选拔，而不是依统治者个人的喜好产生。天子和官员的职责是为全体社会成员服务，而不是追求个人的名利和享受。在“大同世界”里，每个社会成员都能为公事竭尽全力，但却从来不为自己牟私利；人人都爱惜劳动果实，但却毫无自私自利之心，不把社会财富据为己有，所以不会有盗窃、杀人越货等事情的发生，家家户户都不用关闭大门。虽然这样的社会在历史上并没有真正存在过，只不过是儒家对未来理想社会的憧憬，但其中所体现的大公无私的道德理想和天下为公的社会理想，却对后来的思想家、政治家产生了深远的影响，大公无私的“大同世界”也成为许多仁人志士毕生追求的目标。

崇公抑私　立公去私

先秦儒家虽然主张公重私轻，但并没有绝对排斥和否定私。到了宋明时期，儒者则强调公与私的对立和冲突，杨万里认为：“利于私，必不利于公，公与私不两胜，利与害不两能。”（《诚斋集》卷五十六）甚至还把公私同善恶联系起来，比如陆九渊说：“为善为公，心之正也；为恶为私，心之邪也。”（《陆九渊集·赠金谿砌街者》）把为公看作善，把为私看作恶，表现出明显的崇公抑私倾向。朱熹则认为公源于天理，私则是人欲的体现，公与私的关系，就是天理与人欲之间的对立关系：“凡一事便有两端，是底即天理之公，非底乃人欲之私。”（《朱子语类》卷十三）朱熹还把公私作为区别君子和小人的重要标准，认为“君子小人趣向不同，公私之间而已”、“君子之心公而恕，小人之心私而刻，天理人欲之间，每相反而已”（《论语集注》）。君子和小人的不同，只在于志趣和所作所为是为公还是为私，一心为公便是君子，刻意为私则为小人。程颢、程颐则把公私对立上升到关系国家存亡和社会之乱的高度，认为“一心可以丧邦，一心可以兴邦，只在公私之间耳”（《二程集·河南程氏遗书》卷十一）。

正是从公私对立的意识出发，宋明儒者认为要维护公义就必须破除私欲。正如朱熹说：“人只有个天理人欲，此胜则彼退，彼胜则此退，无中立不进退之理”、“人之一心，天理存，则人欲亡；人欲胜，则天理灭，未有天理人欲夹杂者”。（《朱子语类》卷十三）公与私作为分别根源于天理和人欲的两种截然相反、根本对立的事物，不可能两全，公存则私亡，私存则公亡；公进则私退，私进则公退，双方没有调和的余地。为了申明公义，就必须完全禁绝私欲。王阳明认为：“非至公无以绝天下之私，非至正无以息天下之邪，非至善无以化天下之恶”（《王阳明全集》卷十二《山东乡试录》），只有尽去人之私欲，使人心“纯乎天理，而无一毫人欲之私”（《王阳明全集》卷二《传习录》），达到至公、至正的境界，才能克服和去除天下之私、之邪，才能抑恶扬善。

针对宋明儒者过分夸大公私之间的对立，把公私之间的对立绝对化，完全否认和排斥个人私利的观点，后来的一些儒家学者进行了反驳。明代李贽就反对完全禁绝私欲的观念，为个人私利进行辩护。他说：“夫私者，人之心也。人必有私，而后其心乃见；若无私，则无心矣。”（《藏书·德业儒臣后论》）认为人心之私是自然自理，完全否定和禁绝人心之私是不现实的。明人顾炎武也认为“天下之人，各怀其家，各私其子，此常情也”，肯定了人的自私之情的普遍性和合理性，认为对于人的私欲不能一味地加以抑制和禁绝，其实也禁绝不了，“虽有圣人，不能禁民之有私”。在顾炎武看来，所谓的“公而无私”只是一个美好的幻想，并不是什么“先王之政”，将来也不可能变成现实。顾炎武的公私观是“合天下之私以成天下之公”（《亭林文集·郡县论五》），认为天理与人欲、公与私并不是完全对立和相互排斥的，而是可以统一的。王夫之认为理与欲、公与私是不可分的，“天理原不舍人欲而别为体”（《周易内传》卷四），“天下之公欲，即理也；人人之独得，即公也”（《张子正蒙注》），有天理必有人欲，人人都有私欲这就是天理，人人都能得到该得的利益这就是公。其实这和顾炎武的“合天下之私以成天下之公”思想是一致的，都反对把公私绝对对立起来，反对一味地贬低和排斥人的私欲，而是主张把个人的正当利益和群体利益统一起来。这种思想和先秦孔孟的公私观比较接近，比较合理，有一定的普适性，也具有可操作性。

总之，尽管不同时代的儒者对公私关系有不同的理解，甚至在表述上还相去甚远，但在基本立场上，都主张公重私轻，强调先公后私。儒家公重私轻的思想对中国文化和民族心理的影响极其深远，时至今日，公重私轻、先公后私仍然是中国人主流的思想意识。

十七、克己尚群　周而不比

人既是个体性存在，同时又是社会性存在。在个体与社会群体的关系上，儒家强调群体的重要性，认为社会群体是个人生存和发展的基础和前提，并以社会群体的生存和需要规定个体的价值，将个体的发展目标定格在群体的生存和发展需要上，主张发挥个体的潜能，促进群体的和谐。儒家不赞成离群索居，也反对结党营私。

群居则强　离居则穷

儒家从孔子开始，就注意到群体对个体生存和发展的重要性。面对隐逸之人的嘲讽，孔子曾感慨："鸟兽不可与同群，吾非斯人之徒与而谁与？"(《论语·微子》)在孔子看来，人是不可能与飞禽走兽生活在一起的，如果不和世人结成群体生活，那么要跟谁结成群体而生活呢？“鸟兽不可与同群，吾非斯人之徒与而谁与”是对离群索居、逃避社会职责的隐逸之士的批判，表达了孔子积极入世的态度，同时也内在地蕴涵着对群体的重视，即人总是要生活在社会群体之中，不可能离开社会群体而存在和发展。

孔子特别重视《诗经》，多次告诫弟子要学《诗》，说：“小子何莫学夫《诗》？《诗》可以兴，可以观，可以群，可以怨。迩之事父，远之事君，多识于鸟兽草木之名。”（《论语·阳货》）孔子之所以要人学习《诗经》，其中一个重要的原因是《诗》“可以群”，即通过学《诗》、用《诗》，可以形成协调个人与群体关系的实际能力。孔子对“《诗》可以群”的强调，同时也是对群体重要性的强调。

荀子也强调群体对个体生存和发展的重要性，说：“人之生，不能无群。”（《荀子·富国》）并对此有精妙的论述。

首先，合群而居是人区别于禽兽的重要标志，也是人立足自然、驾驭万物的前提条件。荀子说：“人……最为天下贵也，力不若牛，走不若马，而牛马为用，何也？曰：人能群，彼不能群也。”（《荀子·王制》）作为个体，人在某些方面的禀赋往往不如动物，比如人的力气没有牛的力气大，跑得不如马快，但人却能役使牛马，这是为什么呢？荀子认为这是因为人能合群，懂得团结起来形成合力去征服和驾驭万物。当诸多个体结合成群体时，人就具有了支配自然万物的力量，就可以役使力量比单个人大的牛、跑得比人快的马；牛马等动物虽然力量比人大、跑得比人快，但因为不知结合成群体，所以就要为人所驱使。可见，能合群而居使人超越了牛马等禽兽，获得了驾驭自然万物的能力。

其次，人的生存和发展需要满足各种各样的条件，但一个人的能力是有限的，不可能满足自身生存和发展的一切需要，只有合群而居，依靠集体的力量，才能保证个人的生存和发展。荀子说："故百技所成，所以养一人也。而人不能兼技，人不能兼官，离居不相待则穷。"（《荀子·富国》）一个人要生存发展，需要各行各业的人所生产的产品。但一个人不可能同时精通所有的技艺，也不可能同时从事所有的职业，人们如果离群索居而不互相依靠，就会陷入困境；如果能合群而居，一个人虽然不能同时精通所有的技艺，也不必同时从事所有的职业，也能通过分工合作、互通有无来满足生存和发展的需要。

儒家认为自我不仅仅以个体的方式存在，同时个体的生存和发展必须以群体为基础和前提条件。离开了群体，人将不成其为人，也就不能在自然界立足和发展。

克己复礼　明分使群

个体和群体是一对矛盾，一方面，个体的生存发展离不开群体；另一方面，群体内个体之间的争斗威胁着群体的和谐和发展。那么，如何才能维持群体的和谐发展呢？儒家提出的办法是：社会群体应把其成员区分为不同的等级，并为不同的等级规定相应的名分和行为规范；群体中的个体应自我约束，使自己的行为合于群体的普遍规范。

孔子说："放于利而行，多怨。"（《论语·里仁》）人天生具

德国科隆孔子亭

有追逐利益的本性，如果放纵人的这种本性自由发展，人与人就会为了利益而产生怨恨和争斗，威胁到社会的和谐和稳定。为了社会的稳定和谐，个人就必须克制自己的欲望。孔子说："克己复礼为仁。一日克己复礼，天下归仁焉。"(《论语·颜渊》)这里的礼是指维持社会秩序的一套政治制度和普遍通行的伦理规范，"克己复礼"就是通过自我约束，使言行视听符合社会普遍规范。如果人人都能克制自己的私欲，恪守社会规范，人与人之间就能和谐相处，社会群体自然就会稳定和谐发展。

荀子主张人性恶，认为人都有追逐名利的欲望。他说："夫贵为天子，富有天下，是人情之所同欲也；然则从人之欲，则势不能容，物不能赡也。故先王案为之制礼义以分之，使有贵贱之等，长幼之差，知愚能不能之分，皆使人载其事，而各得其宜。然后使谷禄多少厚薄之称，是夫群居和一之道也。"(《荀子·荣辱》）又说："人生而有欲；欲而不得，则不能无求；求而无度量分界，则不能不争；争则乱，乱则穷。先王恶其乱也，故制礼义以分之，以养人之欲、给人之求，使欲必不穷乎物，物必不屈于欲，两者相持而长。"（《荀子·礼论》）人生来就有追逐物质利益的欲望，而且这种欲望是无穷的。然而世间的物质财富毕竟是有限的，不可能同时满足所有人的欲望。如果一味追求而没有标准限度，人与人之间就不可能不发生争斗，一发生争斗就会陷入混乱，社会发展也就陷入了困境。古代的圣王为了化解人与人之间的争斗，保持社会和谐稳定，所以制定了礼义，以贵贱、长幼、智愚为标准把群体内的成员区分为不同的等级，并为不同的等级规定相应的名分，以此来调养人们的欲望、满足人们的要求，使人们的欲望绝不会由于物质财富的有限而得不到满足，物质财富绝不会因为人们的欲望而枯竭，使物质财富和人的欲望两者在互相制约中增长，从而化解了人与人之间因争夺物质财富而产生的冲突，保证了群体的和谐稳定。

儒家虽然重视群体，但并不否认个人存在的价值。在先秦，墨子也注重群体，提出了"尚同"的主张。所谓尚同，就是与在上者保持绝对一致："上之所是，必皆是之；上之所非，必皆非之。"（《墨子·尚同上》）墨子的尚同过于强调群体认同，完全抹杀了个体的独立人格，个体的价值完全湮没在群体之中。与墨子的尚同相反，杨朱主张为我："杨子取为我，拔一毛而利天下，不为也。"（《孟子·尽心上》）杨朱以自我排斥天下，陷入了极端个人主义。儒家"辟杨墨"，既反对无视个体价值的极端整体主义，也不赞成排斥群体的极端个人主义，而是主张将个体价值与群体价值相结合，以自我实现来促进群体和谐，以群体和谐保证个体价值的实现。

群而不党　周而不比

儒家注重群体认同，但反对宗派主义，反对搞小团体，反对结党营私。虽然宗派和小团体成员相互也有认同，但其结合的目的在于牟取个人和小团体的私利，他们只顾小集团利益，无视整体利益，这和儒家所谓群体认同有着本质的区别。

孔子说："君子周而不比，小人比而不周。"(《论语·为政》)"周"和"比"，都有与他人亲近交往的意思。两者的区别在于，"周"有广泛、普遍的意思，"比"有亲密、狭小的意思；"周"是以一种开放的心态与人交往，"比"是以一种结党营私之心进行交往。在孔子看来，道德高尚的君子能够以开放公正的心态广泛地团结人，但不会因为个人的私利而拉帮结派；而无德败行的小人，为了个人的私利，在群体内搞小团体，拉拢一些人，排挤一些人，进行派别斗争，妨碍群体的和谐与稳定。孔子把"周而不比"和"君子"对应，把"比而不周"和"小人"对应，说明他赞赏"周而不比"，主张人与人之间的交往应该坚持开放的原则，反对"比而不周"、搞宗派主义和结党营私。

与"周"、"比"意义相近的还有"群"、"党"。孔子说："君子矜而不争，群而不党。"(《论语·卫灵公》)这里的"党"与现代意义上的政党不同，而是指为了个人私利而结成的宗派或小团体。"群"指普遍广泛地团结人。孔子认为，作为一个君子，应该注重自尊而不与别人争执，善于合群而不结党营私。"群而不党”就是“周而不比”，他是儒家提倡的人际交往的一个基本原则。

在某种意义上，比而不周、党而不群可以看作自我中心的延伸，必将导致个体之间的斗争与分离；周而不比、群而不党则是对自我中心的扬弃。儒家提倡周而不比、群而不党，目的是为了群体的和谐与稳定。

十八、仁者爱人　推己及人

在儒家思想中，“仁”是一个十分重要的概念。《论语》中论及“仁”的地方有一百多处，可见“仁”在孔子思想中的重要地位，以至于后世有人把孔子的学说称为“仁学”。“仁”也是《孟子》思想的重要概念。儒家所谓的“仁”，含义十分丰富，但就其本质来说，主要是指处理人际关系的基本原则。

仁者人也　亲亲为大

就字面来看，“仁”从人从二，可见其最基本的含义是指人与人之间的关系。儒家强调人与人之间应该相互尊重，相互友爱。可以说，“仁”是由人本身引申出来的道德原则，它反映了人对自身本质的理解和肯定。

孔子在不同场合对“仁”的含义有过各种解说，从《论语》

的记述来看，孔子所谓的仁有广义和狭义之分，广义的仁是一切道德规范的总称，而狭义的仁指“爱人”（《论语·颜渊》）。在孔子看来，爱人是仁最基本的内涵，而且是产生其他一切道德规范的基础。爱人，就要把人当人来看待，视人的价值高于物和鬼神的价值。《论语·乡党》记载，孔子在鲁国为官，他家的马棚失火被焚毁，孔子退朝回家，乍听之下，第一反应是问：“伤人了没有？”只字未提马。当子路问如何对待鬼神，孔子回答说：“未能事人，焉能事鬼？”（《论语·先进》）在孔子看来，不管是与牛马这些动物相比，还是与当时受人尊崇的鬼神相比，人都是第一位的。作为自己的同类，人应该尊重他人，以仁爱之心对待他人。

颜　庙

孔子提出了"仁者爱人"的主张，孟子则为爱人奠定了一个人性论的基础，认为"仁义礼智，非由外铄我也，我固有之也"（《孟子·告子上》）。在孟子看来，仁爱并不是外界对人的强制性规定，而是人性本来就有的。因为"人皆有不忍人之心。今人乍见孺子将入于井，皆有怵惕恻隐之心。非所以内交于孺子之父母也，非所以要誉于乡党朋友也，非恶其声而然也。由是观之，无恻隐之心，非人也……恻隐之心，仁之端也"（《孟子·公孙丑上》）。无论何人当看到小孩掉到井里都会产生恻隐之心或不忍之心，这种不忍之心和恻隐之心的产生并不是因为和这个小孩的父母关系好，也不是为了沽名钓誉，而是人性的自然外显。如果没有不忍之心或恻隐之心，那他就不是人。孟子用这样的例子说明，人人都有不忍人之心或恻隐之心，而不忍人之心或恻隐之心正是仁爱的萌芽，仁爱是人心所固有的恻隐之心或不忍人之心的扩展和外显。经过孟子的论述，儒家的爱人就成了人性的自然流露。

墨家主张"兼相爱"，要求平等地亲爱每一个人。与墨家不同，儒家所讲的仁爱是有等差的。《礼记·中庸》说："仁者人也，亲亲为大。"也就是说，要从爱自己的亲人开始，然后把这种建立在血缘基础上的爱扩展开来，"老吾老，以及人之老；幼吾幼，以及人之幼"（《孟子·梁惠王上》），泛爱一切人类。这是因为，人从一出生开始，首先遇到和接触的人就是自己的父母兄弟，处于亲人的关怀和爱护之中，在父母的养育下成长，自然会产生对亲人的依恋和亲爱。儒家把这种建立在血缘关系基础上的亲人之爱看作是仁爱的基础。孔子说："孝悌者，其为仁之本与！"（《论语·学而》）认为对父母长辈的敬爱孝顺，对兄弟姐妹的亲爱关怀，正是仁爱的根本。孟子也说："仁之实，事亲是也"（《孟子·离娄上》），认为仁者爱人的实质就是爱自己的亲人。并解释说："人之所不学而能者，其良能也；所不虑而知者，其良知也。孩提之童，无不知爱其亲者；及其长也，无不知敬其兄也。亲亲，仁也；敬长，义也。"（《孟子·尽心上》）幼小儿童，没有不知道爱自己亲人的，这种爱是不思而能、不虑而知的"良知"、"良能"，也是仁爱思想最深厚的基础。一个人只有首先爱自己的亲人，然后才能爱别人。一个连自己的亲人都不爱的人，要他去爱别人是不可能的，也是违背常理的。所以《孝经·圣治》说："故不爱其亲而爱他人者，谓之悖德，不敬其亲而敬他人者，谓之悖礼。"

好善恶恶　爱憎分明

儒家讲仁爱，但并不赞同无原则地爱人，而是要坚持一定的原则，要处心公正，是非分明，做到好善恶恶，爱憎分明。

儒家主张爱人，但又认为"惟仁者能好人，能恶人"（《论语·里仁》）。喜爱好人，厌恶坏人，本来是人之常情。但如果不能处于公心，则该喜好的好人就不能客观公正地喜好了，该厌恶的坏人也不敢客观公正地厌恶了。唯有仁者才能做到好人之好，恶人之恶。

《论语·公冶长》记载："子谓公冶长，'可妻也。虽在缧绁之中，非其罪也。'以其子妻之。"公冶长是孔子的弟子，因为被冤枉而身陷牢狱之中。被关进牢狱的人，即使是被冤枉的，也很难为一般人所接受。但孔子不为世俗观念所累，客观公正地评价公冶长，肯定他的道德品质，认为身陷牢狱并不是公冶长的错，并把女儿许配给公冶长为妻。这是仁者能好人。

鲁国的权臣季孙氏僭用天子之礼，在厅堂里演八佾舞，人人都觉得这是不对的，但没有人敢公开反对。孔子知道后，不怕得罪势高权重的季孙氏，高呼“八佾舞于庭，是可忍也，孰不可忍也？”（《论语·八佾》）公开反对季孙氏违反道德规范的做法，并对众人的姑息养奸表示了失望和愤怒。这是仁者能恶人。

儒家的仁者爱人是对人性和人的生命中一切美好价值的尊崇和肯定，但并不妨碍对人性和人的生命中的丑恶的憎恶和批判。厌恶一个人，就看不到其身上的优点，讨厌的不得了；喜好一个人，就看不到其身上的缺点，偏爱的不得了。这样的好恶是不分是非、没有原则的，不符合儒家爱人的原则。有人问孔子：“管仲这个人节俭吗？”孔子回答说：“管仲收取大量的租税，为其服务的人员很多，怎么能说他节俭呢？”又问“那么管仲懂礼吗？”孔子回答说：“管仲作为一个卿大夫而使用天子的礼器，如果管仲懂礼，那还有谁不懂礼”（《论语·八佾》），可见，孔子对管仲的不节俭和违反礼仪的行为是持批判和憎恶态度的，称管仲气量狭小。但当其弟子子贡说，管仲与召忽奉公子纠出逃到鲁国，齐桓公迫使鲁国杀了公子纠，召忽亦自杀殉身，而管仲不但没有像召忽一样自杀，后来反而辅佐齐桓公，管仲这样做是不仁不义。孔子却说，齐桓公成为诸侯领袖，使各诸侯国归于正道，人民享有安定、文明的生活，这都要归功于管仲。如果没有管仲，华夏各国就可能被夷狄奴役。这难道不是仁吗？这里又给予管仲极高的评价。孔子对管仲的评价就很好地体现了处心公正、是非分明的原则。

儒家仁者爱人的目的是要建立符合道德的、健康的、和谐的社会秩序，所以儒家要求爱人必须符合道德原则，维护道德秩序。以道德之心爱人，这是儒家仁爱思想的一个显著特点。儒家反对私爱、偏爱、溺爱，更不能容忍恶行泛滥、姑息养奸。对那种以追求无原则的、一团和气为目的的爱人，儒家是持批判态度的。《礼记·檀弓上》说："君子之爱人也以德，细人之爱人也姑息。"有仁德的君子，爱人以德，是非分明；而道德水平低下的小人，生怕得罪人，看见别人有不合道德规范的言行却装作不知道，姑息养奸。孔子说："乡原，德之贼也。"（《论语·阳货》）所谓"乡愿（原）"，就是那种见人只拣好听的话说，看到别人的缺点不直接指出，一味姑息养奸以讨好别人，别人也都喜欢的人。孔子把"乡愿"这种人称为"德之贼"，认为他们的存在会破坏社会道德风气，让整个社会走上"君子道消，小人道张"的恶质化境地。

孔子的弟子子贡问孔子："乡人皆好之，何如？"孔子回答说："未可也。"子贡又问："乡人皆恶之，何如？"孔子回答说："未可也。不如乡人之善者好之，其不善者恶之。"（《论语·子路》）一乡之人都喜爱的人，只能是姑息养奸的好好先生；一乡之人都厌恶的人，只能是不讨人喜爱的恶人。这两种人都不值得称道，只有一乡之中善良的人都喜欢、恶人都讨厌的人，才是真正的仁者，能做到是非分明、有原则地爱人。

鲁迅先生的名言："横眉冷对千夫指，俯首甘为孺子牛"，正好体现了儒家好善恶恶、爱憎分明的思想精华。

行仁之方　推己及人

儒家不仅主张仁者爱人,而且提出了如何实践仁爱的方法,这就是取譬于己,推己及人,也就是孔子所谓的"忠恕"之道。

孔子的弟子曾子说:"夫子之道,忠恕而已矣!"(《论语·里仁》)关于"忠恕"的具体含义,朱熹解释说:"尽己之谓忠,推己之谓恕。"(《论语集注》)可见,忠就是对待别人要尽自己的全部能力,奉献全部的爱心;恕就是将心比心,设身处地地为别人着想。忠和恕是儒家践行仁爱的具体方法——推己及人的两个相辅相成的方面。

忠属于推己及人的积极方面。《论语·雍也》载子贡曰:"如有博施于民而能济众,何如?可谓仁乎?"子曰:"何事于仁,必也圣乎!尧舜其犹病诸!夫仁者,己欲立而立人,己欲达而达人。能近取譬,可谓仁之方也已。"子贡问如果能广施恩德于民众,帮助救济穷困的大众,这样算不算仁呢?孔子认为子贡所谓的践行仁爱的方法太过高远,恐怕连尧舜这样的圣人都做不到。其实践行仁爱的方法很简单,从浅近易行的恕道做起就行,即自己想要得到的东西,也要尽力使别人得到。比如,自己要想事业有成,同时也要帮助别人成就事业;自己想要过上幸福富足的生活,同时也要帮助别人过上丰衣足食的日子。

"恕"属于推己及人的消极方面。孔子说:"己所不欲,勿施于人。"(《论语·颜渊》)《中庸》说:"施诸己而不愿,亦勿施于人",即凡是自己不愿接受的事情,不要强加于他人之身。比如,如果不愿意别人用暴力对待自己,那么就不应该对别人施以暴力；如果不希望自己的东西被别人偷走，那么就不要做贼去偷别人的东西。《大学》把恕道称为絜矩之道："所恶于上，毋以使下；所恶于下，毋以事上；所恶于前，毋以先后；所恶于后，毋以从前；所恶于右，毋以交于左；所恶于左，毋以交于右。此之谓絜矩之道。"在上位者以不合理的事情加之于你，为你所恶，你就不可如此也把同样不合理的事情加之于你的下级。如你的下级对你阳奉阴违，不尽职责，为你所恶，就不可如此对待你的上级。如果厌恶在你前面的人对你所做的事情，就不可以做同样事情去对待在你后面的人。如果厌恶在你后面的人对你所做的事，就不可以做同样的事去对待在你前面的人。如果厌恶在你右边的人所做的恶事，就不可以把同样的恶行加在左边的人身上。如果厌恶在你左边的人所做的恶行，就不可以把同样的恶行加在右边的人身上。

儒家的推己及人既不同于"拔一毛而利天下，不为也"（《孟子·尽心上》）的纯粹利己主义，也不同于"毫不利己，专门利人"的纯粹利他主义，而是超越了利己主义和利他主义，要求在己立、己达的前提下去立人、达人，这样既能实现自己的人生价值，也能帮助别人实现人生价值。

"己欲立而立人，己欲达而达人"（《论语·雍也》）、"己所不欲，勿施于人"（《论语·颜渊》），道理非常简单，但要真正做到却并不容易。现实生活中，"己所不欲，而施于人"的例子比比皆是。正因为现实中存在大量的损人利己现象，才显出了儒家取譬于己、推己及人思想的珍贵。

十九、义以为上　取财有道

义利之辨是儒家思想中一项重要内容。义指伦理规范、道德原则，利指物质利益，因而义利关系即道德准则与利益追求之间的关系。儒家虽然肯定人对物质利益追求的合理性和正当性，但更强调对物质利益的追求要以符合道德原则为前提，君子爱财，取之有道，反对不择手段去追求个人利益。

义利两有　义以为上

长期以来，人们笼统地将儒家的义利观归结为重义轻利，其实这是一种误解。儒家重义，但并不轻利。孔子说："富与贵，是人之所欲也……贫与贱，是人之所恶也。"（《论语·里仁》）肯定了人通过对物质利益的追求从而摆脱贫贱、过上富贵生活的正当性和合理性。在孔子看来，"邦有道，贫且贱焉，耻也"（《论语·泰伯》)，在一个正常的社会中，不去积极创造物质财富，而是过着贫贱的生活，这样的人是可耻的。他曾说："富而可求也，虽执鞭之士，吾亦为之。"(《论语·述而》) 执鞭之士，即古代为天子、诸侯和官员出入时手执皮鞭开路的人，是地位低下的职事。为了追求富贵，即使拿皮鞭为别人开路这样低贱的事也愿意去干，说明孔子自己不排斥正当的个人利益追求。比如孔子虽然主张"有教无类"，但也要求弟子们"自行束脩以上"(《论语·述而》)，即缴纳十条干肉作为学费。孟子说："欲贵者，人之同心也"(《孟子·告子上》)，"人亦孰不欲富贵"(《孟子·公孙丑下》)，承认对物质利益的追求是人的天性，也是维持生命存在的前提条件。"民非水火不生活"(《孟子·尽心上》)，没有一定的物质财富作保障，人就没法生存。荀子认为，无论道德高尚的君子，还是一般的平民百姓，只要是人，就有追求物质利益的本性，而且这种本性是难以改变的，他说："虽尧舜不能去民之欲利"(《荀子·大略》)，就是尧舜这样的圣贤，也无法革除人们追求物质利益的天性。可见，儒家的代表人物并没有轻利的思想倾向，相反，孔、孟、荀都对个人的物质利益追求给予了积极的肯定。

在儒家看来，物质利益的增长和充裕是社会道德水准提高和政治清平的必要条件。子贡问如何才能治理好国家，孔子回答说："足食，足兵，民信之矣。"(《论语·颜渊》) 即只有首先保证基本的物质需要，人与人之间才能建立互信，社会才能和谐有序。孟子对此有更加深刻的论述，他说："民之为道也，有恒产者有恒心，无恒产者无恒心。苟无恒心，放辟邪侈，无不为已。"(《孟子·滕文公上》) 也就是说，人如果没有一定的财富作为生存的保障，就难以形成稳定的道德观念；没有稳定的道德观念，就会胡作非为，导致整个社会失序。只有“制民之产，必使仰足以事父母，俯足以畜妻子，乐岁终身饱，凶年免于死亡”（《孟子·梁惠王上》），在保证人民的基本生存需要、使其有足够的物质财富养家糊口的前提下，再对其进行道德教化，才能取得理想的效果，即所谓“然后驱而之善，故民之从之也轻”（《孟子·梁惠王上》）。

当然，儒家并不认为对物质利益的追求是人生活的全部，除了逐利的经济性外，人还有道德性，而且道德性要高于经济性。孔子提倡“君子义以为上”（《论语·阳货》），这里的“上”是崇尚、尊贵的意思，即作为一个君子，要以道义为最高价值追求。孟子说：“人之有道也，饱食、暖衣、逸居而无教，则近于禽兽。”（《孟子·滕文公上》）也就是说，如果失却了道德性，一味地去追求物质利益，那他和禽兽就没有了差别，就不能称其为人。

总之，儒家认为“义与利，人之所两有也”（《荀子·大略》），即物质财富和道德规范对人来说都是必要的，缺一不可。但相比较而言，儒家认为道德规范要高于利益追求。

以义节利　义然后取

在儒家看来，义与利的问题，就是价值选择的问题。儒家虽然不排斥和否定利，但同时强调对利的追求必须受道义的约束和节制。孔子讲“见利思义”（《论语·宪问》）、“见得思义”

(《论语·子张》),就是要求人们在面对物质利益时,首先要考虑是否符合道义。如果符合道义,则当取;如果不符合道义,则当舍,千万不可以利害义。儒家反对不顾道义原则一味追求物质利益的行为,说:“富与贵,是人之所欲也,不以其道得之,不处也;贫与贱,是人之所恶也,不以其道得之,不去也。”(《论语·里仁》)虽然富贵是人人都向往的,但如果达到富贵的手段不符合道义原则,则宁可舍弃富贵;贫贱是每个人都不愿遭遇的,但如果摆脱贫贱的手段不正当,则宁可安于现状。

孔子有“君子喻于义,小人喻于利”(《论语·里仁》)之说,这被看作孔子重义轻利的主要证据,其实不然。“君子喻于义”,是说君子懂得把义放在第一位,能够做到见利思义,“义然后取”(《论语·宪问》);“小人喻于利”,是说小人只顾追求物质利益,不知道用道义来约束自己的行为。可见,君子与小人的区别,并不在于是否去追求物质利益,而是在于是否能够以义来约束自己的逐利行为,做到见利思义、义然后取。荀子对此就有清晰的说明,即所谓“好利恶害,是君子小人之所同也,若其所以求之之道则异矣”(《荀子·荣辱》)。在好利这一点上,君子与小人是相同的,区别只在于逐利手段上:君子爱财,取之有道,“欲利而不为所非”(《荀子·不苟》);而小人则罔顾道义,只知一味地满足个人的私欲。

孟子认为利的大小并不重要,关键要看其是否符合道义原则,合乎义的,再多取也不为贪;不合乎义的,再少也不可妄取。他说:“非其道,则一箪食不可受于人;如其道,则舜受尧之天下,不以为泰。”(《孟子·藤文公下》)又说:“非其义也,非其道也,禄之以天下,弗顾也;系马千驷,弗视也。非其义也,非其

新加坡祭祀孔子活动

道也，一介不以与人，一介不以取诸人。”（《孟子·万章上》）强调对物质利益的取舍要以是否符合道义为准则，合乎道义，就是把全天下的财富都据为己有，也不为过；不合乎道义，就是一箪饭也不可妄求。

能达到义利兼得，既能坚持道义原则，又能获得物质利益，这当然是最理想的；当义利不能两全时，即物质利益追求和道义发生冲突时，孔子主张舍利取义、安贫乐道。他自述说：“饭疏食饮水，曲肱而枕之，乐亦在其中矣。不义而富且贵，于我如浮云。”（《论语·述而》）称赞颜回说：“贤哉，回也！一箪食，一瓢饮，在陋巷，人不堪其忧，回也不改其乐。贤哉，回也！”（《论语·雍也》）此即所谓的“孔颜之乐”，体现的是一种在贫乏的物质境遇中坚守道义，寻求精神上的富足和道德上的幸福感的生活方式。对通过不当手段取得的利益，孔子是持鄙视的态度的，认为那像浮云一样虚无缥缈，毫无意义。当面对利与义的冲突和对抗时，孟子主张“穷不失义”（《孟子·尽心上》），强调要坚持道德操守，做到“富贵不能淫，贫贱不能移，威武不能屈”（《孟子·滕文公下》）。孟子甚至有舍生取义的主张，他说：“鱼，我所欲也；熊掌，亦我所欲也，二者不可得兼，舍鱼而取熊掌者也。生，亦我所欲也；义，亦我所欲也，二者不可得兼，舍生而取义者也。”（《孟子·告子上》）当道义与人的生命发生冲突时，为了道义，连生命都肯舍弃，更不用说一己私利了。

董仲舒提出“正其谊不谋其利，明其道不计其功”（《汉书·董仲舒传》），朱熹主张“必以仁义为先，而不以功利为急”（《朱文公集·送张仲隆序》），都是对先秦儒家先义后利、舍利取义精神的继承和发扬，强调对利的追求与获取不仅要受道义的制约，必要的时候要舍利取义。这种精神渗透在历代儒者的日常生活、人生追求与选择中，深深地影响着中国人的人生态度。

义以生利　普利于世

儒家之所以强调以义节利，是因为在他们看来，义与利的关系就是社会整体利益与个人私利之间的关系，也是眼前利益与长远利益之间的关系。儒家以为，社会整体利益高于个人私利，个人私利要服从于社会整体利益。儒家讲以义节利，目的就在于防止个人自私自利之心的恶性膨胀，导致人与人之间的争斗，造成社会的动乱，最终导致全体社会成员皆不利的局面。

孔子说：“放于利而行，多怨。”（《论语·里仁》）社会是由众多成员组成的，每个成员的利益不尽一致，甚至是相互冲突的，如果放纵个人的利益追求而不加节制，势必会引起社会成员之间的怨恨和争斗。唯有用道德规范来约束社会成员的行为，使其在礼义规定的限度内谋取个人利益，才能避免社会成员之间因利益冲突所导致的怨恨和争斗，使每个人的利益需求都能得到满足。所以孔子总结说："义，利之本也。"（《大戴礼记·四代》）

孟子面见梁惠王，梁惠王问道："叟不远千里而来，亦将有以利吾国?"孟子回答说："王何必曰利，亦有仁义而已矣。王曰何以利吾国，大夫曰何以利吾家，士庶人曰何以利吾身，上下交征利而国危矣……苟为后义而先利，不夺不厌。"（《孟子·梁惠王上》）在孟子看来，如果人人各怀利己之心，只追求物质财富，而没有道义规范的约束，则"上下交征利"的情况就不可避免地要发生。臣下为了追求个人的私利可能杀死其君主，儿子为了利益可能谋害其父亲，人人求其利以损人，结果导致社会混乱，社会的整体利益受损。而在一个动乱的社会当中，个人对物质利益的追求也根本不可能实现。所以孟子告诫梁惠王治国要以义为先，以维护正常的社会秩序为第一要务。他说："君臣、父子、兄弟去利，怀仁义以相接，然而不王者，未之有也，何必曰利。"（《孟子·梁惠王上》）在保障社会整体利益的前提下，个人利益也终能实现。

荀子则从物质财富的有限和个人私欲的无厌来论证以义节利的重要性。他说："食欲有刍豢，衣欲有文绣，行欲有舆马，又欲夫余蓄积之富也，然而穷年累世不知不足，是人之情也。"（《荀子·荣辱》）然而，社会的物质财富毕竟是有限的，要想满足人人对物质的欲望，确实"势不能容，物不能赡"（《荀子·荣辱》)，因个人的私欲得不到满足，势必要引发争斗，斗争的结果必然会引起社会的混乱和社会共同体的瓦解。在一个充满斗争的混乱社会中，个人的私欲更是无法得到满足。所以荀子认为，个人私欲的满足，必须以维护社会整体利益为前提，而要想维护社会整体利益，必须对个人的私欲做必要的限制，以义来规范和节制个人的私欲，使每个社会个体的利益得到相对合理的解决。所以荀子说："人生而有欲，欲而不得，则不能不求，求而无度量，则不能不争。争则乱，乱则穷。先王恶其乱也，故制礼义以分之，是养人之欲，给人之求。"(《荀子·礼论》)

以义节利，具体来说就是"约之以礼"(《论语·颜渊》)。在儒家思想中，"义"与"礼"是密切联系的，所谓"君子义以为质，礼以行之"(《论语·卫灵公》)，"故礼也者，义之实也"(《礼记·礼运》)，"礼"作为具体的规则和程序，正是"义"的精神在实践中的落实。只要每个人都能做到"约之以礼"，就能防止个人利欲的恶性膨胀，使其在追求个人利益时不会损害他人利益或社会的整体利益，从而保证每个社会成员利益的合理满足。

道德理想与物质利益之间的关系，社会整体利益与个人利益之间的关系，这是任何时代、任何社会都必须回答和解决的问题。儒家以义为上、以义节利的思想，既肯定了人对物质利益追求的正当性、合理性，同时又强调了以道义原则节制和约束主体行为的必要性，从而使道德理想和物质利益、个人私利与社会整体利益有机统一起来，体现了先贤的睿智，影响了一代又一代中国人的人生态度和价值取向，成为中华民族极其宝贵的思想财富。

二十、诚信奠基　言出必践

“信”是儒家思想的重要范畴，同“仁”、“义”、“礼”、“智”合称“五常”。“信”与“忠”、“诚”意义相通，故常与“忠”、“诚”连用为忠信、诚信。儒家特别重视诚信，强调为人处世要以诚信为本，做到表里如一，言行一致。

立身从政　诚信为本

“信”从人从言，意指人所说的话、许下的诺言，即言行一致，说出的话要付诸实践，许下的诺言要兑现。从消极意义来说就是不可食言。

孔子非常重视信，把信看作立身处世的根本。他说：“人而无信，不知其可也。大车无輗，小车无軏，其何以行之哉？”（《论语·为政》）诚信对人来说，就好像车轴对车子一样重要。车子没有车轴就不能行走，人如果不讲诚信，怎么在社会上立足呢？

孔子的弟子子张问行事的原则，孔子回答说："言忠信，行笃敬，虽蛮貊之邦行矣；言不忠信，行不笃敬，虽州里行乎哉？"(《论语·卫灵公》)一个人如果说话忠诚而信实，行事笃厚而恭敬，即使到了语言不同、文化发展程度较低的蛮荒之地，也能行得通；如果一个人说话不忠诚而信实，行事不笃厚而恭敬，就是在自己的家乡也行不通。可见，忠信是立身处世的基本原则：有信则通行天下，无信则寸步难行。

信也是践行仁德的途径之一。子张问仁于孔子，孔子回答说："能行五者于天下，为仁矣。"子张请问其详，孔子回答说："恭、宽、信、敏、惠。恭则不侮，宽则得众，信则人任焉，敏则有功，惠则足以使人。"(《论语·阳货》)一个人能以恭敬诚信待人，就不会招致别人的侮辱；能以宽厚包容之心对待别人，就能得到别人的爱戴和拥护；能以诚信之心对待别人，无所欺瞒，就能得到别人的信任和重用；做事勤快敏捷，就会成功；能把成功的果实和众人分享，大家就会听从他的差遣和役使。能做到这些，就是一个有仁德的人了。在孔子看来，诚信不欺与敬慎恭敬、宽容笃厚、勤快敏捷、感恩怀德一样，都是践行仁德的主要手段。一个不诚信守信的人，不可能得到别人的信任，也就算不上有仁德的人。

立身处世要以诚信为本，从政治国也是如此。子贡问如何治理国家。孔子回答说："足食，足兵，民信之矣。"子贡又问："必不得已而去，于斯三者何先？"曰："去兵。"子贡又问："必不得已而去，于斯二者何先？"曰："去食。自古皆有死，民无信不立。"(《论语·颜渊》)治理国家，首先要满足人民的衣、食、住、行等物质需要，其次要建立军队，巩固国防，保障国家的安全和人民的福祉，然后当政者要有诚信，不可朝令夕改或有令不行，要为民众树立笃守诚信的榜样。如果迫不得已要在三者中去掉一项，应该选择去掉军备；再不得已，要在剩下的二者中去掉一项，应该选择去掉粮食。诚信在任何情况下都是不能舍弃的。因为国家和政府如果丧失了诚信，也就失去了人民的信任，在这种情况下，有再多的粮食，有再精良的军队也是于事无补，都不可避免民众叛离、国家灭亡的命运。

孔子的弟子子夏说："君子信而后劳其民，未信则以为厉己也；信而后谏，未信则以为谤己也。"（《论语·子张》）为政者只有诚实守信，才能取得民众的信任，才能广泛动员民众，其政令就很容易推行；反之，如果为政者不诚实守信，就不能取得民众的信任，民众认为其推行的政治措施会伤害到自己的利益，从而拒绝合作，甚至引发政府与民众的冲突。同时，作为一个官员，只有诚实守信，才能取信于自己的上级，当他向长官提出意见和建议，就会被欣然接纳；如果一个不诚实的官员，虽然出于公心向上级提出意见和建议，也会被长官误认为是攻忤、诽谤。

孟子也认为诚信关系着国家的兴衰和政治的成败，他说："忠信以为城池也"，"君子行忠信，可以保一国"（《孟子·离娄下》）。认为对一个国家来说，当政者的诚信就像城墙和护城河一样重要；为政者如果能诚实守信，就能保证国家的和平安康。

正因为诚信如此重要，所以孔子每天都要反省自己"与朋友交而不信乎？"（《论语·学而》）孔子教育学生，"信"也是重要的科目之一。《论语·述而》载："子以四教：文、行、忠、信。"孔子时常告诫弟子和世人要"主忠信"（《论语·子罕》），"谨而信”（《论语·学而》）。

真实无妄　人己不欺

儒家讲“信”，不仅仅是指言出必复、有诺必践，而且要求对他人的约定和承诺以及对约定和承诺的兑现都必须是出自内心真实的意愿，做到表里如一，既不能欺骗别人，更不能欺骗自己。

赫图阿拉城的孔子庙

孔子常将“忠”、“信”连用，如“言忠信，行笃敬”（《论语·卫灵公》），“主忠信，毋友不如己者，过则勿惮改”（《论语·学而》），“十室之邑，必有忠信如丘者焉，不如丘之好学也”（《论语·公冶长》）。这说明，在孔子看来，“信”必须以“忠”为前提。忠，从中从心，意思是内心真实的意思。忠信，即对他人的承诺必须是出自内心的真实意思，且有真实的意愿去兑现承诺。

思孟学派常常把“诚”和“信”连用，称诚信。关于“诚”，孟子说：“诚者，天之道也；思诚者，人之道也。”（《孟子·离娄上》）《大学》说：“诚者，天之道也；诚之者，人之道也。”诚，即真实无妄的意思。天道，就是天地自然的运行。儒家认为，宇宙万物都是真实无妄的存在，日月星辰的运行，春夏秋冬的交替，自然万物的生长繁衍，都不是虚幻的，而是客观真实的存在。“天道”落实到人类社会就是“人道”，既然自然之道的本质是真实无妄，人性也就应该是真实无妄的。“思诚”就是将内在于人性的“诚”彰显出来。可见，诚信并不是外界强加于人的，而是对“天道”之“诚”的肯定，是人性自然本质的外显，没有一丝一毫的勉强和做作。孟子说：“万物皆备于我，反身而诚，乐莫大焉”（《孟子·尽心上》）。“诚”不仅是人性的自然本质，而且“思诚”是一项快乐的精神活动。

《孟子》和《大学》认为诚信是人性的自然本质，是天道之真实无妄在人性中的体现，从而为“诚信”构建了一个本体论和人性论的根据。诚信作为对人的自然本质的肯定，要求人的言行必须符合自己的本质，必须是内在本质的自然流露。只有这样，才能处理好与自己、他人及社会的关系。

可见，诚信，并不仅仅是指言出必复、有诺必践以取信于他人，更重要的是忠实于自己的真实无妄的本性，做到言行一致、表里如一。只有不欺己，才能不欺人。这也是《大学》以“毋自欺也”解释“诚”的原因之所在。不欺己、不欺人的诚信，是儒家提倡的立身处世的重要原则，也是建立良好人际关系的基本要求。《中庸》说："在下位不获乎上，民不可得而治矣。获乎上有道：不信乎朋友，不获乎上矣；信乎朋友有道：不顺乎亲，不信乎朋友矣；顺乎亲有道：反诸身不诚，不顺乎亲矣；诚身有道：不明乎善，不诚乎身矣。"人要获得上级的信任，首先要获得朋友的信任；而要获得朋友的信任，则必须孝顺父母；而要孝顺父母，就必须"诚身"，即对待父母的一切言行要出于自己的真实本性，要真诚坦荡；而要"诚身"，就必须明了什么是真正的善，即要有道德是非判断能力。

现实社会，有很多的人对别人承诺和约定并不是出于内心真实意愿，而是为了个人的私利或其他目的。这样的承诺和约定往往很难兑现，即使兑现了，也与儒家所提倡的诚信不符，因为它不符合天道和人性真实无妄的原则，是一种"自欺"，从长远来看，也不可能取信于人。

义理为宗　贞而不谅

信的最基本要求是言出必复、有诺必践。儒家认为，在通常情况下，人应当言行一致，说到做到，不可自食其言。但言出必复、有诺必践不是绝对的道德戒律，所说的话是否需要实践，所作的承诺是否需要兑现，都应该以道义为标准去衡量：符合道义的承诺，就应该努力去兑现；不符合道义的承诺，就不应该去兑现。

孔子说："信近于义，言可复也。"（《论语·学而》）诺言符合道义理性，才有兑现的可能性。反过来说，如果诺言不符合道义理性，兑现的可能性就很小。正因为如此，儒家告诫人要谨言慎诺。孔子说："君子耻其言而过其行"（《论语·宪问》），"古者言之不出，耻躬之不逮也"，"君子欲讷于言，而敏于行"（《论语·里仁》），"先行其言而后从之"（《论语·为政》），都是告诫人们要少说多做，不可轻言寡诺而不去兑现。即使一定要作出承诺，也要充分考虑作出的承诺是不是符合道义、能不能兑现。稍有不慎，作出了不符合道义的承诺，就会使自己陷入"不信"与"不义"的两难境地。

当然，真正做到"信近于义"也不是容易的事，人难免有时会作出不符合道义理性的承诺。对于这种不符合道义理性的承诺，儒家主张不要硬去兑现。明知是不符合道义原则，还要去兑现，这只能是一种"江湖义气"式的"信"，并不符合儒家所提倡的表里如一、真实无妄的诚信原则，它必然导致对道德责任的否定，破坏和谐的人际关系和正常的社会秩序。孔子说："言必信，行必果，硁硁然小人哉！"（《论语·子路》）批评这种不顾道义，片面强调言出必复、有诺必践，机械地恪守言行一致的行为是小人行径。孟子也说："大人者，言不必信，行不必果，惟义所在。"（《孟子·离娄下》）言不必信、行不必果，并不是要否定言行一致、诚实守信的价值，而是说对诺言的践行必须以道义为标准。

儒家重"信"，但反对固执言出必复、有诺必践的原则而不知变通，而是主张有经有权，既要坚持原则，同时也要有灵活性，把原则性与灵活性很好地结合起来，使两者达到辩证的统一。孔子说："君子贞而不谅。"（《论语·卫灵公》）谅，也有诚信的意思，但这种诚信是不知变通的言必信、行必果。孔子认为，作为一个君子，应该有坚定不移的操守，重信守诺，但却不能固守小信小节而不知变通。《论语·宪问》载："子贡曰：'管仲非仁者与？桓公杀公子纠，不能死，又相之。'子曰：'管仲相桓公，霸诸侯，一匡天下，民到于今受其赐。微管仲，吾其被发左衽矣。岂若匹夫匹妇之为谅也，自经于沟渎，而莫之知也。'"齐桓公名小白，和公子纠都是齐襄公之弟。齐襄公无道，小白逃亡到莒国避难，公子纠逃亡到鲁国避难。后来，公子无知杀齐襄公，自立为国君。不久，无知又被杀，鲁国欲送公子纠回齐国继位，但小白抢先回到齐国继承了君位，史称齐桓公。鲁国和齐国因此发生了战争，结果鲁国战败，被迫杀了公子纠。管仲与召忽都是公子纠的臣属，曾跟随公子纠一同到鲁国去避难。公子纠被杀，召忽亦自杀以报公子纠的知遇之恩。而管仲不但没有自杀殉身，后来反而辅佐齐桓公。孔子的弟子子贡因此对管仲颇有微词，认为管仲不信守与公子纠的约定，是一个不诚信的人。可是孔子却不这样看，他认为，管仲志向远大，以天下为己任，辅助齐桓公，称霸诸侯，统一天下，使各诸侯国归于正途，使人民过上了安定文明的生活。如果管仲为了践行与公子纠的约定，以身殉节，弃天下于不顾，那和百姓固守小信小节而不知变通又有什么区别呢？在孔子看来，管仲相桓公是"贞而不谅"，是大仁大义，而召忽殉身是"谅而不贞"，是以小废大。

总之，儒家主张人要诚实守信、言行一致，反对自食其言，也反对不分大是大非、不知变通的言出必复、有诺必践。

二十一、正己正人　以身作则

儒家认为，一切家庭、政治和社会问题的解决，关键在于个人的道德修养。个人只有通过修身，使自己成为一个品德高尚、行为端正的人，才有资格引导、感化其他人向善，从而实现家庭关系的和睦和社会政治关系的和谐。

政者正也　正己正人

儒家认为，政治成败的关键在于执政者的道德水准，执政者通过端正自己，为他人和社会树立榜样，就能引导民众自觉向善，从而实现和谐社会秩序的目的。

季康子曾问孔子怎样才能治理好国家，孔子回答说："政者，正也。子帅以正，孰敢不正？"（《论语·颜渊》）认为政治就是正己正人，执政者如果能端正自己，以身作则，起到表率的作用，

曲阜孔庙十三碑亭

不用三令五申，自然就能感召民众归于正道；反过来说，如果统治者言行不端，败德丧纪，即使发布再多的政令，使用多么严酷的刑罚，民众也不会服从。此即孔子所谓的“其身正，不令而行；其不正，虽令不从”（《论语·子路》）。

和孔子一样，孟子也把执政者的正己看作政治的关键。他说：“君仁莫不仁，君义莫不义，君正莫不正。一正君而国定矣。”（《孟子·离娄上》）君主能端正自己，依仁义而行，就会感召民众也依仁义而行，这样国家就安定了。所以为政应该从正己做起，正己才能正人。孟子说：“吾未闻枉己而正人者也。”（《孟子·万章上》）若不能端正自己，胡作非为，就没有了正人的资本，也就无法实现自己的政治意图。

荀子有一个形象的比喻：“君者仪也，民者景也，仪正而景正。君者盘也，民者水也，盘圆而水圆。君者盂也，盂方而水方。”

(《荀子·君道》) 执政者好像树立的木杆，民众则像其影子，杆子端正则其影子必然端正；执政者好像盘子，民众则像盘子中盛的水，盘子是圆形的，则盛在其中的水必然是圆形的；执政者好像盂，民众则好像盂中盛的水，盂是方形的，则盛在盂中的水也必然是方形的。荀子用这些比喻来说明执政者对民众的影响力，告诫执政者必先自正，然后才能正人。

儒家强调执政者正人必先正己，要用自身的道德感召民众自觉从善，此即所谓的为政以德、以德服人。儒家反对使用严酷刑罚强迫民众服从的暴力政治。

季康子问孔子：杀掉为非作歹的人，亲近好人，这样的为政方式如何呢？孔子回答说："子为政，焉用杀？子欲善而民善矣。君子之德，风，小人之德，草，草上之风必偃。"(《论语·颜渊》) 在孔子看来，统治者仅仅依靠严酷刑罚这种暴力手段，也能使民众因害怕受惩罚而不敢犯上作乱，从而达致社会秩序的暂时稳定，但是，这样做并没有使民众形成是非观念和廉耻之心，民众的服从并不是出于其内心自愿，而是迫于外部的强制。这是治标，这样建立起来的秩序也是不稳固的，并没有从根本上解决政治问题，所以是不可取的；而执政者首先端正自己，用自身高尚的道德去感召、教育民众，就好像风吹过草地使草倒伏一样，会影响百姓从善，并能在民众心中培养和树立正确的善恶是非观念，使他们耻于犯罪，自觉从善，这才是治本，只有这样才能真正形成稳固和谐的社会政治秩序。

孟子说："以力服人者，非心服也，力不赡也；以德服人者，中心悦而诚服也。"(《孟子·公孙丑上》) 统治者以暴力压服民众，民众因力量不足难以和其抗衡，只能服从，但这样做并没有消除统治者和被统治者之间的张力，民众从内心是不服气的。统治者若能以德来治国，就能得到民众的真心拥护。可见，孟子也是主张为政以德，反对暴力统治。当齐宣王问孟子“齐恒、晋文之事，可得闻乎？”孟子对曰：“仲尼之徒，无道桓文之事者，是以后世无传焉，臣未之闻也。无以，则王乎？”（《孟子·梁惠王上》）齐桓公和晋文公是“春秋五霸”之中的人物，他们依靠军事实力强迫各诸侯国服从自己，称霸中国。孟子不愿谈齐桓晋文之事，实质就是对暴力政治的不屑。

儒家把政治归结为执政者的正人正己，显然有把问题简单化的倾向。但其强调执政者的品德对政治的重要性这一点，确实具有永恒的价值。

齐家治国　修身为本

正因为把个人的品德看作政治成败的关键，所以儒家特别重视个人的道德修养，把修身作为齐家、治国、平天下的逻辑起点和根本。

儒家的代表人物都有关于修身为本的论述，如孔子强调君子要“修己以敬”，“修己以安人”，“修己以安百姓”（《论语·宪问》）。孟子说：“天下之本在国，国之本在家，家之本在身”（《孟子·离娄上》），“君子之守，修其身而天下平”（《孟子·尽心下》）。荀子说：“闻修身，未尝闻为国也”（《荀子·君道》）。都强调了个人修身对家庭、国家和社会的重要性。但对修身为本思想论述最为全面系统的要数儒家的经典《大学》。

《大学》说："物有本末，事有终始，知所先后，则近道矣。古之欲明明德于天下者，先治其国；欲治其国者，先齐其家；欲齐其家者，先修其身；欲修其身者，先正其心；欲正其心者，先诚其意；欲诚其意者，先致其知。致知在格物，物格而后知至，知至而后意诚，意诚而后心正，心正而后身修，身修而后家齐，家齐而后国治，国治而后天下平。从天子以至庶人，一是皆以修身为本。其本乱而末治者否矣。其所厚者薄，其所薄者厚，未之有也。此为知本，此为知之至也。"

事物都有先后、本末的顺序，人类社会也是一样。天下是由国家组合而成的，国家是由家庭组合而成的，而家庭是由个人组合而成的。要想使天下太平，首先必须使组成天下的一个个国家和谐，而要使国家和谐，首先必须使组成国家的一个个家庭和睦，而家庭关系的和睦，取决于组成家庭的个人的道德品质。个人就像组成生命个体的基本细胞一样，是家庭、国家、天下的根本，所以要想实现家庭的和睦、国家的和谐、天下的太平，就必须从根本做起，即从个人的修身做起。反过来说，个人通过格物、致知、诚意、正心，成就高尚的道德情操，就能以慈爱孝悌事其亲，整治家庭成员之间的关系，使家庭和睦。能整齐自己的家庭，就能治理国家。因为在宗法制社会中，国家就是家庭的扩大，君臣关系就是父子关系的延伸。在家能孝顺父母，在社会就能忠诚国君；在家能恭敬兄长，在社会就能尊重自己的上级；在家能慈爱晚辈，在社会就能使令民众。在上者能慈爱使令民众，在下者能尊敬忠诚在上者，国家自然就会和谐。此即所谓"君子不出其家而成教于国"（《大学》）。进而，一个人能够敬养老人，就会感召全天下的民众而有孝心；能尊敬忠诚于自己的上级，就能感召全天下的人而有友爱之心；能够怜悯抚恤孤儿和寡居的老人，就能感召全天下的人而不遗弃孤寡。这样天下就会太平。

儒家这种通过个人格物致知正心诚意的修身功夫，达到齐家治国平天下的政治目的的思想，也称“内圣外王”之道。所谓“内圣”，就是通过修身不断提升自身的道德水准和境界，为正己的功夫。所谓“外王”，就是将成就的高尚道德推而广之，及于家庭和社会，建立理想的社会和政治秩序，为正人的功夫。“外王”以“内圣”为前提和基础，没有修身正己的功夫，就不可能实现正人的政治和社会目标。所以《大学》强调要按先后顺序来，一切皆要以修身正己为本。如果还没有修身正己，就去齐家、治国、平天下，这是本末倒置，犹如缘木求鱼，不可能成功。

总之，儒家认为人的一切政治和社会目标的实现，都要以修身为起点和根本，由修养内在的道德，而至完成外在的事业，有其必然的先后次序，只有首先端正自己，才能端正他人，成就治国平天下的政治和社会目的。

严于律己 宽以待人

儒家认为，人立身处世要严于律己、宽以待人。当事业有所不顺时，不应该怨天尤人，一味地指责别人的不是，而要善于自我反省，及时发现自身存在的不足，并不断充实完善自己。

孔子说：“躬自厚而薄责于人，则远怨矣。”（《论语·卫灵公》)人往往容易发现和指责别人的过失，却看不到自身的不足，结果导致了别人对自己的怨恨。如果能够严于律己，宽以待人，遇事首先进行自我反省，看自己究竟有没有过失，而不是去苛责别人，自然就不会引起别人的怨恨，而能和谐相处了。

孟子也说："仁者爱人，有礼者敬人。爱人者人恒爱之，敬人者人恒敬之。有人于此，其待我以横逆，则君子必自反也：我必不仁也，必无礼也，此物奚宜至哉？其自反而仁矣，自反而有礼矣。其横逆由是也，君子必自反也：我必不忠，自反而忠矣，其横逆由是也。"(《孟子·离娄下》)能以仁爱之心对待别人，就会得到别人的爱戴；能以恭敬之心对待别人，就会得到别人的尊敬。如果有人行为蛮横，处处与自己作对，这时不应该只去指责别人的蛮横无理，而是要反思自己：这一定是自己没有以仁爱之心对待别人，一定是自己的言行不合礼仪规范，对别人不恭敬，一定是自己没有真诚对待别人。通过这样的反省，发现自身的不足，并努力加以改进，就会以仁爱之心、恭敬之心、真诚之心对待别人，反过来也就会得到别人的爱戴和尊敬。态度蛮横之人也一样应该反省自己的不足和缺失，并加以改进，以赢得别人的爱戴和尊敬。在孟子看来，这种严于律己、宽以待人的态度，是和谐人际关系、保证事业成功的关键，所以他总结说："爱人不亲，反其仁；治人不治，反其智；礼人不达，反其敬。行有不得者皆反求诸己，其身正而天下归之。"(《孟子·离娄上》)我以仁爱之心对待别人，别人却不亲近我；我作为执政者发布命令，民众却不服从；我以礼待人，别人却对我不敬，当出现这些情况时，不应该只指责别人的不亲、不治、不敬，而是要反思自身，充实自身的道德，真正地以仁爱之心对待别人；增加自己的智慧，采取适当的施政措施；端正自己的言行，使之合乎礼仪规范。只要能够做到这些，天下的民众自然就会团结在自己的周围。

儒家把能否做到严于律己、宽以待人作为区分君子和小人的重要标准之一。孔子说："君子求诸己，小人求诸人。"（《论语·卫灵公》）有道德修养的君子，遇事不顺时，能够从自身寻找原因，发现自身的缺点和毛病，总结经验教训，改正缺点，弥补不足，其成功的可能性就大大增加了；而缺乏道德修养的小人，遇事不顺时，不愿反省检讨自己的缺点和过失，总是把罪责推给别人，这样做不但得罪了别人，使怨尤丛生，而且不利于自己的成长进步，终究避免不了失败的命运。

儒家讲求内圣外王之道，认为修身正己是为了谋得一定的职位，为社会作贡献。然而并不是所有道德高尚的人都能得到重用，所以在现实中总有一些人满腹牢骚，埋怨别人不知道自己、不赏识自己。孔子一再告诫世人："不患人之不己知，患不知人也。"（《论语·学而》）"不患无位，患所以立。不患莫己知，求为可知也。"（《论语·里仁》）"君子病无能焉，不病人之不己知也。"（《论语·卫灵公》）也就是说，是金子总会发光的，只要自己有才能，迟早会得到别人的赏识和重用。反过来说，如果有名无实，无德无才，即使得到别人的赏识和重用，谋得高职高位，也难以胜任，犹如滥竽充数的南郭先生，迟早会身败名裂。所以人应该担忧的是能不能自我充实，具备被别人认可的资本，而不是一味地指责没有人发现重用自己。

反求诸己，严于律己、宽以待人，说起来容易，要真正做到却难。发现和指责别人的过错与不足容易，认识自己的过错与不足难，认识到自身的过错和缺失并能加以改正就更不易。孔子就曾有“吾未见能见其过而内自讼者也”（《论语·公冶长》）之叹。正因为难，才有必要格外重视。

二十二、父慈子孝　兄友弟恭

儒家特别重视家庭成员关系的和谐，把家庭成员关系的和睦看作是社会和谐的基础和重要组成部分。父慈子孝、兄友弟恭是儒家处理家庭关系的基本原则。

孝悌为本　成教于国

家庭关系包括长辈与晚辈之间的父子关系以及同辈之间的兄弟长幼关系。儒家认为，在长辈和晚辈之间，做父母的长辈要慈爱晚辈儿女，而作为晚辈的子女要孝顺长辈父母，此即父慈子孝；在同辈的兄弟之间，年纪长的哥哥要友爱年纪小的弟弟，弟弟要尊敬服从兄长，此即兄友弟恭。如果一个家庭能够做到父慈子孝、兄友弟恭，这个家庭就是一个和睦温馨的家庭。而家庭关系和睦，就会促进国家和社会关系的和谐。这是因为，首先，家庭是组成国家和社会的基本单位，家庭和睦本身就为国家和社会和谐打下了坚实的基础。其次，在中国古代的宗法制社会中，家国是同构的，即家庭与国家在组织结构方面有着共同性，家庭就是一个小的国家，国家则是家庭的扩大，社会上的君臣上下关系可以看作家庭中父子兄弟关系的延伸。一个人在家庭中能够很好地处理父子兄弟关系，到了社会上，就能处理好君臣上下关系，为社会和谐作出贡献。所以儒家主张“欲治其国者，先齐其家”，把处理家庭关系看作治国平天下的基础和出发点。

有人问孔子：“子奚不为政？”子曰：“《书》云：‘孝乎惟孝，友于兄弟，施于有政。’是亦为政，奚其为为政？”（《论语·为政》）在孔子看来，在家孝顺父母，友爱兄弟，并把这种风气影响到政治上去，使上下和睦相处，都能归于正道。以《书经》看法来说，人处在家庭之间，能正确处理家庭成员之间的关系，使家庭和睦，这就已经是从事政治了。何必非要求个一官半职，才叫作为政呢？所谓政的意思，就是使不正的人归于正道。实施于整个国家，就是使一国的人服从教化，固然称为为政；实施于

《孝经·天子章》图

一个家庭，使一家的人遵纪守法，也同样是为政。

《大学》解释“欲治其国者，先齐其家”说：“其家不可教而能教人者，无之。故君子不出家而成教于国。孝者所以事君也，弟者所以事长也，慈者所以使众也。”《孝经》也说：“君子之事亲孝，故忠可移于君；事兄悌，故顺可移于长。居家理，故治可移于官。”在家能孝顺父母，在社会上就能尊敬君长；在家能恭敬兄长，在社会上就能侍奉上级；在家能慈爱子女，在社会上就能统治民众。所以说有修养的人在家里就受到了治理国家方面的教育。如果连自己的家庭关系都处理不好，就想去管理国家和社会，是不可能成功的。

孔子的弟子有若说：“其为人也孝悌，而好犯上者，鲜矣；不好犯上，而好作乱者，未之有也。君子务本，本立而道生。孝悌也者，其为仁之本与！”（《论语·学而》）在家能孝敬父母、尊敬兄长而在社会冒犯上级的人很少，能尊敬上级而违法乱纪的人根本就没有。所以说，孝悌是做人和立足社会的根本，培养人的孝悌之德，社会自然就会归于正道。

正因为孝悌是修身、齐家、治国、平天下的根本，所以儒家提出了“以孝治天下”的理念。孟子说：“尧舜之道，孝悌而已矣”（《孟子·告子下》），《孝经》说：“教民亲爱，莫善于孝；教民礼顺，莫善于悌”，认为孝悌之道是教化民众使其忠顺的最好方法。

敬养父母　慎终追远

虽然儒家对家庭成员有父慈子孝、兄友弟恭的道德要求，但相比较而言，更重视晚辈对长辈的孝敬，并对孝的内涵作了种种规定。

第一，要爱护自己的身体和生命。《孝经》说："身体发肤，受之父母，不敢毁伤，孝之始也。"《礼记·祭义》载曾子说："身也者，父母之遗体也。行父母之遗体，敢不敬乎……父母全而生之，子全而归之，可谓孝矣。"人的身体和生命是父母给的，可以说是父母生命的延续。作为子女，就要珍惜和爱护父母给予自己的身体和生命，不做无意义的毁伤和牺牲，这是孝道的开端。如果为了逞一时意气，或与人斗狠，或自残自杀，损伤自己的身体或牺牲自己的生命，这是对父母的不孝。除了要保护好自己的身体和生命，子女还有传宗接代的责任与义务，保证父母的生命永远延续下去。如果不愿生养儿女，就会使家族的生命断绝，这在儒家看来是大不孝。所以儒家有"不孝有三，无后为大"(《孟子·离娄上》)的说法。当然，儒家不是把所有牺牲生命的行为都视为不孝。儒家提倡和高度赞扬"舍生取义"，认为为了大义而牺牲自我的行为，虽然损害了父母给予的身体和生命，但却延续了父母的道德生命于无穷，是最高的孝道。所以《孝经》说："立身行道，扬名于后世，以显父母，孝之终也。"

第二，要敬养父母。孔子说："今之孝者，是谓能养。至于犬马，皆能有养；不敬，何以别乎？"(《论语·为政》)一般人侍奉父母，总以为满足其物质需求就算是尽孝了。其实这只能算养，还算不上孝。对于家里养的马和狗，人们不是也能喂养吗？如果不能以恭敬之心侍奉父母，只保证其衣食无缺，这和喂养家畜有什么区别呢？只有以恭敬之心赡养父母，才算恪尽孝道。《礼记·祭义》载曾子说："孝有三：大孝尊亲，其次弗辱，其下能养。”供养父母，保证衣食无缺，这是孝道的最低要求；不要侮辱父母，这是对子女更进一步的要求；如果能恭敬父母，就是大孝了。

第三，对父母要和颜悦色。子夏问如何做才算是孝，孔子回答：“色难。有事弟子服其劳，有酒食先生馔，曾是以为孝乎？”（《论语·为政》）人们一般认为，有事时年轻人效劳服务，有了好吃的让年长的先享用，这就是孝。但孔子认为这还算不上孝，孝是一种心理情感的外显，源自于子女对父母的爱。有了对父母的爱，侍奉父母时就能和颜悦色。但一般人很难认识和做到这一点。曾子也说：“孝子之有深爱者，必有和气；有和气者，必有愉色；有愉色者，必有婉容”（《礼记·祭义》），这是对孔子“色难”更为具体的说明：为人子者有了对父母的深爱，心中自有祥和之气；心中有了祥和之气，脸上自然就有愉悦之色；脸上有了愉悦之色，行为自然就会和婉。侍奉父母能做到和婉愉悦，这才是真正的孝。

第四，侍奉双亲，不能违背礼。《论语·为政》载：“孟懿子问孝。子曰：‘无违。’樊迟御，子告之曰：‘孟孙问孝于我，我对曰无违。’樊迟曰：‘何谓也？’子曰：‘生，事之以礼；死，葬之以礼，祭之以礼。’”无违，就是不要违反礼法。古代礼制有一定的等差，不同身份的人有相应的行为规范，不可僭越。子女对待父母也要合于礼法。具体来说，父母在世时，子女要按照礼制来侍奉。父母去世后，要按照礼制来安葬，按照礼制来祭祀。如果侍奉父母不按礼制，有僭越行为，就会陷父母于不义。《孝经》就针对天子、诸侯、卿大夫、士、庶人的孝行作出不同的规定，体现了儒家以礼事亲的精神。

第五，父母过世，要哀丧敬祭。《礼记·祭统》说："是故孝子之事亲也，有三道焉：生则养，没则丧，丧毕则祭。养则观其顺也，丧则观其哀也，祭则观其敬而时也。尽此三道者，孝子之行也。"父母在，能敬养；父母过世，心情哀戚，依礼安葬；既葬之后，要行三年居丧之礼。在这期间，要停止一切社会活动，不能穿华丽的衣服，听见美妙的音乐也不感到快乐，吃再好的东西也觉得没有味道。三年之丧期满之后，要按时祭祀。如果能做到这三点，就算是孝子了。

当然，儒家认为父母去世后子女的哀戚必须是内心真实情感的流露，而不是做给别人看的。孔子的弟子宰我认为三年之丧时间太长，能不能缩短为一年。孔子就问他："父母去世不到三年，你就吃好的，穿好的，内心难道就不会感到不安吗？"宰我回答说："安。"孔子说："汝安则为之！君子居丧三年，食旨不甘，闻乐不乐，居处不安，故不为也。今汝安，则为之。"(《论语·阳货》)可见在孔子看来，如果不是出于内心的真实情感，居丧三年就毫无意义了。

第六，妥善地继承父辈的志向和事业。《中庸》说："夫孝者，善继人之志，善述人之事者也。"虽然父亲的生命已经结束了，但因为有儿子的继承，其志向和事业就会延续不断，所以说继承父亲的志向和事业也是孝道的重要内容之一。孔子也说："父在，观其志；父没，观其行；三年无改于父之道，可谓孝矣。"(《论语·学而》)当父亲活着时，观察他的志向；当父亲过世后，观察他的行为，看其如何对待父亲的事业和志向。如果父亲的事业和志向是合乎正义的，就应该继承，坚持终生而不改变；如果父亲的事业和志向是非正义的，出于不忍之心，也不应该在居丧期间改变，这样可以说是对父亲尽了孝道。

子为父隐　微谏不倦

儒家主张子女对待父母要恭敬顺从，但当父母的行为有过失时，或者说父母有不合道义的行为时，做子女的就不能再一味地顺从父母，而要尽量设法劝谏，避免父母陷入不义的境地。

当父母行为有过失时，做子女的不能到处宣扬父母的过失。《论语·子路》载："叶公与孔子曰：'吾党有直躬者，其父攘羊，而子证之。'子曰：'吾党之直者异于是，子为父隐，父为子隐，直在其中矣。'"叶公向孔子炫耀说，他的乡党中有一个正直的人，他的父亲偷了别人的羊，他去告发了。但孔子却不同意叶公的观点，认儿子告发父亲，完全不顾及父子之间的感情，不能算作正直。正直的人应该为亲人"隐"。这里所谓的"隐"，并不是要儿子对父亲的过失视而不见，无原则地包庇、袒护，而是在不宣扬和揭发父亲的过失的基础上，尽量设法劝谏使其改正错误。

劝谏别人改正错误本来就不是容易的事，劝诫父母就更难了。如果方法不得当，不但达不到目的，反而会伤害父子之间的感情。所以孟子说："父子责善，贼恩之大者。"（《孟子·离娄下》）儒家主张"事亲有隐无犯"（《礼记·檀弓》），所谓"无犯"，就是劝谏时不能触怒父母，使父子关系失和。对如何劝谏父母，儒家也有详细的说明。《礼记·内则》说："父母有过，下气怡声，柔身以谏。"孔子说："事父母几谏，见志不从，又敬不违，劳而不怨。”（《论语·里仁》）劝谏父母时，态度要恭敬和顺，言辞要委婉含蓄，讲究方式方法，让父母幡然醒悟，改过自新。假若父母不听劝谏，也要不失恭敬之心，不能背逆父母，虽然忧伤，但不怨恨，不放弃，等待机会，再行劝谏。

“事亲有隐无犯”只能限于小事，如果父母有杀人越货这样的大过错，就不能“隐而无犯”，而是要犯颜直谏。《孝经》载："敢问子从父之令，可谓孝乎？子曰：昔者天子有争臣七人，虽无道，不失其天下；诸侯有争臣五人，虽无道，不失其国；大夫有争臣三人，虽无道，不失其家；士有争友，则身虽不离于令名；父有争子，则身不陷于不义。故当不义，则子不可以不争于父，臣不可以不争于君。故当不义，则争之。从父之令，又焉得为孝乎。”父母有大恶，儿子就不要怕得罪父母伤害感情，当据理直谏。如果只知一味顺从，对父母的重大过失视而不见，就会使父母陷于不义，不符合孝道。

尊敬兄长　友爱幼弟

除了孝，儒家还重视悌。悌和孝一样，都是和谐家庭关系的伦理道德规范。所不同的是，孝关注的是长辈和晚辈之间的和谐，而悌关注的是同辈兄弟之间的和谐。“悌”是一个会意字，从心从弟，表示兄弟之间要相互关心，真诚相待。另外，弟还有次第的意思，那么，悌也就包含着兄弟之间要长幼有序。儒家把悌的具体内容概括为“兄友弟恭”。

所谓兄友，即哥哥要友爱弟弟，关心照顾弟弟。“赵孝争死”

就是典型的例子。赵孝为两汉之际人，他有个弟弟叫赵礼。当时天下大乱，盗贼横行，民不聊生，甚至发生人吃人的惨剧。有一天，赵礼被盗贼抓去，赵孝怕弟弟被盗贼吃掉，于是把自己绑起来，找到盗贼说，我的弟弟已经饿了很久，很是瘦弱，不如我肥胖，你们还是把他放了，吃我吧！赵孝对弟弟的关爱之情，愿意代弟去死的壮举，打动了盗贼，结果把兄弟俩都放了。“赵孝争死”的故事代代流传，成为兄友的典范。

所谓弟恭，即弟弟要尊敬哥哥，顺从哥哥。众所周知的“孔融让梨”就是典型的例子。孔融，东汉曲阜人。4岁时，他的祖父60寿诞，有客人送来一盘酥梨，母亲让孔融把梨分给兄弟们。孔融按长幼次序，把个头比较大的梨分给了几个哥哥，却把最小的留给了自己。父亲觉得奇怪，就问孔融：其他人都拿了大的，为什么你却拿最小的呢？孔融回答说：树有高低，人有老幼，尊老敬长，这是做人的基本原则。我在兄弟中最小，就应该拿最小的。父亲听后十分惊喜。孔融让梨的故事，很快传遍了曲阜，并且一直流传下来，成了许多父母教育子女的好例子。

兄弟之间有直接的血缘关系，如同树木一样，同根连枝，情同手足，本应相互友爱，但现实中却屡见手足相残的事例。曹植与曹丕为同母弟兄。曹植年少时即以才华特异为父曹操所赏爱，其兄曹丕嫉妒曹植的才华。及曹丕继承曹操之位建立魏朝，就处处刁难曹植，让曹植七步之内作一首诗，否则杀无赦。曹植有感于骨肉相残，脱口而出：“煮豆燃豆萁，豆在釜中泣。本是同根生，相煎何太急？”表现了曹植对兄弟相逼、骨肉相残的不满与厌恶。这首七步诗流传极广，成为人们劝诫避免兄弟阋墙、自相残杀的普遍用语。

儒家认为，只要把亲情放在第一位，真正做到兄友弟恭，就不会发生同室操戈的悲剧。兄弟之间即使有小的摩擦，只要学会要忍让，懂得宽容，小的矛盾自然就会消泯。

兄弟相残，不但会伤害手足之情，而且有违孝道。因为兄弟相残，最伤心的就是父母了。从这个意义上来说，悌与孝是统一的。

二十三、益者三友　损者三友

《中庸》曰："天下之达道五……君臣也，父子也，夫妇也，昆弟也，朋友之交也。"认为君臣、父子、夫妇、兄弟、朋友是最重要的五种人伦关系，是每个人日常生活中必须面对的，古往今来，概莫能外。故儒家特别重视交友，并就交友的目的、原则以及朋友之间如何相处提出了许多精妙的见解。

以文会友　以友辅仁

孔子的弟子曾子曰："君子以文会友，以友辅仁。"（《论语·颜渊》）道出了儒家所倡导的交友目的之所在。

儒家认为人生的终极目标在于通过修身养性以成就完美的仁德，进而达致整个社会的和谐有序，而交友是辅助实现这一人生和社会目的的重要手段之一。因为朋友之间聚会，通过研读诗书“六艺”、研讨礼乐法度等，共同学习切磋其中包含的仁德之境界、成就仁德之方法、达到仁德之途径等，并将所学付诸实践，互勉互助，就能不断提高各自的学识水平和道德水准。在古代传播手段落后的情况下，朋友之间的交往确实是增长知识、提高道德修养的重要途径之一。孔子曾说：“有朋自远方来，不亦乐乎！”（《论语·学而》）把与朋友的切磋砥砺看作人生一大乐事。后代的仁人志士，也时常呼朋唤友欢聚一堂，相互发明，以求道德学业日进。即使在今日传播手段极其发达的时代，以文会友也是学者之间相互切磋以提高自身的学术素养和道德境界的重要途径。

正因为儒家赋予交友以极为重要的意义，把交友看作成就完美人生目标的重要手段之一，所以提出了“无友不如己者”（《论语·学而》）的主张，即不与不如自己的人交朋友。因为与不如自己的人交朋友，不但对道德修养无益，甚至还会使自身的道德水准有所下降。

当然，“无友不如己者”也不能做死板的理解。如果人人都坚持“无友不如己者”的交友原则，只想与胜于自己的人交朋友，那么胜于你的人也不会与你交朋友，这样一来，不是每个人就都不可能有朋友了吗？闻道有先后，术业有专攻，每个人身上都有别人可以学习的长处和美德，“无友不如己者”的关键是说要善于发现和学习朋友的长处，而不要受其不良习惯的熏染。正如孔子所言：“见贤思齐焉，见不贤而内自省也。”（《论语·里仁》）“三人行，必有我师焉。择其善者而从之，其不善者而改之。”（《论语·述而》）朋友之间相互学习对方的长处，并能规劝对方以改掉不良的习惯，才能真正达到“以友辅仁”的目的。

现实生活中，既有如儒家所言的“以文会友，以友辅仁”为基础结成的朋友关系，也不乏以相互利用为基础结成的朋友关系。以“以文会友，以友辅仁”为基础结成的朋友关系，无论是对个人道德水准的提高，还是对社会风尚的改良，都有着积极的作用；而以相互利用为基础结成的朋友关系，不但会损害社会整体利益，而且这种朋友关系也是不稳固的，一旦相互之间有了利益上的冲突，朋友关系也会随之瓦解。

慎择良友　远离损友

一个人的人品和道德和其平时交往之人有着直接的关系，而最亲密和交往最多者除了家庭成员就是朋友。家庭成员是先天给定的，没有选择的余地，但朋友是可以自己选择的，故儒家告诫人们交友要特别地慎重。结交好的朋友，就会有益于自身的道德提升；结交不好的朋友，就会使自己向下沉沦。

孔子说：“不知其子视其父，不知其人视其友，不知其君视其所使，不知其地视其草木。故曰与善人居，如入芝兰之室，久而不闻其香，即与之化矣。与不善人居，如入鲍鱼之肆，久而不闻其臭，亦与之化矣。丹之所藏者赤，漆之所藏者黑，是以君子必慎其所与处者焉。”（《孔子家语·六本》）结交品德高尚的朋友，接受其熏习陶冶，就好像进入种植芝兰的屋子，时间长了，不觉潜移默化，自己也成了道德高尚的君子。结交品质低劣的朋友，受其恶习濡染，就好像进入出售鲍鱼的市场，时间一长，不觉积是成非，自己也成了道德败坏的小人。近朱者赤，近墨

杭州万松书院牌坊

者黑，所以君子交友不得不慎。

荀子也说："夫人虽有性质美而心辩知，必将求贤师而事之，择良友而友之。得贤师而事之，则所闻者尧舜禹汤之道也；得良友而友之，则所见者忠信敬让之行也。身日进于仁义而不自知也者，靡使然也。"（《荀子·性恶》）与良师益友相处，所听到的都是尧舜禹汤等圣贤之道，所看见的都是忠信敬让等仁义之行，耳闻目染，日积月累，不知不觉中就能提高自身的道德水准，成为君子贤士。故荀子总结说："取友善人，不可不慎，是德之基也。《诗》曰：'无将大车，维尘冥冥。'言无与小人处也。"（《荀子·大略》）

对于怎样的人才能称得上益友、良友，怎样的人算是损友、劣友，孔子有着具体的论述。

《论语·季氏》载："益者三友，损者三友。友直，友谅，友多闻，益矣。友便辟，友善柔，友便佞，损矣。"

结交正直之人为友，如果有过失，朋友就会直言相告，帮助自己改正，避免误入歧途；结交诚信之人为友，相互之间肝胆相照，言而有信，可以托付重任；结交见多识广之人为友，可以增长见识，开拓心智，帮助提升自身的学识和道德水准。结交以上三种人，无疑对自己的修身进德是有助益的。

便辟，指善于与人逢迎周旋，无论走到哪里都摆出一幅恭顺谦卑的姿态，尽说别人爱听的话以取悦于人之人；善柔，指待人接物之际总是和颜悦色，但内心却隐藏奸巧之人；便佞，指巧言善辩，但言行不一之人。以上三种人即"巧言、令色、足恭"之人，孔子批评说："巧言、令色，鲜矣仁"（《论语·学而》），"巧言、令色、足恭，左丘明耻之，丘亦耻之"（《论语·公冶长》）。这些人道德浇薄，善于矫情饰行以取悦于人，为君子所不耻。与这样的人结交为朋友，当然对自己的修身进德是有损害的。

孔子只是举其大概，说明交友事关重大，不可不慎，至于益友、损友，当然远不止以上所列几种，那些能对自己的德业有所帮助的人，都是可以结交的益友；而那些对自己的德业有所伤害的人，都是不可结交的损友。

诚信相待　忠告善道

选择朋友很重要，如何与朋友相处也很重要。朋友之间的义务和责任是对等的，择友是以自身为出发点，选择对自己德业修为有益的人交往；如何与朋友相处则是以对方为出发点，说明自己如何做才能有益于对方的修身进德。

朋友之间相处，首先要言而有信。孔子的弟子曾子说：“吾日三省吾身：为人谋而不忠乎？与朋友交而不信乎？传不习乎？”子夏说：“贤贤易色，事父母能竭其力，事君能致其身，与朋友交言而有信。虽曰未学，吾必谓之学矣。”（《论语·学而》）可见儒家非常看重朋友交往中的信，每天都要反省，看自己是否对朋友做到了言而有信，并把其作为判断学业和道德的标准。

其次，朋友之间要以诚相待。孔子说：“匿怨而友其人，左丘明耻之，丘亦耻之。”（《论语·公冶长》）明明对朋友的做法不满，心怀怨恨，但表面上却表现出友善的样子，儒家认为这样做是不诚实的，是可耻的行为，有悖朋友相处的正道，为君子所不齿。

最后，要做诤友。《孝经·谏争》说：“士有争友，则身不离于令名。”《荀子·子道》说：“士有争友，不为不义。”《孔子家语·三恕》说：“士有争友，不行不义。”争友，即诤友，指能直言规劝的朋友。人非圣贤，孰能无过。朋友有了过失，切不可因为顾及友情而徇私袒护，亦不可充当好好先生而袖手旁观，而应该直言相告，努力加以规劝，使其改过从善。

当然，规劝有过失的朋友要讲究方式方法。孔子的弟子子贡问朋友相处之道，孔子回答说：“忠告而善道之，不可则止，无自辱焉。”（《论语·颜渊》）“忠告”，即对朋友的过失不要隐匿，要直言相告，并加以规劝。所谓“善道”，即要选择合适的劝谏方式方法。忠言逆耳，指出朋友的过失并能使其接受并不是一件容易的事，劝谏的语气、沟通的态度，都要因人而异，对症下药，才有可能起到良好的效果。但是，“忠告善道”未必就一定能为朋友所接纳，这时就要懂得放弃，不要自取其辱。

孔子的弟子子游说："朋友数，斯疏矣。"（《论语·里仁》）也是说朋友的忠告善道要适可而止，不宜烦琐，否则就会伤及友情，使朋友关系疏远。

朋友关系和君臣、父子、兄弟关系不同，它不是先天给定的，而是后天选择的。所以朋友之间相处，应该保持各自的独立性，平等对待，不宜强加于人。即使忠告善道，也要适可而止，能接受更好；不能接受，还要强求，就会自讨没趣。朋友之间"忠告而善道之，不可则止"的原则，正好体现了儒家以中庸为尚的致思和行为取向。

在现实社会中，为了个人私利而欺骗、出卖朋友者比比皆是，朋友之间因意见不合而反目成仇者也屡见不鲜，儒家提倡的朋友之间诚信相待、忠告善道之道，可谓用意深长！

二十四、君子风范　文质兼具

君子是儒家心目中理想人格的代表，是道德修养的典范和楷模，是一切人学习的榜样。儒家关于君子的论述相当丰富，从学识修养、态度行为、仪态形象等方面探讨了一个人具备什么样的道德素质、有什么样的行为表现，才能成为理想的人格典范。

怀德喻义　坦坦荡荡

儒家认为，高尚的道德品质是君子人格的基本内涵。一个人只有通过内在的道德修养，不断提高道德水准，才能成为道德高尚、心胸坦荡的君子。

道德修养必须先从立志开始。一个人的志向直接影响其人格品质，君子与小人的差别，首先就表现在人生的志向和目标上。孔子说："君子怀德，小人怀土。"（《论语·里仁》）君子之所以为君子，就是因为他能以道德的修养和人格的完善为志向和追求；小人之所以为小人，就是因为他所追求的是田地金钱等物质享受。孔子说："苟志于仁，无恶矣"（《论语·里仁》），一个人如果有了崇高的志向，以成就仁德为自己的人生目标，那他就不会去做坏事。反之，一个人如果以追求金钱名利为志向和目标，就可能会胡作非为，无恶不作。所以，确立崇高的志向是成就君子人格的前提。

人除了有道德追求，还有许多自然欲望，两者之间经常发生冲突。如果能克制自然情欲，坚守道德志向和追求，就会不断向上提升，成为高尚的君子。反之，如果听命于自然情欲的冲动，就会不断往下沉沦，成为品格低劣的小人。所以孔子告诫人们要"死守善道"，称赞"不可夺志"者为真正的君子（《论语·子罕》）。他甚至认为可以为了道德追求而放弃生命，说："志士仁人，无求生以害仁，有杀身以成仁。"（《论语·卫灵公》）孟子把不受物质利益诱惑，不向权贵低头，不屈服于武力胁迫，坚守道德追求的人视作理想人格的典范，说："富贵不能淫，贫贱不能移，威武不能屈，此之谓大丈夫。"（《孟子·滕文公下》）

除了道德品质之外，儒家对君子在立身处世方面也有要求。孔子说："君子义以为质，礼以行之，孙以出之，信以成之。"（《论语·卫灵公》）这是儒家对君子在立身处世方面要求的总概括。具体来说，作为一个君子，首先要以义为取舍标准，既不能固执成见排斥异己，也不能出于私心为己牟利，对于一切事情都能从正义公理出发进行抉择，合乎公平正义的就要积极去实行，不合乎公理正义的要坚决抵制。小人则不同，遇事总是以自己的好恶和私利为取舍标准，弃公理正义于不顾。其次，要依礼而行，言行动听均要符合人们普遍认同和接受的社会规范，这样才够得上一个文明儒雅的君子。再次，作为君子，态度要谦逊。孔子说："君子无所争"（《论语·八佾》），"君子矜而不争"（《论语·卫灵公》），君子要懂得谦让，不能与人争强斗狠。最后，君子要诚信。孔子说君子要"先行其言而后从之"（《论语·为政》），又说"君子欲讷于言而敏于行"（《论语·里仁》），"君子耻其言之过其行"（《论语·宪问》），认为君子应该谨言慎行，少说多做，一旦作出了承诺，就一定要兑现。正人君子以光说不练、言行不一为耻辱。

君子的人格境界也表现在心态上。孔子曾说"君子不忧不惧"（《论语·颜渊》），"君子坦荡荡，小人常戚戚"（《论语·述而》）。君子这种祥和坦荡的心境不是勉强装出来的，而是高尚人格的自然呈现。由于品德高尚，态度谦逊，又能诚实守信，任何事都能做到俯仰无愧于天地、内省无愧于人我，所以内心没有忧愁和畏惧，坦荡而祥和。小人则终日忧戚不安，这种忧戚既来自于追逐利益过程中的患得患失，也来自于因为非作歹、伤天害理而产生的恐惧。可见，只要提高人格境界，就能获得内心的安宁；反之，只能在忧愁恐惧中度日。

素位而行　矢志不渝

儒家讲修身，最终的目标都是为了实现治国平天下的理想。然而，理想与现实之间往往存在着落差。由于诸多原因，人的一生难免会遇到种种不顺和挫折。作为一个君子，无论处于什么境况下，无论面对什么样的外部条件，都应该保持乐观主义态度，矢志不渝，既不怨天尤人，也不放弃理想和原则，要正视现实，主动适应客观环境，通过主观努力去争取最好的结果。

儒家比较了君子和小人在顺境和逆境中的不同表现。

孔子说："君子泰而不骄，小人骄而不泰。"（《论语·子路》）这是君子和小人在通达之时的不同表现。君子进德修业有所成就时，能够泰然处之，决不会盛气凌人，而且还能成人之美：当看到别人有善言善行，就会给予奖携和鼓励，帮助他人进步；当看到有人误入歧途，必会热诚地进行教化劝阻，引导其归入正途。而小人则不同，一旦当自己的地位比别人高，权力比别人大，能力比别人强的时候，就会目空一切，藐视他人，不但不能成人之美，而且还会成人之恶：当看到别人有善言善行时，就觉得对自己构成了威胁，使用各种不正当手段阻碍其进步，防止别人超过自己；当看到别人有不当行为时，不但不会进行劝阻，而且还会推波助澜，加速其堕落。

在逆境中，君子和小人的差别就更加明显了。孔子说："君子求诸己，小人求诸人。"（《论语·卫灵公》）遇事不顺，君子总是能从自身找原因，进行自我反省，看是否是自己的能力不够所致，或者是行为上有什么过错。如果是能力不够，就会继续努力去提高和充实自己；如果是行为上有过错，能勇敢承认错误并及时改正，而且善于总结教训，保证下次不再犯同样的错误。小人则不同，遇事不顺，习惯于怨天尤人，把失败的责任归咎于他人和客观环境，就是不愿反省检讨自己。即使内心清楚是自己的过错，也不愿意承认，而是找各种各样的理由进行搪塞。

在困境之中，小人不能长期坚守，为了摆脱困境而弃公理正义于不顾，放肆而为，无恶不作。君子不管处在多么险恶或困难的环境中，都能乐天知命，固守自己的志向和操守，决不会为了摆脱困境而胡作非为。孔子曾自述说："饭疏食饮水，曲肱而枕之，乐亦在其中矣。"（《论语·述而》）表扬弟子颜回说："贤哉，回也！一箪食，一瓢饮，在陋巷。人不堪其忧，回也不改其乐。贤哉，回也！"（《论语·雍也》）吃粗粮，喝生水，住简陋的房子，弯着胳膊当枕头，一般人忍受不了这种清苦的生活，而孔子和颜回丝毫不受影响，在艰苦的环境下仍然自得其乐。这就是所谓的"孔颜之乐"，也是君子所应有的人生态度。

需要特别指出的是，儒家所谓的乐天知命，并不是逆来顺受的奴才哲学，而是包含着一种清醒的现实主义精神和自强不息的乐观主义态度。首先，必须对现实和理想之间的矛盾有一个清醒地认识，当理想由于种种客观原因一时不能实现时，就不能"知其不可为而为之"（《论语·宪问》），而是要学会适应客观环境。其次，要保持乐观主义的态度，当理想因为客观原因一时不能实现时，要抱定理想信念不动摇，不能因为一时的挫折而放弃。最后，要有自强不息的精神，发挥主观努力，努力去改变客观环境，为理想的实现主动创造有利的客观环境。

《中庸》说："君子素位而行，不愿乎其外。素富贵行乎富贵，素贫贱行乎贫贱，素夷狄行乎夷狄，素患难行乎患难，君子无入而不自得焉。"君子无论处于什么境况下，都能为其所当为，既能适应外在的客观环境，又不放弃自己的志向操守，安心在道，乐天知命，悠然自得。

文质彬彬　宁野勿史

儒家认为，君子最重要的应该是内在质朴与外在斯文的统一。孔子说："质胜文则野，文胜质则史。文质彬彬，然后君子。"（《论语·雍也》）质，指人的学识才干、道德品质等质朴的本质；文，指人的仪态容貌、言行举止等斯文的外表。假如一个人学问很好却言辞粗鲁、词不达意，或者有很高的道德品质却仪态不整、举止不端，这是"质胜文"，即过于质朴而斯文不足，会给人鄙陋粗俗的印象。反过来说，假如一个人夸夸其谈、言词悦耳却言而无物，威仪过人、仪表堂堂却品德低下，这是"文胜质"，即斯文有余而质朴不足，会给人浮夸虚假的印象。"质胜文"和"文胜质"都是有缺憾的，都算不上一个完美的人；只有质朴和斯文配合得当，才能算得上一个温文尔雅的君子。

君子首先必须具备高尚的内在本质，一切外在的斯文，都必须以内在的道德品质为基础；失去了内在的道德品质，任何外在的斯文都是没有意义的。孔子说："人而不仁，如礼何？人而不仁，如乐何？"（《论语·八佾》）人如果没有仁爱之心，虽然行礼如仪、奏乐喤喤，也不可能实现礼乐所要达到的和谐社会关系的目的，这样的礼乐还有什么意义？儒家坚决反对只顾外在斯文而忽视内在品质的人和事。孔子说："巧言，令色，鲜矣仁。"（《论语·学而》）"巧言、令色、足恭，左丘明耻之，丘亦耻之。"（《论语·公冶长》）一个人对人总是和颜悦色，态度恭敬，说话悦耳动听，这样的人应该够斯文了，但如果内心缺乏仁德，和颜悦色、态度恭敬、说话悦耳动听都是为了讨好别人而图利，

四川富顺文庙大成殿

那他就是一个表里不一的伪君子，为孔子所不齿。

人的内在品德重要，但一个人仅有高尚的道德品质而缺乏斯文是不完善的。《左传·襄公二十五年》载孔子说："志有之：'言以足志，文以足言'，不言，谁知其志，言之无文，行而不远。"语言是用来表达思想的，如果没有语言，思想再怎么正确有用，也没有人会了解；如果语言没有文采，不能吸引和打动人，思想就不会有广泛而深远的影响。这是用"志"与"言"的关系说明内在本质与外在斯文对一个人来说是同样重要的，文质兼具，才是一个完美的人。

《论语·颜渊》载棘子城说："君子质而已，何以文为？"在棘子城看来，君子只要具备质朴的本质就行了，外在的斯文是完全没有必要的，是多余的。儒家不同意这种观点。子贡反驳棘子城说："惜乎，夫子之说君子也，驷不及舌，文犹质也，质犹文也，虎豹之鞟犹犬羊之鞟也。"子贡认为，外在的文采跟内在的本质同等重要。他打了一个比方：虎豹皮和羊犬皮的区别，既在质地上，也在文采上。如果这两类兽皮去掉了它们有文采的毛，人们就无法加以区别了。人也是一样，本质和外表同样重要。子贡的观点，也是儒家一贯的主张。

一件器物，如果材质好，但外表不好看，人们就不喜欢；如果外表好看，但材质不好，同样不会有人喜欢；必须材质与外表都好，才能得到人的喜爱。人也是如此，一个君子必须是内在质朴与外表斯文的完美结合。需要指出的是，人的外在斯文指的是言行举止，而不是天生的美丑。孔子说："君子义以为质，礼以行之，孙以出之，信以成之。君子哉！"（《论语·卫灵公》）一个人立身处世都以合乎正义公理为出发点，行为合乎社会规范，态度谦逊，诚实可信，就是一个文质彬彬的君子了。

文质彬彬是儒家追求的理想，但要真正做到却很不容易。在内在质朴与外在斯文两者不可兼得的情况下，儒家更看重的是内在质朴，主张与其文胜质而史，宁可质胜文而野。《论语·公冶长》载："或曰：'雍也，仁而不佞。'子曰：'焉用佞？御人以口给，屡憎于人。不知其仁，焉用佞？'"冉雍是孔子的弟子，以德行见称。有人对孔子说：冉雍这个人虽然有仁德，性情温和敦厚，但是口才不好，不太会说话。孔子回应说：为什么一定要口才好呢？口才好者与人应答，强辩滔滔，只会招致别人的讨厌。我虽然不知道冉雍是不是真的有仁德，但何必一定要口才好，会说话呢？孔子并不是说口才不重要，而是反对没有内在的仁德作基础的巧言善辩。换句话说，就是和外在斯文相比较，内在的质朴更重要。

二十五、礼仪至上　文明儒雅

“礼”是儒家哲学的重要范畴之一，和“仁”、“义”、“智”、“信”合称“五常”，在儒家思想中占据极其重要的地位。中国传统文化之所以被称为礼乐文化，中华民族素有“礼仪之邦”的美誉，都和儒家的重礼传统有直接的关系。

以礼立身　非礼不成

儒家特别看重“礼”，特别是孔子和荀子，把学礼、知礼、守礼看作一个人之所以为人的根据和衡量标准。

孔子说：“立于礼”（《论语·泰伯》），“不学礼，无以立”（《论语·季氏》），“不知礼，无以立也”（《论语·尧曰》）。立，即成立、确立、树立。孔子认为，礼是一个人立身处世的根本，是人之所以为人的重要标志。只有学礼、知礼、守礼，才能被他人认同和接受，才能融入社会，成为一个真正的人；如果不知礼、守礼，就不能得到别人的承认，无法在社会上立足。

孔子的弟子子路问什么样的人才能算得上真正的人，孔子回答说："若臧武仲之知，公绰之不欲，卞庄子之勇，冉求之艺，文之以礼乐，亦可以为成人矣。"（《论语·宪问》）在孔子看来，一个人如果像臧武仲一样拥有高超的智慧，像公绰一样清心寡欲而不贪，像卞庄子一样勇敢，像冉求一样多才多艺，又能用礼乐约束和文饰自己，就算是完人了。也就是说，一个人不管拥有什么样的高尚品格，如果不以礼来约束和节制，就都是有缺憾的，此即孔子所谓的"知及之，仁能守之，庄以莅之，动之不以礼，未善也"（《论语·卫灵公》）。

北京国子监孔子庙下马碑

儒家有"道德仁义，非礼不成"（《礼记·曲礼》）之说，认为仁义道德如果没有礼作准绳，就不能取得应有的成效。正如孔子所说："恭而无礼则劳，慎而无礼则葸，勇而无礼则乱，直而无礼则绞。”(《论语・泰伯》)恭敬、谨慎、勇敢、正直本来都是美德,但如果缺乏礼的节制与约束,不仅不能发挥积极作用,而且还可能带来负面影响。比如,一个人只知道恭敬而不以礼约束,往往就会显得唯唯诺诺、卑躬屈膝;只知谨慎而不以礼节制,就会显得谨小慎微、畏首畏尾;只知勇敢而不以礼节制,就会违法乱纪、叛逆为恶;只知直率而不以礼约束,就会显得尖酸刻薄、出口伤人。

荀子则把“礼”看作人的本质,是人区别于禽兽的重要标志。人的本质究竟是什么?历来有不同的看法。古希腊的哲学家柏拉图曾说:“人是长着两条腿的没有羽毛的动物。”这种以外形特征来规定人的本质的观点很有代表性。荀子则认为:“人之所以为人者,非特以二足而无毛也,以其有辨也。夫禽兽有父子而无父子之亲,有牝牡而无男女之别,故人道莫不有辨。辨莫大于分,分莫大于礼。”(《荀子・非相》)在荀子看来,两只脚、没有毛这些外形上的特征不是人之为人的根本,而礼所规定的长幼之序、亲疏之分、男女之别才是人的本质特征;人如果不懂礼,不守礼,没有长幼之序、亲疏之分、男女之别,就会和禽兽一样群居杂交,人类社会就不可能发展进步。

《礼记・曲礼》说:“鹦鹉能言,不离飞鸟;猩猩能言,不离禽兽。今人而无礼,虽能言,不亦禽兽之心乎。”鹦鹉会学人说话,但始终是飞禽;猩猩会学人说话,也始终属于走兽。可见,具有语言能力并不是人区别于禽兽的标志,而礼才是人之所以为人的根本,是人区别于禽兽的重要标志。反过来说,一个人如果不懂礼,不守礼,即使能说话,那他和鹦鹉、猩猩这些禽兽又有什么区别呢?

视听言动 约之以礼

“礼”并非儒家的发明,而是起源于上古时代的宗教祭祀活动。《说文·示部》:“礼,履也。所以事神致福也,从示从豊。”宗教祭祀活动往往是整个部落群体共同参加的大事,必然需要一定的仪式、程序和规则,这种宗教祭祀活动中的仪式、程序、规则就是礼的最初含义。随着社会进化,礼的内涵不断扩大,但凡社会生活方方面面的规则和秩序都被纳入了礼的范围,礼俨然成了社会规范的总称。

到西周时代,礼的内容已经十分丰富和复杂,有所谓“经礼三百,曲礼三千”之说。总起来看,作为社会规范的礼基本包括两方面的内容,即政治、法律等方面的制度规范和道德、礼仪、风俗等方面的行为规范。

在儒家看来,礼作为一种社会规范,构成全体社会成员共同的生活样态和方式,体现着社会大多数人的意愿和利益,是理想社会秩序的代表。儒家一再强调“克己复礼”(《论语·颜渊》)、“约之以礼”(《论语·雍也》),就是要求人们要进行自我约束和克制,使言行举止符合社会普遍认同的道德规范和礼仪风俗,做到“非礼勿视,非礼勿听,非礼勿言,非礼勿动”(《论语·颜渊》)。

孔子就是一个学礼、知礼、守礼的榜样。据《史记·孔子世家》载,“孔丘年少好礼……为儿嬉戏,常陈俎豆,设礼容”,从少年开始就学习演练礼节仪式。《论语·乡党》集中记载孔子平时生活中的容色言动、衣食住行，颂扬孔子是个一举一动都符合礼的儒雅君子。比如：面对乡亲，态度温和恭顺，好像不会说话；在宗庙朝廷里，讲话雄辩而谨慎。上朝时，同下级说话，轻松快乐；同上级说话，和颜悦色。进入朝廷大门时，走路像鞠躬一样，如同无处容身。不在门中间站立，脚不踩门槛。提着衣边上堂，憋着气像没有呼吸一样。出来时，每下一个台阶，神态舒展，心情舒畅。下完台阶，步伐加快，如同长了翅膀。回到自己的位置，又显得恭敬谨慎。坐席没摆正，不坐。睡觉时不能像死人一样挺着。平时吃饭不能吃得太饱，酒不能喝醉。吃饭时不说话，像斋戒一样严肃。与乡亲宴饮结束时，要等老人走后再走。不用深红色做衣边，不用红色和紫色做内衣。吊丧时不穿黑衣、不戴黑帽。斋戒沐浴时，必有布做的浴衣。斋戒时，一定要改变平时的饮食，一定要改变住处。看见穿丧服的人，即使再亲密，也一定要严肃；看见穿官服的人和盲人，即使再熟悉，也一定要有礼貌；在车上遇到送殡的人，一定身体前倾表示同情。上车时，一定先站直，然后拉着扶手上车，在车中，不回头，不急切说话，不指指划划。

同时代的人晏婴批评孔子“盛容饰，繁登降之礼，趋详之节”，说他太在意礼的繁文缛节，“滑稽而不可轨法”（《史记·孔子世家》）。从《乡党》篇的记载来看，孔子确实是十分注重礼仪，一言一行都能约之以礼。但与晏婴不同，孔子认为“盛容饰，繁登降之礼，趋详之节”是十分必要的，只有约之以礼、举止合仪，才能成为一个文明儒雅的君子。孔子总结自己的一生时说：“吾十有五而志于学，三十而立，四十而不惑，五十而知天命，六十而耳顺，七十而从心所欲不逾矩。”（《论语·为政》）孔子从少年时代开始学习礼仪，30岁已经熟练掌握了礼的规范，可以在社会立足了，经过长期的实践，到了70岁的时候，终于达到随心所欲而无不合于社会规范的自由境界了。

孟子说：“动容周旋中礼者，盛德之至也”（《孟子·尽心下》），认为言行举止符合礼是品德高尚的表现，主张“非礼无行”（《孟子·离娄下》），即不符合礼的事不要去做。《孟子·离娄下》中记载了这样一件事：齐国的大夫公行子的儿子死了，右师王驩前往吊唁，有许多人主动上前来迎接右师打招呼，还有许多人前往右师席位与其攀谈。孟子没有主动去和右师说话，右师不高兴地说：“各位君子都来与我交谈，唯有孟子不来和我交谈，这是简慢我。”孟子回答说：“礼仪规定，在朝堂上不越过位次相互交谈，不隔着台阶相互作揖。我履行的是礼仪之道，你却认为我简慢，不是很奇怪吗？”可见孟子确实是在践行自己提出的“非礼无行”的主张。

荀子说：“扁善之度，以治气养生，则后彭祖；以修身自名，则配尧禹。宜于时通，利以处穷，礼信是也。凡用血气、志意、知虑，由礼则治通，不由礼则勃乱提僈；食饮、衣服、居处、动静，由礼则和节，不由礼则触陷生疾；容貌、态度、进退、趋行，由礼则雅，不由礼则夷固、僻违、庸众而野。故人无礼则不生，事无礼则不成，国家无礼则不宁。”（《荀子·修身》）认为人的意志思虑、饮食服饰、容貌态度、进退趋行等日常生活的一切方面都应该遵从礼的规范，这样才能保证个人身体的健康、气质的文雅和国家的安宁。

节文仁义 恭敬谦让

儒家重礼，并不仅仅只是重视礼的外在仪式和程序，而是更看重礼所蕴涵的伦理道德意义。如果没有仁义等内在的道德情感作基础，即使在形式上做得完美无缺，也是毫无意义的。

孔子说："人而不仁，如礼何？人而不仁，如乐何？"（《论语·八佾》）就是说，礼关于器物及仪式的种种规定，只是其外在的形式，而人的道德情感才是礼的真正内容和灵魂。形式是为内容服务的，离开了内在的道德情感，礼的种种规定就都是徒具形式，失去了存在的价值。孔子曾感慨："为礼不敬，临丧不哀，吾何以观之哉！"（《论语·八佾》）礼以敬为本，临丧以哀为本。行礼而内心没有恭敬之情，参加葬礼而内心没有悲哀之情，这样行礼还有什么意义？

礼能做到形式与内容兼备，既有内在的道德情感作基础，又有完备的礼节仪式，这当然是最好的。如果两者不可兼得，儒家主张应以内在的道德情感为先。孔子也说："礼，与其奢也，宁俭；丧，与其易也，宁戚。"（《论语·八佾》）也就是说，与其仪式程序完备而道德情感不足，不如道德情感充足而仪式程序简略。比如就丧礼而言，与其追求形式上办得完美周到，不如充分表达哀思之情。子路曾感慨，因为自己贫穷，父母在世没有好吃好穿，父母过世时丧礼举办的也朴素简单。孔子开导他说，只要内心有对父母的爱，尊敬父母，虽然只有粗茶淡饭，父母内心也是快乐的，也就算尽了孝道；父母去世，虽然没有豪华的棺椁，没有盛大的仪式，但只要尽力了，就算是合礼了，没有什么可遗憾的。(参见《礼记·檀弓》)《礼记·檀弓》总结说:“丧礼,与其哀不足而礼有余,不若礼不足而哀有余也;祭礼,与其敬不足而礼有余,不若礼不足而敬有余也。”丧礼,是为了表达生者对逝者的哀思之情。如果内心充满哀思之情,即使在仪式器物上有所欠缺,也是无妨的;如果内心没有对逝者的哀思之情,仪式再隆重也是无意义的。祭祀,是为了表达对祭祀对象的崇敬之情。如果内心缺乏崇敬之情,仅仅追求仪式的隆重,祭祀就失去了意义。

孟子则从人性论的角度论述了礼的本质。他认为人人都有恭敬之心和辞让之心,此人心所固有的恭敬之心和辞让之心就是礼的源头,礼则是人所固有的恭敬之心和辞让之心的外显和扩展。(参见《孟子·告子上》)反过来说,没有了恭敬之心和辞让之心这些道德情感,礼也就失去发生的源头和存在的基础。

总之,儒家认为“礼”作为一种外在的规范形式,是内在道德情感的外显;而抽象的道德情感,只有通过礼的具体形式才能体现出来。儒家强调克己复礼,目的就是通过外在的约束,反复地履行、实践礼的要求,提高内在的道德水准,造就一个文明儒雅的君子。

二十六、有教无类　因材施教

我国夏、商、西周三代，只有少数贵族享有学校教育的权利。春秋之际，社会发生重大变革，王权衰落，礼坏乐崩，打破了“学在官府”的局面，“学术下移”，私学应运而生。当时私学林立，孔子私学弟子三千，办学规模大，教学内容充实，教学经验丰富，培养人才最多，影响至为深远。范文澜先生曾说儒家教育思想理应是“中国教育史的一条主线”。

“有教无类、因材施教”是孔子顺应历史潮流，基于对人性本身的深刻认识，为实现儒家政治理想，适应教学实践需要而创建的一种教育理念。“有教无类”是指不分贵贱种族皆可得而教之；“因材施教”是指根据学生的差异采用不同的教学方法。有教无类、因材施教经后世历代儒家学者继承发扬，成为儒家教育哲学中最引人瞩目的闪光点，时至今日，依然闪耀着智慧的光芒。

建国君民 教学为先

儒家哲学是政治哲学，是人学。在儒家哲学中，教育有双重功能：一是服务于政治，二是服务于人本身。这是儒家有教无类、因材施教教育理念产生的理论基础和现实要求。

其一，政教合一，教育为政治服务，是儒家的一贯传统。教育在儒家看来不仅是实现“德治”的辅助手段，甚至可以说就是“仁政”本身。“一个国家是危是安，一个社会是治是乱，主要不取决于其贫与富、强与弱，而取决于‘风俗之厚薄’、‘道德之浅深’。”[①] 儒家认为“移风易俗”的关键在于教育，所谓“化民成俗，其必由学乎”、“建国君民，教学为先”（《礼记·学记》）。所以，他们主张治国安民从教育入手，从根本上提高人民的道德水平，使之自觉地约束自己的行为，以达到国泰民安的政治目的。孔子认为“教”与“庶”、“富”共同构成立国安邦三要素，三者互为因果，缺一不可。孟子说：“善政不如善教之得民也。善政民畏之，善教民爱之；善政得民财，善教得民心。”（《孟子·离娄上》）“得天下有道，得其民斯得天下矣。”在孟子看来，“善政”与“善教”相比较，“善教”者更易得民心，他主张“设庠序学校以教之”（《孟子·滕文公上》），使天下臣民皆得以“明人伦”，“人伦明于上”则“小民亲于下”（《孟子·滕文公上》）。荀子亦提出：“不教无以理民性”；“立大学，设庠序，修六礼，明

① 邵汉明：《儒家道德观与市场经济的冲突与契合》，《纪念孔子诞辰 2550 周年国际学术研讨会论文集》，国际文化出版公司 2000 年版。

北京国子监孔庙

始建于元大德六年（1302 年）

七教，所以道之也”（《荀子·大略》）。

其二，教育是人之所以为人、人之所以成人的关键。儒家从人之所以为人的高度肯定教育的重要性和必要性。孟子说：“人之有道也，饱食暖衣，逸居而无教，则近禽兽。”（《孟子·滕文公上》）人生于世，如果只知道吃得饱、穿得暖，只求安逸生活而没有教养，则与禽兽没什么分别。荀子说：“水火有气而无生，草木有生而无知，禽兽有知而无义，人有气有生有知亦且有义，故天下最为贵也。力不若牛，走不若马，而牛马为用，何也？曰：‘人能群，彼不能群也’。”（《荀子·王制》）是说水火有气息而没有生命，草木有生命却没有感知能力，禽兽有感知能力但不知礼义，人有气有生有知有义，所以生于天地间最为尊贵。人的力气不如牛大，奔跑不如马快，而牛马为人所用，在于人通晓礼义，能明分使群。“礼义以分之”、“明分使群”的实现皆离不开后天的教育。虽然荀子与孟子对教育作用论述的理论根据完全不同，前者以人性本善为理论依据，后者以人性本恶为理论出发点，但他们都从人性的高度肯定了教育的重要作用。

教育还是人之能否“成人”的关键。孔子说：“性相近也，习相远也。”（《论语·阳货》）人的本性本是相近的，后天“习染”的不同使人与人之间千差万别。教育和社会环境对一个人的成长起到至关重要的作用。孔子还说人在不同时期应该接受不同的教育，早期教育尤其重要，所谓“少成若天性，习贯之为常”（《大戴礼记·保傅》）。“孟母三迁”和“子不学，断机杼”的故事尽人皆知，孟子本人是后天教育的受益者，正是孟母对教育的重视，才成就了一代亚圣孟子。

有教无类　宜同资教

“有教无类”语出《论语·卫灵公》，是孔子关于教育的基本主张。孔子说“自行束修以上，吾未尝无诲焉”（《论语·述而》），凡是能够交纳十条干肉的人，都可以收他为学生。南郭惠子曾问为什么“孔门多杂”，子贡说：君子端正身心以待求学者，来者不拒，去者不留。医术精湛的医生门前病人多，矫正竹器的工具旁弯曲的木头多，所以孔夫子门前学生复杂是很自然的事情。（参见《荀子·法行》）

事实上孔门私学三千弟子的确品类不一。就地区分布而言，其弟子来自不同的地域，有齐、鲁、宋、卫、秦、晋、陈、吴、楚等国。

就社会地位而言，其弟子成分复杂，如颜回身居陋巷，过着一箪食、一瓢饮的清贫生活；公冶长曾是犯人；子路食藜藿；曾百里负米供养母亲；鲁之鄙人子张、种瓜者曾参、身穿芦衣为父亲推车的闵子骞、出身卑微的仲弓、经商为生的子贡，也有鲁国的贵族孟懿子和南宫适。可见孔子不仅是“有教无类”思想的倡导者，更是卓有成效的亲身实践者。

正是因为儒家学者对教育对象一视同仁，积极为广大学子提供受教育的机会，积极探索行之有效的教育方法和途径，教书育人，乐而忘忧，所以成就斐然。孔子弟子众多，桃李满天下，自不待言。孟子晚年归邹，专心著述讲学，以“得天下英才而育之”为人生三大乐事。荀子虽生不逢时，“徒与不众”，但依然培养了著名法家李斯、韩非，还有毛亨、张苍等当世名儒。

应该说儒家“有教无类”教育思想有其深刻的社会历史原因。春秋末期王纲解纽，礼坏乐崩，学术下移，“有教无类”教育思想打破了贵族、贫富、种族的界限，把受教育的范围扩大到平民，这是顺应历史发展潮流的进步思想，也是时代精神的体现。此其一。其二，“有教无类”是儒家“仁者爱人”思想的具体表现，儒家讲“泛爱众而亲仁”（《论语·学而》），爱之则教之。其三，“有教无类”是以儒家人性观念为根据的。儒家认为在现实生活中人虽有贵贱、庶鄙、种类、族类之别，但人的本性是相近的，“性相近也，习相远也”（《论语·阳货》）。儒家人性平等观念决定了他们教育上的平等观念，人人皆有受教育的权利，人人皆可通过后天教育成德成圣，所谓“涂之人可以为禹”（《荀子·性恶》），“人皆可以为尧舜”（《孟子·告子下》）。

因材施教　长善救失

准确地说孔子并未明确提出“因材施教”这四个字，此乃后人根据孔子的教育实践概括出来的。朱熹说“孔子教人，各因其材”（《论语集注》），二程也有类似说法，后世通行的“因材施教”即源于程朱的概括。然“因材施教”理念确为孔子首创，他从“性相近，习相远”的观点出发，认为每人的智力、能力、性格、心理、志向、兴趣等皆有分别，所以教师在教学中应因人而异，根据不同的人采用不同的教学方法。孟子之“教亦多术”，《礼记·学记》之“长善救失”皆是这一原则的贯彻和发挥。

孔子重视“知人”，强调“不患人之不己知，患不知人也”（《论语·学而》），同样他也十分重视“知”学生，认真分析学生

曲阜孔庙杏坛

个性。如何才能了解每一个学生的个性呢？孔子主要是通过谈话法和观察法，所谓“视其所以，观其所由，察其所安”（《论语·为政》）。孔子和他的学生子路、曾皙、冉有、公西华坐在一起，孔子让学生各言其志，学生发言时，孔子认真地听着，不轻易打断，也不立即加以评论或下结论，从谈论中了解学生的志向和抱负。孔子对学生性格及优缺点的准确了解，《论语》有多处记载，诸如孔子评价“由也果”，“赐也达”，“求也艺”（《论语·雍也》）；“柴也愚，参也鲁，师也群，由也喭”；“师也过，商也不及”；“求也退”，“由也兼人”（《论语·先进》）等等，不一而足。

针对学生个性的不同，孔子教学中予以区别对待，相同的问题往往有不同的解答。子路问：“听到了就该去做吗？”孔子回答：“家有父兄在，如何能一听到了就去做呢？”冉有问“听到了就该去做吗？”孔子答：“听到了就该去做。”公西华问：“仲由问听到了就该去做吗，你说有父兄在；冉求也问相同问题，你说听到了就该去做。我很困惑，大胆再问一问。”孔子回答：“冉求做事总是退缩，所以我激励他勇敢去做；仲由行事勇气超人，所以我限制他以防太过刚勇。”（《论语·先进》）

四个弟子问孝，孔子有四种回答：孟懿子问孝，孔子说不违背礼就是孝，父母在，以礼侍奉，父母过世，以礼安葬祭奠。孟武伯问孝，孔子说让父母除身体之外，不为自己其他之事担忧。子游问孝，孔子说孝敬父母不仅在于赡养父母，更体现在“敬”。子夏问孝，孔子说做到孝敬，难的是对父母和颜悦色，有美食献给父母吃、劳累的事情子女承担不难做到（《论语·为政》）。

孔子又说：“中人以上者，可以语上；中人以下者，不可以语上也”（《论语·雍也》）。以学生的智力和能力差别为根据，对于中人以上资质和能力的人，可以把高深的学问传授给他，而对于中等以下资质和能力的，则不可以高深的学问传授之。

继承孔子思想，孟子提出“教亦多术”的主张。所谓“君子之所以教者五：有如时雨化之者，有成德者，有达财者，有答问者，有私淑艾者”（《孟子·尽心上》），是故“教亦多术矣”（《孟子·告子下》）。意思是说对有的学生教师要做及时雨，适时予以点化；对有的学生应注重成就其德行，有的学生要侧重发展其才能，有的学生可随时解答其提出的问题，对有些不能及门者可以私淑育之。孟子还说，有的人他虽然拒绝教诲之，但此拒绝本身也是一种教育，所谓“余不屑教诲也者，是亦教诲之而已矣”（《孟子·告子下》）。

《学记》提出，从学者往往存在“四失”，即“或失则多”，“或失则寡”，“或失则易”，“或失则止”。即贪多务得、片面专精、浮躁怠慢、畏难不前。此“四失”产生的原因完全在于学生心理上的原因，即“心之莫同也”。所以作为教师，要及时了解学生这种心理状态，因其所长，补其不足。所谓“知其心，然后能救其失也。教也者，长善而救其失者也”（《礼记·学记》）。清儒王夫之继承此观点，说“多、寡、易、止虽各有失，而多者便于博，寡者易于专，易者勇于行，止者安于序，亦各有善焉，救其失，则善长矣”（王夫之《礼记章句》卷十八）。意思是说，多与寡、易与止，各有所失，但并非全然不足道，关键在于教师是否能够因势利导，帮助学生扬长避短。

目前，随着社会的发展和时代的进步，全社会对教育的重视日重一日，家长们自孩子小学始，甚至是幼儿园开始，就安排了奥数、外语、钢琴、绘画等课外班，占据了孩子几乎全部的业余时间。身为家长，望子成龙、望女成凤，人同此心。但有的家长完全忽略了孩子的个人兴趣和爱好，不考虑孩子的实际情况，往往事倍功半，甚至适得其反。关于这一点，儒家的因材施教或许可以给予我们一定的启示。

二十七、学而不厌　诲人不倦

“学而不厌，诲人不倦”是孔子自述之语，也可以说是孔子一生的真实写照。他十五志于学，一生“学而不厌”。约在30岁即开始从事教育活动，一辈子“诲人不倦”。弟子三千，贤人七十有二，桃李满天下。儒家重视教育这一优良传统代代相传，当代著名学者张岱年先生说过：“儒家哲学是教育家的哲学”。[①] 中国历史上几乎所有卓有建树的儒家学者都是教育家。他们积累了丰富的学习经验和教学经验，今天依然具有重要的指导意义。

学而知之　好学近仁

关于知识的来源，儒家主要将之分为两大类，即“生而知

---

① 张岱年：《儒家哲学是教育家的哲学》，《华东师大学报》（教育科学版）1989年第1期。

之”与“学而知之”。儒家学者认为对于绝大多数人而言，知识的来源在于学而知之，而不是生而知之。孔子多次否认自己是“生而知之”者，强调自己属于“学而知之”者。他说：“我非生而知之者，好古，敏以求之者也。”（《论语·述而》）大宰曾经问子贡说：“夫子圣者与？何其多能也？”子贡说孔子是“固天纵之将圣又多能也”。孔子则明确否认了子贡的说法，说自己是由于家境贫寒，所以“多能鄙事”，学到许多技艺（参见《论语·子罕》）。他还说只有十户人家的小邑，必定有像我这样具有忠信品质的人，但一定不如我这样好学。对自己的好学非常自信和骄傲。

孔子认为人的知识和道德主要是靠学习积累和培养起来的。反之，不勤奋好学就会产生诸多问题。具体而言之，他认

岳麓书院

为如果爱好仁义而不好学，就容易受人愚弄；爱好智慧而不好学，就会好高骛远根基不牢；爱好诚信而不好学，就会反受伤害；爱好直爽而不好学，就容易急躁伤人；爱好勇敢而不好学，就容易犯上作乱；爱好刚强而不好学，就容易狂妄自大。如孔子所言，仁、知、信、直、勇、刚本是人之为人的可贵品质，但是如若不加强学习，对事物有全面的认知和把握，做事情就可能流于一偏，行为出现偏差，这样好的品质不仅无法发挥应有的作用，反而会适得其反，反受其害。孔子多次教育弟子要“笃信好学”（《论语·泰伯》），最担心的是“德之不修，学之不讲”（《论语·述而》）。荀子认为人天生性恶，如果不学习，顺性而为，就只能成为恶人，所以他说“为之，人也；舍之，禽兽也”（《荀子·劝学》），把学与不学的重要性提升到人之为人的高度，并在《劝学》篇中强调“学不可以已”，学无止境，学习永远不可以停止。《礼记·学记》也说“玉不琢，不成器；人不学，不知道”，高度强调了学习的重要性。

虚怀若谷　勤勉治学

荀子《劝学》曰：“青，取之于蓝，而青于蓝，冰，水为之，而寒于水。”唐代大诗人、学者韩愈《师说》也云：“弟子不必不如师，师不必贤于弟子”。这些至理名言至今在激励年轻人积极向学，不断进取，为实现更高的人生目标而努力奋斗。至于达至这一目标所需的基本的学习态度和方法，儒家有诸多精彩阐述。

知之为知之，不知为不知。对于知识本身要有实事求是的明智态度。“知之为知之，不知为不知”（《论语·为政》），知就是知，不知就是不知，不勉强以不知为知。还要“毋意、毋必，毋固，毋我”（《论语·子罕》）。意思是说学习知识要尊重客观事实，避免主观成见，不固执己见，多听，多看，多思，以求得真理。看到孔子这段论述不由想到鲁迅先生笔下的藤野先生。鲁迅当年学医的时候画人体图，为了好看将人体的血管改变了位置，藤野先生将之纠正过来，并认真地做了讲解，这件事给鲁迅先生留下了深刻印象。我们学习知识既不能不懂装懂，也不能从个人的主观愿望出发而想当然，随兴所至。

不耻下问。学习知识主要是主体自觉的过程，为学者端正学习态度，虚心向学，不耻下问（《论语·公冶长》），才能获得真才实学，儒家对此早有真知灼见。孔文子是卫国的大夫，名圉，文是他的谥号。子贡请教孔子说：“孔文子为什么谥号为文呢？”孔子回答说是因为孔文子“敏而好学，不耻下问”。在孔子看来，勤勉努力，虚怀若谷，不认为向低于自己的人请教可耻，是为学的一个基本态度。

孔子的弟子曾子也说过：自己有才能却向没有才能的人请教，自己知识多却向知识少的人请教，有学问却好像没学问，知识很充实却自我感觉很空虚，所谓“以能问于不能，以多问于寡”；要“有若无，实若虚”（《论语·泰伯》），始终保持谦虚不自满的态度。那种“亡而为有，虚而为盈”（《论语·述而》）的骄傲自满的人难以学到真才实学。孔子本人就是不耻下问的典范。《论语·八佾》记载说孔子进入太庙，每一件不明白的事都要问清楚。孔子还对弟子说：“三人行，必有我师焉。”（《论语·述而》）意思是说街上有三个人走路，其中必然有一个人，值得孔子学习借鉴，不仅学习他的长处，而且注意他的缺点，引以为戒，看看自己有没有这种毛病，有则改之。我们今天所说的“有则改之，无则加勉”即由此而来。

温故知新。孔子强调知识的学习是一个长期的过程，需反复研习，方能牢记于心，心领神会，运用自如，所谓“学而时习之，不亦说乎！”（《论语·学而》）意思是说学习了知识，又时时温习，不断地有所收益，是多么愉快的事情啊！孔子还提倡“温故而知新”，他说：“温故而知新，可以为师矣。”（《论语·为政》）对以往知识的重新学习，往往使你领会到以往所没有领会的精妙所在，从而加深对已学知识的理解，举一反三，由此及彼，能做到这一点就可以为人师了。

博学反约。知识学习是一个由博返约的过程。孔子云：“博学于文”（《论语·雍也》）。孟子说：“博学而详说之，将以反约也”（《孟子·离娄下》）。“博学”是学习的过程，“反约”是思考的过程，学习与思考要紧密结合，两者并重不可偏废。孔子说“学而不思则罔，思而不学则殆”（《论语·为政》），学习知识不但要知其然，还要知其所以然，对学到的知识不经过思考加以消化，则无法真正掌握知识之精髓所在。孟子说只凭感官认识往往会为物所蔽，只有经过思考，将感性认识上升到理性认识，才会获得真知，形成独立见解。孔子倡导存疑精神，“多闻阙疑”，“多见阙殆”（《论语·为政》），孟子更有“尽信书则不如无书”（《孟子·尽心下》）的著名论断。他还指出：“故说诗者，不以文害辞，不以辞害志。以意逆志，是为得之”（《孟子·万章上》）。反之，如果只思不学，又会流于妄想。孔子说我曾终日不食，终夜不寝，用以思考，没多大收益，不如学习效果好。后儒王夫之关于学与思的关系阐述得最为深刻明晰，对我们应有更大的启发。他说学习的过程并不妨碍思考，思考本身对学习也非常有益。因为知识学习越广博，则人的思考就会越深入；当你的思考遇到困难时，你就知道自己知识积累不足，会更加勤奋地学习。

孜孜以求　诲人不倦

韩愈《师说》有云："师者，所以传道授业解惑也"。教师是人类灵魂的工程师，教师职业的特殊性决定了身为教师必须具备高尚的道德品质、良好的职业道德以及较高的教学水平和能力。关于这一点，儒家教育哲学颇值得我们借鉴。

"爱"与"责任"。《论衡》有这样一段记载，子路开始被认为是恶劣至极，无可救药。但是孔子并没有放弃子路，而是通过长时间的努力把子路改变过来，使之成为出色人才。孔子之所以能做到这一点，综观其一生的学术与为人，原因有二：一是爱心使然。"仁者爱人"是孔子及原儒的基本主张，仁者爱人，推己及人，爱护学生，爱心育人，是孔子一生的真实写照。孔子十分关心爱护他的学生们，从学业、品行到生活健康都是孔子关注的内容，闵子骞、子路、冉有有了良好的表现，他感到由衷的欣慰；原宪家贫，他常接济；冉伯牛身患不治之症，他亲身探望，并不尽惋惜；颜回病逝，他痛不欲生。二是责任心使然。重责任讲担当是儒家基本精神。作为一名教师，本着对学生、对社会认真负责的态度，树立良好师德，孜孜以求，"诲人不倦"。

可以说对学生的爱和高度负责的态度，是儒家诲人而不倦的内在精神动力。

循循善诱。儒家在教学中反对机械灌输，提倡启发式教学。颜回曾感叹说："夫子循循然善诱人，博我以文，约我以礼，欲罢不能。"(《论语·子罕》)意思是说孔子一步步诱导他，以文献丰富他的知识，以礼约束他的言行，使他想停止都不行，对于孔子启发式教学方法和教学艺术赞叹不已。关于启发式教学，孔子有过这样的具体论述："不愤不启，不悱不发，举一隅不以三隅反则不复也。"(《论语·述而》)"不愤不启"意思是说不到学生努力想弄清楚而又想不通的时候，不去开导他，"不悱不发"意思是说不到学生想说又说不出来的时候，不去启发他。"举一隅不以三隅反则不复也"是说举出一个角讲给学生听，学生不能由此推至其他三个角，那就不再教他了，这就是我们常说的"举一反三"的由来。孟子提出"深造自得"(《孟子·离娄下》)的教学主张。所谓"深造自得"，是说只有经过独立思考得到的才能真正成为自己的知识，一个人得到高深学问的途径在于自觉去得到，自觉得到就能真正地拥有它，真正地拥有它，就能够积蓄很深，积蓄深就能取之不竭，游刃有余。

《礼记·学记》将孔子提出的启发式教学归纳为三个原则，即"道而弗牵"、"强而弗抑"、"开而弗达"。意思是说教师如果注意引导学生，而不是牵着他们鼻子走，就能处理好教与学的关系。教师若能严格要求学生而不强制其服从，就可以使学生在学习中得心应手。教师若能注意启发学生思考，而不马上将结果告诉他，可以使学生形成良好的思考习惯。做到了以上三个原则，可谓"知教之所中兴，又知教之所中废，然后可以为人师也。故君子之教，喻也。”真正的教育在于启发和引导，做到“道而弗牵”、“强而弗抑”、“开而弗达”这三点，教学就是成功的，了解这个道理，就可以真正成为一名合格的教师了，这一原则对后世的教学实践和教育理论的发展有着重大影响。

盈科而进。“盈科而进”语出自《孟子》，是说教学要循序渐进，不能拔苗助长。他将学生学习的过程比作流水，流水在流动中，必注满一个洼坎之后再注下一个洼坎，未注满时绝不下流。又说：“其进锐者，其退速”（《孟子·尽心上》），意思是说学习的进程如果太快则必然影响学习效果，违反自然规律的盲目冒进就等于是拔苗助长，不但无益反而有害，所谓欲速则不达。关于循序渐进的教学原则，《礼记·学记》具体总结出了“预”、“时”、“孙”、“摩”四种教学方法。“预”是说在事情未发之前，加以预防；“时”是说抓住适当时机，及时进行教育；“孙”是说不越级、按照次序进行教育；“摩”是说相互学习，共同提高。儒家启发式教学思想，符合教学规律，历经几千年依然闪烁着智慧的光芒，今天依然具有普遍的现实指导意义。

教学相长。孔子在教学活动中，不仅为学生答疑解惑，还与学生切磋讨论，从中得到启发，在教与学中彼此共同提高。继承孔子思想，明确提出“教学相长”这一教学方法的是《礼记·学记》。其原文说：“是故学然后知不足，教然后知困。知不足然后能自反也；知困然后能自强也。故曰：教学相长也。”是说人只有经过学习才能知道自己的不足，只有在教学中遇到困难才能知道自己需要解决的问题，知道有不足才能自我反省，遇到困难才能发奋自强。这就是教与学互相促进。教学相长这一理念至今在校园广为实践着，其实不只是校园，人生在世无时无刻不处在学习中，有学就有教，细细体味，教学相长无处不在，无时不是我们所需要的。

儒家教育哲学是中华民族宝贵文化遗产的一部分，但不可否认的是依然存在一些糟粕，譬如在知识教育中对生产知识和劳动技能的排斥等，是儒家教育思想中的缺陷，我们应注意予以分辨和剔除。

二十八、德主刑辅　宽猛相济

“德主刑辅”是儒家关于政治法律制度的基本主张。《论语·为政》有一段孔子的著名论述：“道之以政，齐之以刑，民免而无耻；道之以德，齐之以礼，有耻且格”。意思是说用政令和刑法进行统治，人民只求免于刑戮即可，并不以违反社会法制秩序为耻；只有以道德教化之，以礼仪约束之，才能使其从根本上知荣辱所在，免于犯上作乱。为政治国，应以德为主，以刑为辅。

“宽猛相济”见于《左传·昭公二十年》：“政宽则民慢，慢则纠之以猛；猛则民残，残则施之以宽。宽以济猛，猛以济宽，政是以和。”意思是说在治理国家的过程中，如果政策宽松了，那么百姓就会对法律怠慢起来；百姓怠慢了，就用严厉的措施进行纠正；严厉了，百姓就会普遍受到伤害；百姓普遍受到伤害了，就再将政策放宽些。“宽猛相济”既是儒家刑罚执行的策略，也是德主刑辅、礼法并用思想的集中体现。在传统中国的刑法实践中，儒家的“德主刑辅、宽猛相济”成为其刑法观的理论核心，影响深远。

道之以德　以德去刑

以德治国是儒家的基本主张。儒家最高理想是建立一个大同社会，如《礼记·礼运》所描绘：“大道之行也：天下为公，选贤与能，讲信修睦，故人不独亲其亲，不独子其子，使老有所终，壮有所用，幼有所长，鳏寡孤独废疾者皆有所养；男有分，女有归，货恶其弃于地也，不必藏诸己；力恶其不出身也，不必为己。是故谋闭而不兴，盗窃乱贼而不作，故外户而不闭，是谓大同。”这是一个多么令人向往的世界呀！儒家认为建立这样一个世界主要靠德治，不能单靠法制。在孔子看来，统治者仅仅依靠严刑酷罚这种暴力手段，也能使民众因害怕受惩罚而不敢犯上作乱，从而达致社会秩序的暂时稳定，但是，这样做并没有使民众形成是非观念和廉耻之心，民众的服从并不是出于其内心自愿，而是迫于外部的强制。这是治标，这样建立起来的秩序也是不稳固的，并没有从根本上解决政治问题，所以是不可取的；而以道德去教育、引导民众，就能在他们心中培养和树立真正的善恶是非观念，使他们耻于犯罪，自觉从善，这才是治本，只有这样做才能真正形成稳固和谐的社会政治秩序。所以，孔子主张统治者应该实行德治，反对以刑杀为手段的暴力政治。他说：“政者，正也。子帅以正，孰敢不正？”（《论语·颜渊》）统治者只要修身正己，为民众树立一个道德上的榜样，就会引导民众自觉从善，而不是制定各种刑罚强迫他们服从。孔子又说："君子之德风，小人之德草，草上之风必偃。"（《论语·颜渊》）统治者的道德引导和教化，就好像风吹过草地使草倒伏一样，会影响百姓从善。这里的"风"是引导的而不是强制的，"草"是接受的而不是被迫的，一切都是自然而然的。在孔子看来，统治者如果能真正地做到以道德去引导和教化民众，那么治国就是非常容易的事了。所谓"为政以德，譬如北辰，居其所而众星拱之"（《论语·为政》）。经过长期的道德引导和教化，社会秩序就会达到完美的和谐。在这样的社会中人与人之间不再有冲突和争夺，所以刑罚也就没有存在的必要。"听讼，吾犹人也，必也使无讼"（《论语·颜渊》）。没有争讼和刑罚的社会，是孔子心目中理想的社会。

孟子也主张为政以德，反对暴力统治。他说："以力服人者，非心服也，力不赡也；以德服人者，中心悦而诚服也。"（《孟子·公孙丑上》）统治者以暴力压服民众，民众因力量不足以和其抗衡，只能服从，但这样做并没有消除统治者和被统治者之间的张力，民众从内心是不服统治的。统治者若能以德治国，就能得到民众的真心拥护。当齐宣王问孟子齐桓、晋文之事时，孟子推说不知其事。齐桓公和晋文公是"春秋五霸"之中的人物，他们依靠军事实力强迫各诸侯国服从自己，称霸中国。孟子不愿谈齐桓晋文之事，实质就是对暴力政治的不屑。

荀子是儒家中较为特殊的人物，他和孔孟不同，认为人性本恶，主张化性起伪，治理国家应该重礼而尚法，用礼法从外部规范人的行为，所以他被指斥为"外儒内法"，并因此遭到后儒排斥。虽然如此，他并未如法家一样完全否定道德的作用。在荀子看来，道德教化与刑罚比较而言，还应以道德教化为第一位。道德教化是“政之始也”，刑赏诛罚是“政之终也”，为政必须先施教化，后行诛赏，如果颠倒了此始终次序，就会“政令不行而上下怨疾”（《荀子·致士》），招致社会的混乱。

荀子还把道德先行的政治称为“道德之威”，把脱离了道德基础、单纯依靠刑罚的政治称为“暴察之威”、“狂妄之威”。他在《议兵》篇中指出，刑赏只有建立在道德的基础上，才能发挥应有的作用。如果在上者单纯依靠刑赏，希望民众为了得到奖赏或害怕受到刑罚而去为主上做事，那么民众在遇到危险或劳苦烦辱的情况下，他们就会背离主上，甚至反戈一击。这样治国其实就像是雇佣买卖之道，不足以治理国家人民。要使刑赏真正发挥作用，道德教化必须先行，形成一种人人厌恶赏善的良好社会风气，然后在此基础上赏善罚恶，使受到刑罚的人觉得是莫大的耻辱，受到奖赏的人觉得是莫大的荣耀，这样的刑赏才能真正发挥作用。

齐之以礼　礼法并用

儒家重“礼”。历史上以“礼”为孔子思想之核心者大有人在，足见“礼”在孔子思想中的重要作用。孟子以“礼”为“四德”之一，“礼”是孟子道德规范体系中仅次于“仁义”的道德原则。荀子有“隆礼”之说，视“礼”为道德规范体系中的最高原则，是“道德之极”（《荀子·劝学》）。

“礼”所表现出的两种特质对儒家刑法观念的形成产生了

重要影响。

其一，“礼”通常是区分贵贱亲疏的行为规范和名分制度，具有一定的制约性和强制力。“礼”原初之义是祭神的器物和仪式。西周时，“礼”被推演为区分贵贱亲疏的行为规范和等级名分制度，后来周公制礼，对礼加以汇集、增补、厘定，使礼的典章制度较前代更为完备，“周礼”成为西周赖以维持社会秩序的一套政治制度和普遍通行的伦理规范。有“礼不下庶人，刑不上大夫”（《礼记·曲礼》）之说。《礼记·曲礼》云：“夫礼者，所以定亲疏，决嫌疑，别同异，明是非也。”《礼记·经解》云：“礼之于正国也，犹衡之于轻重也，绳墨之于曲直也，规矩之于方圜也”。就是说礼用于治理国家，犹如用秤来称量轻重，用绳墨来检验曲直，用圆规和方尺来画度方圆。所以《礼记·礼运》说：

清《官箴》

“是故礼者，君之大柄也，所以别嫌明微，傧鬼神，考制度，别仁义，所以治政安君也。”由上可见，“礼”之作用可以收到“法”的功效，是统治者治理国家的“大柄”。

其二，“礼”是“仁义”的具体表现形式。孔子说：“人而不仁如礼何?”（《论语·八佾》）意思是说如果不心存仁义，怎么能做到礼呢？孟子说：“恭敬之心，礼之端也。”（《孟子·离娄上》）就是说只有心存恭敬之心，才可能做到礼。荀子认为礼是全德之名，囊括了敬、孝、悌、慈、惠等诸德目。“礼”可以起到“德”的作用。

综上所述，在儒家哲学中，“礼”是介乎德法之间的概念。“礼”本身既有德的含义又有法的作用，所以儒家“德主刑辅”的政治观念，在一定程度上通过“礼法并用”体现出来。自孔子始，一脉相承。

儒家云：“夫礼，天之经也，地之义也，民之行也。”（《国语·晋语四》）“礼”代表着自然秩序和社会秩序，它不仅是国家的政治制度，也是基本的法制制度。孔子主张“为国以礼”，要求人们一言一行都要符合礼的规定，努力做到“非礼勿视，非礼勿听，非礼勿言，非礼勿动”（《论语·颜渊》）。又说：“不在其位，不谋其政。”（《论语·泰伯》）他的弟子曾子也说：“君子思不出其位。”（《论语·宪问》）都是要人们严格遵守礼所规定的名分。礼在一定程度上起到了法的作用。

荀子从礼的起源的角度指出，“礼”产生之初就是以“分”、“别”为目的，礼天生具有化解物欲矛盾的功能。所谓“礼起于何也？曰：人生而有欲，欲而不得则不能无求，求而无度量分界，则不能不争。争则乱，乱则穷。先王恶其乱也，故制礼义以分之，以养人之欲而给人之求。使欲必不穷乎物，物必不屈于欲。两者相持而长：是礼之所起也”。（《荀子·礼论》）意思是说因为人的欲望无穷，而物质条件有限，于是产生纷争，争则乱，乱则穷。圣人为免于纷争，于是制定了礼。基于此，荀子明确提出隆礼重法、礼法并用主张。他说：“治之经，礼与刑，君子以修百姓宁。明德慎罚，国家既治四海平。”（《荀子·成相》）礼治与刑罚是治国必备的两种手段；没有礼治的刑罚和没有刑罚补充的礼治，都不能达到政治的目的。作为儒家思想的继承者荀子，在本质上也是主张德治的，并继承了孔子“齐之以礼”的思想，当他意识到儒家的“德治”、“仁政”的思想主张在现实政治中行不通，于是吸收了法家的思想。他说“今人之性恶，必将得师法然后正，得礼义然后法。今人无师法则偏险而不正；无礼义则悖乱而不治”（《荀子·性恶》）。强调靠“师法之化，礼义之道”，礼法并用，人们才会相互辞让，行为才会“合于文理而归于治”。

以刑为辅　宽猛相济

儒家重视“德治”、“礼治”，并不否定“法”的规范作用。孔子说：“君子怀德，小人怀土，君子怀刑，小人怀惠”。（《论语·里仁》）意思是君子关注道德成就，小人关注田产房屋；君子关注道德原则与法律规范，小人只关注个人实惠。因而在对待君子和小人时，就要用德和刑两种不同的方法。孔子说：“善人为邦百年，亦可以胜残去杀矣。”（《论语·子路》）他认为“无讼”目标的实现是一个漫长而艰难的过程，在这漫长的历史进程中，法将发挥其应有的作用。孟子说："独善，不足以为政；独法，不能以自行。"（《孟子·离娄上》）亦认为"德"需与"法"相辅而行。

与孔孟相较，荀子则将法提升到了前所未有的高度。他说："法者，治之端也。"（《荀子·君道》）他还主张执法必严。"庆赏刑罚必以信"，"杀人者不死，而伤人者不刑，是谓惠暴而宽贼也"（《荀子·正论》）。又说："杀人者死，伤人者刑，是百王之所同也。"荀子还提出适当量刑原则，"刑称罪则治，不称罪则乱"（《荀子·正论》），量刑不当就会导致祸乱。此外，荀子还提出了"法义"、"法数"、"类"这三个重要的法学概念。"法义"相当于今天所说的法学原理；"法数"即具体的法律规定；"类"即引用案例类推。这是儒家对古代法学的重要贡献。

在法律执行中，儒家主张宽猛相济、中庸适度。春秋时，郑国的子产病重，临终前对太叔说："我死之后你必然执政。唯有德之人方能用宽大使百姓服从；其次就是采用严厉手段。火猛烈，百姓害怕则不至于烧死；水柔和，百姓轻慢则容易淹死。"子产死后，太叔为相。他行政不忍严厉而务求宽大，不料盗贼增多，聚集在芦苇丛生的沼泽里，扰害百姓。太叔后悔未听子产之言，于是发兵进攻，一举剿灭了盗贼。孔子赞赏子产所云、太叔所做，认为他们深谙治理国家宽猛相济的道理，于是引发了本章开篇中关于宽猛相济的论述。

"宽猛相济"还体现为德法兼治、礼法兼治。荀子说："不教而诛，则刑繁而邪不胜；教而不诛，则奸民不惩；诛而不赏，则勤厉之民不劝；诛赏而不类，则下疑俗险而百姓不一"（《荀子·富国》）。即不进行道德教化就刑杀，就会导致刑法增多而不能有效遏制犯罪，但是只进行教化却不刑罚，又使有罪者得不到应有惩罚。有效的办法是“教”与“诛”并行，“赏”与“罚”并用，恩威相济，才能收到应有成效。

总而言之，德礼和政刑虽同为维护社会秩序之工具，德礼重于疏导，政刑重于堵塞。德礼防患于未然，政刑惩治于已然。德礼立足于个人，并以个人自身之人格的完成为归宿，进而可因众人人格的完成而达到社会整体之和谐；政刑则立足于外部之齐整划一，以强迫的规范来迫使人不为恶，以达到维持秩序于不坠的目的。德礼是从根本上转化、唤醒人自身的“德行”，使其自己悱启愤发，非仅耻于为恶，且能日进于善；政刑则为外力施加于人，虽有威慑遏阻的力量，却无导人向善的功用。两者相辅相成，缺一不可。

儒家德主刑辅、宽猛相济的思想得到后世统治者的广泛运用，自汉代起，统治者就以之为治理国家的基本国策，历代延续。

二十九、以道事君　尊君爱民

儒家产生的时代，社会正处在剧烈的变革之中，整个社会陷入所谓的“天下无道”的混乱局面。儒家的理想就是恢复正常社会秩序，建立一个“天下有道”的理想社会。在封建社会，要想建立一个有序社会，保持国家社稷的长治久安，君臣的作用、君臣关系、君民关系显然是不可忽略的重要因素。所以原始儒家关于君臣关系、君民关系有诸多的论述，这些论述，与后儒提出的“君为臣纲”的绝对君权的思想实不可同日而语，混为一谈，即便在今天看来，也仍然有一定的合理成分或可取之处。

以道事君　正己正君

儒家“三纲”即“君为臣纲，父为子纲，夫为妻纲”，我们耳熟能详。“君为臣纲”乃是“三纲”文化的一项重要内容，是汉

张载像

儒提出的政治观念和道德观念，孔子、孟子、荀子等先秦原始儒家并没有这样的思想，他们没有绝对君权的思想。关于君臣关系，原始儒家主张以道事君、格君心之非、从道不从君。

孔子曰："所谓大臣者，以道事君，不可则止。"（《论语·先进》）"以道事君"之"道"即仁道。孔子提倡"忠君"，他说："君使臣以礼，臣事君以忠。"（《论语·八佾》）"子张问政。子曰：'居之无倦，行之以忠'。"（《论语·颜渊》）"忠君"必以恪守"仁道"为原则，依"仁道"的标准和原则去事奉君上，才是真正的"忠"。对君上不盲目，不一味服从，必要的时候犯颜直谏，所谓"勿欺也，而犯之"（《论语·宪问》）。倘若君上不能接受臣下正确的意见，为臣者当辞职引退以持守仁道，所谓"用之则行，舍之则藏"（《论语·述而》）。卫国的史鱼和蘧伯玉事君能以道为先，孔子对他们大家赞赏："直哉史鱼！邦有道，如矢；邦无道，如矢。君子哉蘧伯玉！邦有道，则仕；邦无道，则可卷而怀之。"（《论语·卫灵公》）孔子自己一生都在积极谋求从政，但从未因为想做官而放弃对道的持守。他曾对弟子说："道不行，乘桴浮于海。"

(《论语·公冶长》)当弘道与个人的生命安全发生矛盾时，应以持道为先，宁可牺牲个人生命，也要守道全道，绝不能因求生而害道。

孟子提出了在当时看来更为大胆而独到的观点。他认为，臣与君固然存在从属的关系，臣作为君的辅佐，固然要为君服务；但另一方面，为臣者也有着自己的独立人格和意志，不应成为君主的奴才盲目地为君上服务。君和臣爵位有高低之别，但爵位的高低并不意味着道德的高低，相反，在道德水准上臣往往高于君。因此，君应向有德之臣学习，虚心接受有德之臣的教诲。他还以历史证明自己的观点：商汤先是向伊尹求教，然后任用其为大臣，“不劳而王”；齐桓公也是先向管仲求教，然后任用其为大臣，“不劳而霸”。(《孟子·公孙丑下》)

基于以上认识，孟子提出了正己正君、“格君心之非”的观点。他将臣分为四种类型，即“事君人者”、“安社稷臣者”、“天民者”、“大人者”(《孟子·尽心上》)。“事君人者”是最下的一等，他们一味顺从君上，属妾妇之道。“大人者”是最高境界，“大人者，正己而物正者也”。“正己”指自身的修行；“正物”指正人，包括“正君”。为君者也是人，君上的言行亦有可能出现这样或那样的过失，甚至是大的过失。臣下的职责就在于指出其过失所在，也就是“格君心之非”，孟子认为只有“大人”才能做到“格君心之非”。孟子又说：“君子之事君也，务引其君以当道，志于仁而已”(《孟子·告子下》)，“责难于君谓之恭，陈善闭邪谓之敬，吾君不能谓之贼”(《孟子·离娄上》)。敢于“责难于君”，“陈善闭邪”，才是对君上的真正的恭敬。反之，无原则地去迎合君上，“长君之恶”，“逢君之恶”，则是对君上最大的不恭不敬。这样做的结果只能是助纣为虐，从而置君上于死地，乃至损害国家和人民的利益。

面对昏君暴君，孔子主张臣下消极地离君而去，独善其身。孟子则表现得更为积极。他主张在特殊情况下，如果君不从道，臣子则可放逐君而取代之。异姓之大臣持道谏君而君不听，则去；若为同姓大臣，持道谏君而君不听，则可取而代之。

荀子主张当道义与君主发生冲突时"从道不从君"（《荀子·臣道》），强调为臣者要忠心侍主，他将"忠"分为几种类型："有大忠者，有次忠者，有下忠者，有国贼者。"（《荀子·臣道》）以高尚的道德去感化君上，这是大忠；以自身的德行去感动君上进而补救君上的不足，这是次忠；犯颜谏上是下忠。无论是大忠、次忠，抑或下忠，都不是对君上的绝对顺从。倘若一味服从，苟且偷生，就是国贼了。他提倡身为臣子要做谏臣、争臣、辅臣、拂臣。他说："谏、争、辅、拂之人，社稷之臣也，国君之宝也。"（《荀子·臣道》）。

君臣有义　上下有序

明确提出"君臣有义"之说的儒家学者是孟子。他将"君臣有义"与"父子有亲"、"夫妇有别"、"长幼有序"、"朋友有信"并称"五伦"（《孟子·滕文公上》）。又强调"欲为君，尽君道；欲为臣，尽臣道"（《孟子·离娄上》）。所谓"君臣有义"就是君上与臣下各遵其道，所谓"君道"、"臣道"则是对君上和臣下的要求，或者说是为君和为臣的准则，关此孔孟荀皆有所论。

孔子生活的时代，君弱臣强，所以臣下事奉君上往往简傲无礼，事君尽礼人们反以为谄。面对此种境况，孔子深为叹息，说："事君尽礼，人以为谄也。"（《论语·八佾》）强调君臣之义不可废弃，身为国家大臣，国之栋梁，不能因为"道之不行"，"欲洁其身，而乱大伦"。有识之士出来做官，乃是"行其义也"（《论语·微子》），为臣者应该辅佐君王成就一番事业。孔子所谓"大伦"和"义"就是君臣之伦与君臣之义。《论语·颜渊》载："齐景公问政于孔子。孔子对曰：'君君，臣臣，父父，子子。"意思是说，为君的要像为君的样子，尽君道；为臣的要像为臣的样子，尽臣道；为父的要像为父的样子，尽父道；为子的要像为子的样子，尽子道。依此类推，每一个社会成员都应当恪尽职守，起到自己作为社会一员所应起之作用。

关于君道，孔子说："居上不宽，为礼不敬，临丧不哀，吾何以观之哉?"（《论语·八佾》）为君者对待下臣要宽容，要以礼相待，否则势必会失去下臣们的拥戴和支持。又说："政者，正也。子帅以正，孰敢不正。"（《论语·颜渊》）为君者要以身作则，率先垂范，自己行得正，只有这样，下臣们才能自觉约束自己，不致犯上作乱。

关于臣道，孔子认为为臣者的任务和职责是"事君"，即为君服务效劳。为君服务效劳应该做到兢兢业业、恭恭敬敬，不能有半点的懈怠。"君命召，不俟驾行矣!"（《论语·乡党》）"事君，敬其事而后其食"（《论语·卫灵公》）。孔子弟子子夏所说"事君能致其身"（《论语·学而》），也是这样的意思。

孟子认为一个有为的国君应倡仁爱，施仁政。"先王有不忍人之心，斯有不忍人之政"（《孟子·公孙丑上》）。"国君好仁”，则“天下无敌”。他告诫时君世主，“不仁而得国者有之矣，不仁而得天下，未之有也”。（《孟子·尽心下》）要求为君者务必像古圣王尧那样爱民治民，“不以尧之所以爱民治民”，乃是“贼其民者也”（《孟子·离娄上》），贼其民，只能自取灭亡。国君还要以身作则，起表率作用。孟子意识到君主自身的修行对历史对社会有着巨大的影响，君主修行到极致，则成圣王，反之放弃修行，则势必成为暴君。从历史上看，治世正是圣王成就的功业，乱世正是暴君犯下的罪过。因此，君主自身的修行至关重要，“君子之守，修其身而天下平”（《孟子·尽心下》），“君仁莫不仁，君义莫不义，君正莫不正。一正君而国定矣”（《孟子·离娄上》）。正己才能正人，己不正，何以正人？俗语“上梁不正下梁歪”亦是此意。

孟子强调为臣者须“以舜之所以事尧事君”，否则便是“不敬其君者也”（《孟子·离娄上》）。他根据自己对历史、对现实的认识和理解，根据理想政治的需要，提出为臣者要有“大丈夫”的精神和品格：“居天下之广居，立天下之正位，行天下之大道；得志，与民由之；不得志，独行其道。富贵不能淫，贫贱不能移，威武不能屈，此之谓大丈夫”。（《孟子·滕文公下》）为臣者要以道义为先，其所行所事皆从道义出发。“事君无义，进退无礼，言则非先王之道者，犹沓沓也。”（《孟子·离娄上》）天下有道之时“以道体身”，天下无道之时“以身殉道”（《孟子·尽心上》）。

关于君臣之道，如果说孔子所论比较简约，孟子所论比较宏观，荀子之论述则可谓具体而有见地。《荀子》辟有《君道》、《臣道》专篇讨论君臣问题，《王制》、《王霸》、《富国》、《正论》、《非相》、《非十二子》、《致士》、《修身》、《不苟》诸篇也时或论及这一问题，可以说，在原始儒家乃至在整个先秦诸子中，荀子要算是一位对君臣问题用力最勤、论述最多的思想家。

关于君道，荀子从宏观角度提出，君主的职责在于“善群”(《荀子·王制》)、“能分”(《荀子·富国》)。“善群”就是善于养生、治人、用人、育人。“能分”包括分工等职责。荀子从微观角度对君主提出具体要求，包括谨于修身、实行王道辅以霸道、抓主要矛盾、有观察能力和应变能力、举贤任能以及为民爱民等，所述颇详，篇幅所限，此不赘述。

关于臣道，荀子强调尊君。他说就像为父者乃“家之隆”一样，为君者乃“国之隆”，而“隆一而治，二而乱，自古及今，未有二隆争重而能长久者”(《荀子·致士》)。君上的至尊地位不容动摇，否则势必导致争乱。荀子又说：“无君以制臣，无上以制下，天下害生纵欲。欲恶同物，欲多而物寡，寡则必争矣。”(《荀子·富国》)

当然，儒家所论“君臣有义”是以君上的尊贵地位为前提的，在君臣关系中，君处于主导和主动地位，臣处于从属和被动地位，臣对君的态度一般以君对臣的态度为出发点。譬如孟子说：“君之视臣如手足，则臣视君如腹心；君之视臣如犬马，则臣视君如国人；君之视臣如土芥，则臣视君如寇仇。”(《孟子·离娄下》)君臣之间可以成为朋友，亦可以成为仇人，依君对臣的态度为转移。儒家虽然没有完全否定宗法等级制度和君臣之间的从属关系，但他们关于君臣关系之相对性的论述，他们提出的“以道事君”、“格君心之非”、“从道不从君”主张，凸显出强烈的民主色彩，对传统君臣观和宗法等级制度是一个有力的冲击。没有规矩不成方圆，无论是古代社会还是现代社会都应是有序社会，所以儒家“君臣有义、上下有序”思想确有其一定积极意义，我们应有选择取舍，古为今用。

君舟民水 民为邦本

儒家学者强调无论为君者抑或为臣者都应当为民爱民。孔子对君民关系有一段精彩的论述。他说：“丘闻之，君者，舟也；庶民，水也。水则载舟，水则覆舟。君以此思危，则危将焉而不至矣！”（《荀子·哀公》）在他看来，君民关系就好比舟与水之关系，有水舟才能正常行驶；有庶民的拥护和支持，君主的统治才有可能。在此意义上说，庶民是君主实行政治统治的基础。君主失去庶民，就不能成其为君主。另一方面，水有时也会掀翻舟，使之沉没；民众也可能起来推翻君主，使其政治统治彻底瓦解。所以，君主不应忽视民众的力量，要有忧患意识，应该在思想上把民众放在极其重要的地位。他说：“所重：民、食、丧、祭。”（《论语·尧曰》）告诫君主把民众放在国家事务的第一位，给予高度重视。又说：“使民如承大祭。”（《论语·颜渊》）使用民力要慎之又慎，要像对待重大的祭祀一样慎重。正是从重民的思想出发，孔子要求君上对待民众要“富之”、“教之”，反对“不教而杀”（《论语·尧曰》）。

孟子从社会分工的角度论证了民的重要性。他说：“劳心者治人，劳力者治于人：治于人者食人，治人者食于人，天下之通义也。”（《孟子·滕文公上》）又说：“无野人莫养君子。”（《孟子·滕文公上》）民众是物质财富之源，是君主政治赖以生存和发展的基础，没有民众的生产劳动，社会就不能正常运转，所以统治者应该重民。

孟子还说君主拥有天下，是天所决定的，而天意又是通过民心来表达的，所谓“天视自我民视，天听自我民听”（《孟子·万章上》）。民是天与君之间的一个中介，民心决定天下归属，得民心者就可以得到天意的眷顾，就可以拥有天下；而失去民心者就会遭到天的抛弃，失去天下。所以孟子说：“桀纣之失天下也，失其民也，失其民，失其心也。得天下有道，得其民，斯得天下矣。”（《孟子·离娄上》）

孟子进而提出了“民为贵，社稷次之，君为轻”（《孟子·尽心下》）的观点。他说诸侯的行为如果威胁到社稷的安危，则可以废弃诸侯而另立；天子如果不得民众的支持和拥护，同样可以另立天子；社稷神如果不能保证风调雨顺，使民安康，同样也可以变置之。唯有民是不可变置的，而且是决定天子、诸侯和社稷是否变置的最终因素。于是，民众也就处于至高无上的地位。正是从这种民本意识出发，孟子告诫君主要爱民，要求君上“与民同乐”，反对“独乐乐”。他说：“古之人与民偕乐，故能乐也。”（《孟子·梁惠王上》）独自享乐的君主，尽管有台池鸟兽，但得不到民众的拥护，又怎么能够独乐呢？

荀子提出立君为民主张。“天之生民，非为君也。天之立君，以为民也。”（《荀子·大略》）君是天为民兴利除害所设立，所以君主必须时刻为民众着想，爱护万民，养育众生。站在君主的立场上，出于为自身利益考虑的目的，君主也应该爱民、利民。他说：“故有社稷者而不能爱民，不能利民，而求民之亲爱己，不可得也。”（《荀子·君道》）这与孟子“得民心者得天下”的思想是一致的，不过君本位意识更强一些。

儒家的民为邦本思想，在历史上发挥了积极的作用。而民为邦本的前提是君为上，民众的重要性只是在作为君主的统治工具的意义上而言的。尽管如此，儒家的民为邦本思想还是值得肯定的。

三十、选贤任能　用人不疑

“以德治国”是儒家的基本政治主张,“德治”的实质就是通过统治者的道德教化来引导民众从善。从这个意义上讲,官吏的道德水准,直接关系着政治的成败。所以儒家主张提拔贤能之士为官,实行贤能政治,提倡选贤任能,用人不疑。

尊贤使能　功在社稷

仲弓为季氏宰,向孔子请教如何为政,孔子把举贤才为官吏放在了十分重要的地位,认为选官得其人是为政之关键所在。孔子的另一位弟子子游做了武城宰,孔子问他是否得到了贤能之士,这种询问同样也反映了孔子对举贤才为官的重视。在孔子看来,即使国君昏庸无道,只要选人得当,有贤才辅佐,也能保国泰民安。孔子对此解释说:“举直错诸枉,则民服;举枉错诸直，则民不服。”（《论语·为政》）又说：“举直错之枉，能使枉者直。”（《论语·颜渊》）意思是说任用贤才，把正直的人提拔为官吏，放在邪恶的人之上，则民众就会服从官吏；如果把邪恶之人提拔为官吏，放在正直的人之上，则民众就不服从管理。而且，把正直的人放在邪恶的人之上，让其管理邪恶之人，也可使邪恶之人改邪归正。所以当季康子问如何能使民敬忠以劝时，孔子回答说：“举善而教不能，则劝。”（《论语·为政》）也就是说，官吏不但承担着管理民众的义务，而且还承担着教育民众的义务。国君提拔贤能之人为官，即使不能使邪恶之人改邪归正，也能使他们远离恶而不至为害。

孟子认为得民心者得天下，强调选贤任能是得民心的一种重要手段。他说只要尊重贤人，任用有为者，使俊杰在其位，就可以使天下有识之士心悦诚服，所谓“尊贤使能，俊杰在位，则天下之士皆悦，而愿立于朝矣”（《孟子·公孙丑上》）。他还说：“仁者宜在高位，不仁而在高位，是播其恶于众也。”（《孟子·离娄上》）意思是说有道德的人应当身居高位，无德行者身居高位，只能流毒于四方。孟子还将“尊贤使能，俊杰在位”列为无敌于天下的五事之首。公孙丑问小国如何在大国的挤压下求生存时，孟子说：“莫如贵德而尊士，贤者在位，能者在职。国家闲暇，及是时明其政刑，虽大国，必畏之矣。”（《孟子·公孙丑上》）意思是说如果贤能之人得到任用，小国也会使大国感到畏惧。

荀子重法治，但他同时又认为，法是要靠人来制定和执行的，所以政治成败的关键最终还是在人而不在法。人是法之源，如果有贤能之士来执法，则法虽然不完备，执法之人可触类旁通，以弥补法之不足；如无贤能之人执法，就是法再完备，也可能因为在实际施行中运用不当，而导致国家灭亡。荀子得出结论说："有良法而乱者，有之矣；有君子而乱者，自古至今，未尝闻也。"（《荀子·王制》）意思是说有了良好的法治国家动乱的情况有过，但是有了君子而国家动乱的情况，从古至今，还不曾听说过。所以荀子主张君主治国应把选贤任能看作关系国家兴衰存亡的大事来加以重视。他把对待有识之士的态度分为尊圣、贵贤、敬贤、慢贤四种，还说四种态度的不同决定了国家的四种命运。所谓"故尊圣者王，贵贤者霸，敬贤者存，慢贤者亡"（《荀子·君子》）。意思是说"尊圣"者可以成就王者之业，"贵贤"者可以成就霸者之业，"敬贤"者可以求得国家生存，"慢贤"者必然导致国家消亡。

不拘一格　唯贤是举

清代诗人龚自珍有这样一首诗："九州生气恃风雷，万马齐喑究可哀，我劝天公重抖擞，不拘一格降人才"，反映了知识分子对人才选拔制度的不满，对不拘一格任用人才的渴望。儒家提倡的正是不拘一格、任人唯贤的官吏选拔制度。

西周时期官吏选拔任用的范围是"内姓选于亲，外姓选于旧"（《左传·宣公十二年》），只有世家贵族才能为官，而且官职实行父死子继的"世卿世禄"制，可以说任人唯亲是当时官吏选拔的首要特征。儒家打破了这一禁锢，提出一个人有无资格参加到政治管理活动来，并不取决于他的出身，而是取决于其个人的才能和修养。荀子说："贤能不待次而举，罢不能不待

白鹿洞书院礼圣殿内景

次而废。”“虽王公士大夫之子孙，不能属礼义，则归之庶人；虽庶人之子孙也，积文学，正身行，能属仁义，则归之卿相大夫。”（《荀子·王制》）意思是说对于有才能的人，任用不必按照固有的等级顺序，对于无能之人不必按照等级次序罢免。即便是王公贵族后代，不通礼义，一样可以废为庶人；平民百姓之子，如果学识好，行事端正，有爱心懂礼义，就可以成为卿相大夫。

荀子这种“贤能不待次而举”的用人思想可以说是孔子“有教无类”教育思想的发展和延伸。孔子提出在现实生活中人虽有贵贱、庶鄙、种类、族类之别，但他们有平等受教育的权利，人人都可以通过后天教育成为有用之才。孔子私学之中弟子成分就很复杂，有平民，有商人，也有贵族。这些人不分国籍，不论贵贱，只要有学习的良好愿望，孔子都会一视同仁，诲之不倦。正是因为孔子打破了贵贱、贫富、种族的界限，把受教育的范围扩大到平民，使一些出身微贱之人成为人才，才使后代儒家倡导的不拘一格、任用人才成为可能。

儒家任人唯贤的思想打破了西周以来实行的“世卿制”，扩大了政治人才的选拔范围，使贤能之士有更多的机会施展自己的政治才华，这对于提高政治统治水平无疑是有益的，对后代也产生了巨大而深远的影响。

量能授官　量才授职

儒家主张使用人才时，要根据他们的实际才能进行分类，才高者授之高职，才低者授之低职，尽量做到人尽其才。荀子说：“论德而定次，量能而授官，皆使其人载其事而各得其所宜。上贤使之为三公，次贤使之为诸侯，下贤使之为士大夫”（《荀子·君道》）。意思是说在使用人才的时候，要根据德行来确定等级层次，衡量才能来授予相应的官职，使得他们各尽其才，愉快地胜任自己所承担的工作。上等贤人使他们担任三公，次等贤人使他们担任诸侯，下等贤人使他们成为士大夫。

荀子还对人才有一个具体的分析，他把人才分为三类，认为不同的人才可以胜任不同的工作和职务。一是“官人使吏之材”，也就是基层官吏差役之才。他们的特点是忠厚老实、任劳任怨、精打细算、勤俭节约，做事谨小慎微，唯恐有丝毫疏忽和不当。二是“士大夫官师之材”，也就是中层士大夫官长之才。他们的特点是注重修养身心，行为端正，恪守本分，遵守法制，其思想和行为不会随意改变；谨守职责，谨小慎微于现任的事业，不敢增加也不敢减少，可以使之流传后世，而不会使之受到侵害和篡夺。三是“卿相辅助之材”，也就是辅佐国君治理国家的卿相之才。他们的特点是深知崇尚礼仪是为了使君主尊贵，深知爱才可以使国君赢得尊贤的美名，深知爱惜百姓可以使国家安定，深知稳定的法律制度可以促成统一的风俗，深知尊贤使能可以使国家得到有效治理，深知强本禁末、发展农业限制商业是为了使国家富足，深知不与臣民争夺小利是为了有利于国家，深知制度之制定与执行、人事之权衡应与客观事实相符合，而不是拘泥不变恪守成规。荀子认为作为国君在使用人才时，对不同层次的人才使用得当，就是深得“人主之道”，就可以身心安逸而国家长治久安。事实上只要做到了对人才的合理使用，身心安逸的岂止封建君王，在现代社会，人尽其才，同样可以使小到一个集体大到一个国家兴旺发达、繁荣昌盛。

疑人不用　用人不疑

“疑人不用”是说对人才的选拔和使用要经过严格缜密的甄别考核，非真正的人才绝对不可以选拔使用。如韩愈《杂说》所云：“世有伯乐然后有千里马，千里马常有而伯乐不常有。”于是常常会发生“千里马骈死于槽骊之间”的悲剧。所以，确认和选拔出真正的人才绝非易事。

在儒家看来既仁且智、德才兼备方能算是真正的人才。那么怎样才能选出真正既仁且智、德才兼备之人呢？孟子说：“国君进贤，左右皆曰贤，未可也。诸大夫皆曰贤，未可也。国人皆曰贤，然后察之，见贤焉，然后用之。左右皆曰不可，勿听。诸大夫皆曰不可，勿听。国人皆曰不可，然后察之，见不可焉，然后去职。”（《孟子·梁惠王下》）意思是说，国君选拔官吏，不能只听身边人的意见，应以国民的意见为主，然后再加上自己的观察判断。孟子还说选贤能之士为官，要防止投机钻营之徒以不正当手段谋求官职，他把那些为了个人的一己私利，而靠投机钻营手段谋取官职的人比作钻墙盗洞的盗贼，告诫君主和统治者要严防这些奸邪盗贼之人的阴谋得逞而危害国家政治。荀子提出“取人之道”，首先用礼来衡量其品德是否高尚，其次用事功来考察其能力水平，再次用政绩来评估其为官是否能持久，他认为只要做到这三点，就可以“伯乐不可欺以马，而君子不可欺以人”（《荀子·君道》），真正选到既仁且智、德才兼备之人。

“用人不疑”是说任用贤能之人就要完全彻底地信任他们。荀子说君主任用贤能的人做事，却和不贤的人一起去限制他；让聪敏的人考虑问题，却和愚蠢的人一起议论品评他；任用廉洁之士去做事，却和品德卑污之人一起去猜忌他。任用贤能之士，却不信任他们，用奸邪污妄之人来监督评论他们，这就好像用弯曲的木头来测量直木的影子一样。这样做的结果，只能是使贤能之士退却而奸邪之人横行，不是真正的尚贤使能。荀子分析认为，产生这种情况的原因主要在于用贤不诚，即对贤人缺乏应有的诚意。他说：“人主之患，不在乎不言用贤，而在乎不诚心用贤。”（《荀子·君道》）他提出真诚用贤的重要表现是“贱不肖”。他说：“夫言用贤者，口也；却贤者，行也。口行相反，而欲贤者之至，不肖者之退也，不亦难乎？”（同上）意思是说若要真正地做到尚贤使能，就要远离奸邪污妄之人，真心诚意地相信贤能之士。又说："贵贤，仁也；贱不肖，亦仁也"（《荀子·非十二子》）。认为"贵贤"和"贱不肖"同样都是"仁"的表现，地位同等重要。关于任用贤人要有诚意，孟子也有过论述，他说对贤人如果不以其道相见，就等于是心里想见贤人，却自己把门关上了。的确，举凡贤能之人都比较有个性，如果缺乏诚意，不能以诚道相待，就等于是拒贤人于门外。

儒家选贤任能、用人不疑的思想对后世产生了巨大影响。我国汉代的察举、征辟制，魏晋的"九品中正制"，直至隋唐以后的科举制，都是儒家举贤能方法的延续和发展。尤其是科举制，即通过考试选拔官吏的方法，现在已经被世界上众多国家所接受。这也反映了儒家思想的永恒价值。

三十一、移风易俗　整饬风气

儒家认为，社会环境和习俗不但可以影响人的思想和道德品质，而且关系着国家的安危存亡。所以儒家特别重视移风易俗，希望通过整饬社会风气，为个人的成长创造良好的社会环境，为国家的长治久安打下坚实的基础。

注错习俗　所以化性

孔子说："性相近也，习相远也。"（《论语·阳货》）认为人的先天本性是相近的，但因为后天习染的不同，结果导致人与人之间有了差别，有的人成了道德高尚的君子，有的人却沦落为品质低劣的小人。这种后天的习染，当然包括社会环境和习俗的熏陶。可见，社会环境和习俗对人的成长和道德水准具有决定性的影响。

孟子主张人性本善，同时也承认社会环境和习俗对人的影响。良好的社会环境和习俗有利于人保存和养护内心之善性，而不好的社会环境和习俗对人本心善性“犹斧斤之于木也，旦旦而伐之”（《孟子·告子上》），天长日久，就会使人丧失本心之善而近于禽兽。孟子曾和宋国的大夫戴不胜讨论如何使国君行善，孟子以学习语言为例说，有一个楚国的大夫想让他的儿子学习齐国的语言，那么是让齐国的人来教呢，还是让楚国的人来教？戴不胜认为应该让齐国人来教。孟子说，即使让一个齐国人来教这个孩子学习齐国的语言，但如果有许多楚国人在他周围喧扰，就是每天用鞭子抽打让其说齐国的语言，也不可能达到目的；如果把这个孩子置于齐国的繁华都市中，让其每天接受齐国语言环境的熏陶，假以时日，一定能够说一口纯正地道的齐国语言。可见，环境对学习语言是多么的重要。同样，社会环境对道德修养也特别重要：如果在国君身边的都是善士，国君经常接触这些君子，耳闻目染，自然就会向善了；反之，如果国君周围都是奸佞小人，即使有一两个善士力谏国君向善，也不可能有任何效果。环境对人的影响，由此可见。（参见《孟子·滕文公下》）

荀子是人性本恶论者，但同时又认为人性并不是一成不变的，而是可以在后天人为因素的作用下发生变化的。他说：“性也者，吾所不能为也，然而可化也。”（《荀子·儒效》）根据这样的观点，荀子提出了“化性起伪”（《荀子·性恶》）的主张，即通过后天人为的努力，化解恶的自然本性，发展出道德仁义等道德属性。具体到如何“化性起伪”，荀子强调社会环境和习俗的重要性。他说：“注错习俗，所以化性也……习俗移志，安久移质。”(《荀子·儒效》)也就是说,社会环境和习俗可以改变人的本性,积累日久,就可以改变人的本性。荀子说:“蓬生麻中,不扶自直,白沙在涅,与之俱黑。兰槐之根是为芷,其渐之滫,君子不近,庶人不服。其质非不美也,所渐者然也。”(《荀子·劝学》)蓬草生长在麻丛中,不用扶持就会长得像麻一样笔直;白色的沙子混入黑色的泥土中,就会变黑;兰槐的根有香味,可以用作香料,但如果在臭水中长期浸泡,就会有臭味,君子不愿接近,庶人也不愿佩戴。这并不是因为它本身材质不美,而是环境使然。荀子用一系列自然中的例子作比喻,目的在于说明环境对人的成长是多么的重要,有什么样的风俗环境,就会使人形成什么样的习性,所谓“可以为尧舜,可以为桀跖,可以为工匠,可以为农贾,在势注错习俗之所积耳”(《荀子·荣辱》)。人与人之间在先天本质上是相近的,之所以有人成为尧、舜那样的圣人,而有人成为夏桀、盗跖那样的暴君或强盗,都是后天环境习俗熏染的结果。

择仁而居　慎择师友

鉴于社会环境和习俗对人的成长和发展的重要性,儒家特别重视对环境的选择,提出了“慎择居”、“慎择师友”的主张。

关于择居,孔子说:“里仁为美,择不处仁,焉得知?”(《论语·里仁》)荀子说:“故君子居必择乡。”(《荀子·劝学》)这都是教人要选择民风淳朴、道德仁厚的乡里作为居所,认为不选择风俗仁厚的乡里作为住所的人是不明智的。“孟母三迁”的故事就是一个很好的例子：孟子小时候曾住在墓地之侧，目之所见，耳之所闻，都是丧葬之事，受此熏染，孟子也跟着学习丧葬之仪；为了改变环境，孟子的母亲把家迁到市场之旁。然而在此环境下，每日所见都是贩卖之事，孟子也跟着学习。迫不得已，孟子的母亲又一次搬家，这一次定居在了学校之侧，受学校所习礼乐文化的熏陶，孟子苦读诗书，连儿戏也“设俎豆，揖让进退”，终于成为一代“亚圣”。

邵雍像

关于择友，孔子说：“故曰与善人居，如入芝兰之室，久而不闻其香，即与之化矣。与不善人居，如入鲍鱼之肆，久而不闻其臭，亦与之化矣。丹之所藏者赤，漆之所藏者黑，是以君子必慎其所与处者焉。”（《孔子家语·六本》）结交品德高尚的朋友，受其熏习陶冶，时间长了，不觉潜移默化，自己也成了道德高尚的君子；结交品质低劣的朋友，受其恶习濡染，时间一长，不觉积是成非，自己也成了道德败坏的小人。所以君子交友不得不慎。孔子有“益者三友，损者三友”之说，认为“友直，友谅，友多闻，益矣。友便辟，友善柔，友便佞，损矣”（《论语·季氏》）。结交正直、诚信、见多识广的人为友，无疑对自己的修身进德是有助益的；结交善于逢迎周旋、巧言善辩而道德浅薄的人为友，当然对自己的修身进德是有损害的。孔子只是举其大概，说明交友事关重大，不可不慎，至于益友、损友，当然远不止以上所列几种，那些能对自己的德业有所帮助的人，都是可以结交的益友，而那些对自己的德业有所伤害的人，都是不可结交的损友。

荀子也说："夫人虽有性质美而心辩知，必将求贤师而事之，择良友而友之。得贤师而事之，则所闻者尧舜禹汤之道也；得良友而友之，则所见者忠信敬让之行也。身日进于仁义而不自知也者，靡使然也。"（《荀子·性恶》）与良师益友相处，所听到的都是尧、舜、禹、汤等圣贤之道，所看见的都是忠、信、敬、让等仁义之行，耳闻目染，日积月累，不知不觉中就能提高自身的道德水准，成为君子贤士；如果选择不善之人为师为友，所见所闻都是欺骗、伪诈、淫邪等恶言恶行，受其影响，就会沦落为道德低劣的小人，甚至"身且加于刑戮而不自知"（《荀子·性恶》）。故荀子总结说："取友善人，不可不慎，是德之基也。《诗》曰：'无将大车，维尘冥冥。'言无与小人处也。"（《荀子·大略》）

礼乐教化　以正风俗

除了要选择环境，儒家还主张移风易俗，尤其对统治者来说，要努力创造良好的社会环境和习俗，进而达到和谐社会秩序的政治目的。儒家认为，衡量一个国家政治好坏的一个重要标准，就是看这个国家的社会风气是否淳厚；反过来说，培养良好的社会风气也是实现政治目标的重要手段之一。

孟子肯定良好的社会风气对于治理国家的重要性，他认为商纣王之残暴，却“久而后失之”，主要原因在于“纣之去武丁未久也，其故家遗俗，流风善政，犹有存者”（《孟子·公孙丑上》）。

鉴于此，儒家主张为政当以培养良的社会风气为要。在儒家看来，移风易俗、端正社会风气的关键在于礼乐教化。

《礼记·曲礼上》说：“教训正俗，非礼不备”，把礼看作端正风俗、达致社会和谐的必备手段。礼的内容十分丰富和复杂，简而言之，礼包括典章制度和行为规范两个方面。儒家所谓的礼，主要是指行为规范。《礼记·坊记》说：“礼者，因人之情而为之节文，以为民坊者也。”即礼是根据人之常情制定的、用来节制人的行为规范，其目的在于防范不当行为的发生。在儒家看来，礼虽然是一种外在的规范形式，但内在却蕴含着仁义等道德内容。正如《礼记·儒行》所谓“礼节者，仁之貌也”。以礼教民，使之依礼而行，就能使民德归厚，形成良好的社会风气。有了良好的社会风气，政治自然就会清平，所以儒家特别重视礼教，强调“道德仁义，非礼不成”（《礼记·曲礼上》），提倡对民要“道之以德，齐之以礼”（《论语·为政》），以醇厚社会风气，形成良好的社会环境和习俗。

除了礼，乐对端正社会风气也有着十分重要的作用。荀子说：“夫乐者，乐也，人情之所必不免也。”（《荀子·乐论》）正因为音乐起源于人的情感需要，是内心喜怒哀乐的自然流露，所以最能打动人心，容易引起共鸣，可以作为教化的重要手段。所以荀子说：“乐者……可以善民心，其感人深，其移风易俗，故先王著其教焉”（《荀子·乐论》）。《孝经》也说：“移风易俗，莫善于乐。”把音乐看作感化民心、端正社会风气最有效的手段。

当然，不是所有的音乐都有端正社会风俗的功效。儒家把音乐分为正声雅乐和邪音淫声两种，正声雅乐可以使人向善，能起到端正社会风气的功效；而邪音淫声则会扰乱人心，败坏社会风气。孔子“恶郑声之乱雅乐也”（《论语·阳货》），有感于郑卫等国的邪音淫声扰乱了雅乐，败坏了社会风气，故决心对音乐进行一番整理，并曾自豪地说：“吾自卫反鲁，然后乐正，雅、颂各得其所。”（《论语·子罕》）荀子说：“凡奸声感人而逆气应之，逆气成象而乱生焉；正声感人而顺气应之，顺气成象而治生焉。唱和有应，善恶相象，故君子慎其所去就也。君子以钟鼓道志，以琴瑟乐心；动以干戚，饰以羽旄，从以磬管。故其清明象天，其广大象地，其俯仰周旋有似于四时。故乐行而志清，礼脩而行成，耳目聪明，血气和平，移风易俗，天下皆宁，美善相乐。”（《荀子·乐论》）人受奸邪之声感动，悖逆之气相感而生，就会为非作歹，败坏社会风气；人受纯正之声感动，和顺之气相感而生，就会一心向善，有利于净化社会风气。由于不同的音乐会产生截然不同的效果，所以荀子告诫人们要谨慎选择音乐，应“贵礼乐而贱邪音”，切不可使“夷俗邪音”扰乱雅音。以中正平实、严肃庄重的音乐感化百姓，就能使其耳聪目明，内心平和，从而达到端正社会风俗的目的。

“乐由中出，礼由外作”（《礼记·乐记》），“乐所以修内也，礼所以修外也”（《礼记·文王世子》），礼重在外在的行为规范，乐重在内在的情操陶冶，两者一内一外，相互配合，就可以达到净化人心、端正社会风俗的目的。社会风气良好，人人向善，自然就会形成良好的政治秩序。

三十二、以史为鉴　以史寄志

儒家在先秦诸子各家中是最重视历史传统的，他们祖述尧舜，宪章文武，积极搜集和整理各种类型的历史文献，从中总结历史发展的规律和经验教训，对人类社会的发展作出理性判断，依此提出自己的政治主张，为其所从事的政治和教育事业服务。

百世可知　一治一乱

在儒家产生前的殷商和西周时代，神意史观占统治地位。殷周时人们认为世间诸种事物及人类社会的发展皆受神灵的支配和制约，社会的礼仪制度、典章规范为超人格的上帝所创制，王朝的更替也是由神灵旨意决定的。儒家虽然没有与天命彻底决裂，但已不再纯粹从神意出发来解释和说明历史的发展和变

东京汤岛圣堂大成殿

化，而是回到人类本身，以理性的眼光来看待人类社会的历史，探讨人类社会发展的规律，总结前人的成败得失来为现实服务。

孔子说："殷因于夏礼，所损益，可知也；周因于殷礼，所损益，可知也。其或继周者，虽百世可知也。"（《论语·为政》）作为社会制度的"礼"，总是处于不断的发展变化之中，殷代的制度是在继承夏代制度的基础上有所损益而成的，周代的制度是在继承殷代制度的基础上有所损益而成的，以此类推，后世的制度也一定是在继承周代制度的基础上有所损益而成的。历史发展就是如此，每一朝代都是继承前一朝代的制度而略有改变，今后百世也是如此，故百世之后的制度也是可以预见的。

孟子总结以往历史的发展过程说："天下之生久矣，一治一乱。"（《孟子·滕文公下》）即人类社会总是在太平与动乱的交替中不断向前发展。这种"一治一乱"的发展过程，并不是神灵的安排，而是统治者本身的行为所致。他说："桀纣之失天下，失其民也；失其民者，失其心也。得天下有道，得其民，斯得天下矣；得其民有道，得其心，斯得民矣。得其心有道，所欲与之聚之，所恶勿施尔。民之归仁也，犹水之就下，兽之走圹也。”（《孟子·离娄上》）在孟子看来，民心向背是政治成败的关键，统治者施政得当，就会得到民众的真心拥护，天下就会太平；若统治者暴虐残忍，欺压民众，使其无法生存，必然会遭到暴力反抗，社会就会陷入混乱。动乱日久，民心思定，这时如果有仁者出现，就能得到民众的拥护，取代残暴的君主而有天下，社会又重新恢复正常的秩序。孟子认为“五百年必有王者兴”，即历史发展的“一治一乱”大约相当于五百年，每隔五百年就会出一个圣王，来拨乱反正，开创太平盛世。“由尧至于汤，五百余岁……由汤至于文王，五百余岁……由文王至于孔子，五百余岁……自周而来，七百有余岁矣。以其数，则过矣，以其时考之，则可矣。”（《孟子·公孙丑下》）暗示现在又到了“王者兴”的时候，而承担这个历史使命的人，就是孟子自己。“夫天不欲平治天下也，如欲平治天下，当今之世，舍我其谁也。”（《孟子·公孙丑下》）孟子之所以自负地认为自己就是“平治天下”的不二人选，是因为他认为自己掌握了历史发展的规律和治乱的关键，洞悉前代圣王之道，有能力完成这一伟大的历史使命。

荀子说：“百王之无变，足以为道贯。一废一起，应之以贯，理贯不乱。不知贯，不知应变，贯之大体未尝亡也。”（《荀子·天论》）也就是说，虽然人类社会总是处于不断的变化之中，有兴衰废兴的交替，但在这种变化中，却存在着连贯性和继承性，在今与古之间，在后王与先王之间，始终贯通着不变的“道”。能知“道”应变，则社会就会有条理而不乱；不知“道”则不能应变，社会就会陷入混乱。

总之，在儒家看来，人类社会总是处于不断发展变化之中，而且这种变化是有继承性的，是有规律可循的。通过总结以往的历史经验，就能掌握社会发展规律，预见未来社会的发展趋势。通过运用这种发展规律，就可以使社会向好的方向发展。

道法先王　以近知远

孔子、孟子、荀子生活在春秋战国的乱世之中，目睹生灵涂炭，哀民生之不幸，希望通过绍述和实践先王之道，结束诸侯纷争的局面，把社会导入正常的发展轨道，再现历史上曾经出现过的太平盛世。

孔子说自己是“信而好古”（《论语·述而》），他赞扬尧、舜、禹说：“大哉！尧之为君也。巍巍乎！唯天为大，唯尧则之。荡荡乎！民无能名焉。巍乎其有成功，焕乎其有文章。”“巍巍乎，舜禹之有天下也，而不与焉。”（《论语·泰伯》）尧、舜、禹能够超越一己之私，时时以天下百姓的安乐为念，自奉清廉，戮力为公，真正以养民、育民为己任，结果开创了一个人民安居乐业、天下顺服的太平盛世，但他们从来不将天下看成是自己的，在退位之前把帝位让给贤能之人，而不是让自己的儿子来继承，其圣德伟业像天一样高大。对西周初的文武之道，孔子更是推崇备至，说：“周监于二代，郁郁乎文哉，吾从周。”（《论语·八佾》）周初的文王、周公和武王虽然不像尧、舜、禹那样实行禅让制，而是子承父业以有天下，但他们能够敬德保民，以天下苍生的幸福为念，制礼作乐，所订立的制度、措施都能满足民众的需要，开创了又一个太平盛世。文武之道是孔子心目中理想政治的标准。孔子一生积极追求的，就是复兴周初的文武之道，他自述其抱负说："如有用我者，吾其为东周乎！"（《论语·阳货》）。孔子赞颂尧、舜、禹和文武之道，目的在于告诫时君不要因贪图权力与个人享受而导致征伐连连，陷民众于水深火热之中而不顾。

孟子"言必称尧舜"（《孟子·滕文公上》），明确提出了"法先王"的政治主张，他说："《诗》云：'不愆不忘，率由旧章'，遵先王之法而过者，未之有也。"（《孟子·离娄上》）在孟子看来，尧、舜、禹、汤、文王、武王、周公等先王，制礼作乐，粲然可观，施教设政，无所不宜，因而是值得私欲极度膨胀而导致生灵涂炭的时君学习和效法的。只要遵循先王之道而行，国家不可能治理不好，天下没有不太平的道理。孟子周游列国，游说各国君主，"非尧舜之道，不敢以陈于王前"（《孟子·公孙丑下》），目的就是希望各国君主能够推行王道，以仁爱之心对待民众，放弃武力征伐，让百姓安居乐业，使天下重归太平。

荀子对古代先王如尧、舜、禹、汤、文王、武王、周公也是赞不绝口，主张借鉴先王有益的经验教训，要求"明于先王之所以得之，所以失之"（《荀子·君道》）。他还批评邓析、惠施"不法先王"（《荀子·非十二子》）。然而，他批评思孟学派时说："略法先王而足乱世，术谬学杂，不知法后王而一制度。"（《荀子·儒效》）却又主张"法后王"，认为"至治之极，法后王"（《荀子·成相》）。其实荀子的"法后王"和孔子的"郁郁乎文哉，吾从周"，以及孟子的"法先王"在精神实质上是一致的，都是主张效法先王之道，只不过荀子认为“法先王”应该“以近知远”（《荀子·非相》）。在荀子看来，“百王之无变，足以为道贯”（《荀子·天论》），“天地始者，今日是也；百王之道，后王是也。君子审后王之道，而论于百王之前”（《荀子·不苟》）。先王之道是很久以前就存在的，而且其精神实质是不变的，远古时代的王道，由于时代久远，已经变得模糊不清而难以稽考了，而近古的西周文武之道还是明察可观的，当世之人，应该效法较近的周道，再通过文武之道而推知尧舜之道。荀子反对舍弃明白可察的后王之道而直接去效法文灭节绝的先王之道。

当然，先秦儒家的“法先王”，并不是要真正地恢复先王的制度，他们提出“法先王”是在“托古改制”，是为自己的政治主张张目。他们所谓的“先王”，也未必是历史上真正的先王。孟子宣传先王之道的目的是为其“仁政”思想寻找一个历史的根源。他说：“尧、舜之道，不以仁政，不能平治天下。”（《孟子·离娄上》）为了达此目的，他把历史上的尧、舜、禹、汤、文王、武王等描绘成为一个个道德高尚，关心民生，能与民同乐的理想人物。认为这些先王能行“仁政”，是因为他们皆有仁心，即“先王有不忍人之心，斯有不忍人之政”（《孟子·公孙丑上》）。借此来说服当前的统治者实行“仁政”。荀子说：“故善言古者，必有节（验）于今。”（《荀子·性恶》）更直接地说出了他所谓的先王之道是有验于今的，是在牵古就今，“托古改制”的目的暴露无遗。先秦儒家所称道的“先王”或“后王”，都是他们所粉饰、创造的理想中的“王”，不能把其和历史上的真人作等量观。

以史寄志　针砭时弊

儒家特别重视修史，他们积极地搜求、整理和编辑各种类型的历史文献。史载孔子曾经删《诗》、《书》，作《春秋》，开私人修史的先风。孔子删《书》作《春秋》，并不是仅仅出于搜集、保存史料的考虑，而是要“以史寄志”，希望通过修史来陈述自己的政治主张，为当前的政治服务，为后世立法。

《春秋》是以鲁国旧有的史册为依据，由孔子按照一定的体例，加以删削、改写而成的。孔子在对鲁国的史册进行笔削时，遣词用字体现出一套褒贬书法，借此表达他对现实问题的见解，寄托社会理想。比如，公元前632年，晋文公率晋、齐、宋、秦联军打败了楚、陈、蔡联军，随即大会诸侯，举行“践土之盟”，并把周天子召来与会，宣布承认他的霸主地位。《春秋》对此事的记载却是：“天王狩于河阳。”（《春秋·僖公二十八年》）《左传》对此事的解释是：“是会也，晋侯召王，以诸侯见，且使王狩。仲尼曰：‘以臣召君，不可以训。’故书曰：‘天王狩于河阳。’言非其地也，且明德也。”可见这是孔子采用了隐讳的书法，隐瞒了历史真相，表明了他对以臣招君的做法的不满，寄托了孔子希望恢复西周时代“礼乐征伐自天子出”的政治理想。《春秋》笔法，还表现在对诸侯爵号的使用上。春秋时诸侯的爵号，同西周初年相比，几百年间已发生了很多变化。齐君由西周初便自称为“公”，晋君在春秋初更号为“公”，郑君在周室王中始受封时便号为“公”。其他如陈是舜的后裔，杞是禹的后裔，周初受封时被看作先王之后，也封为“公”。但孔子仍然墨守周初封爵的老例，在《春秋》中只书“齐侯”、“晋侯”、“郑伯”、“陈侯”、“杞侯”，以此来鞭挞那些竟敢蔑视周天子权威的“乱臣贼子”，以达到“正名分”的目的。

孟子对孔子的《春秋》笔法是极为推崇的，他把孔子作《春秋》看作一件极为了不起的大事。他说：“世道衰微，邪说暴行有作，臣弑其君者有之，子弑其父者有之，孔子惧，作《春秋》，《春秋》者，天子之事也。是故孔子曰：‘知我者其惟《春秋》乎！罪我者其惟《春秋》乎！’”（《孟子·滕文公下》）在孟子看来，孔子伤世事之衰微，哀礼乐之崩坏，于是便借修《春秋》的方式，以褒贬的手段，辨善恶，明是非，要使“天下无道”的社会恢复到“天下有道”的局面。孔子这种针砭时弊、拨乱反正的做法，正是天子职内之事。孔子虽无天子之位，但其作《春秋》却是在行天子之事。而且孟子认为，《春秋》的作成，在当时产生了巨大的影响。他说：“孔子成《春秋》而乱臣贼子惧。”（《孟子·滕文公下》）所以孟子把孔子作《春秋》和禹治洪水、周公兼夷狄同等看待。

《尚书》是中国上古虞、夏、商、周四代历史文献的选集。孔子选编《尚书》的目的，不仅仅在于保存历史文献，更重要的是为了阐述他的政治理论，以为统治者留下一部统治天下的大经大法。选编的《虞夏书》几编，极力赞扬尧、舜、禹的“禅让”，目的是为了鞭挞春秋时弑君灭国的行为，借古规今，提倡以德治天下，反对暴力政治。选编的《周书》绝大部分是西周初的文献材料，目的在于宣扬文武周公之道，告诫春秋时的当政者要“敬德保民”，才能立于不败之地。而孔子没有选入《尚书》的《逸周书》各篇，真实地记载了武王伐纣时的残酷杀伐行为，有宣扬暴力的倾向，这同孔子所宣扬的仁义之师和"善为国者不师"的意旨是完全不同的，所以为孔子所不齿，遭到了他的摒弃。

孔子根据自己的政治主张取舍历史材料的做法被孟子所继承。《武成》篇因为记载了武王伐纣杀人太多，以至"血流漂杵"，孟子便以为不可信，说："尽信书，则不如无书，吾于《武成》，取二三策而已。仁人无敌于天下，以至仁伐至不仁，而何其'流血漂杵'也。"（《孟子·尽心下》）

总之，儒家编修史书的目的并不在于恢复历史的本来面目，以史寄志、针砭时弊才是儒家史学的灵魂之所在。

三十三、与时偕行　变通趋时

"时"是儒家思想中一个重要概念。孟子曾赞孔子是"圣之时者也"，认为孔子之所以是圣人，其中一个重要原因就在于他能知时而动、与时偕行。儒家的重要典籍《周易》更是多次强调"时"的重要性，以至于后儒认为"时"就是《周易》和儒家思想的精髓。儒家重"时"的思想影响深远，江泽民提出的"与时俱进"，就是儒家与时偕行思想在当下的再现。

时大矣哉　明时之义

"时"的最初含义指天地万物生生不息的某种时序，其源头就是通常所说的"四时"。古人仰观天文，俯察地理，发现"日往则月来，月往则日来，日月相推而明生焉。寒往则暑来，暑往则寒来，寒暑相推而岁成焉"（《周易·系辞下》），日月代出，四季更替，草木枯荣，虫兽潜现，周而复始，具有恒常、准确、有序、循环的特点，且春生、夏长、秋收、冬藏，又组合而形成生命的周期，这都给先民以鲜明强烈的印象，由此发展出了“时”与“变”的哲学观念，即万物都处于不停的流变之中，“时”构成了自然万物运动变化的背景与条件。不但如此，人们还把对“天时”的认识所形成的观念引申融合到社会人生领域，发展出了具有社会属性的“时”的观念，即人类社会本身和自然界一样，具有“时”与“变”的特征。儒家所谓的“时”，正是兼具自然性和社会性的“时”，它不仅是天地万物和人类社会的存在方式，更是人类生存的整体背景或者境遇的表征。在儒家看来，不管是自然属性的“时”，还是社会属性的“时”，都直接关系着人类的生存和发展，人只有认识和顺应自然界和人类社会发展变化的时序，才能达到主观与客观的和谐统一，保证自身的生存和发展。

孔子在回答弟子如何为政的提问时说：“道千乘之国：敬事而信，节用而爱人，使民以时。”（《论语·学而》）“使民以时”，就是说当政者要根据自然界和人类社会发展变化的时序和规律，合理地使用民力。把“使民以时”作为治理国家的一条重要原则加以强调，说明孔子已经充分认识到“时”的重要性，并能够在实践中加以利用。

“王道”是孟子的政治理想，而识“时”之义，用“时”之几，顺“时”而动是实现“王道”理想的开端。孟子说：“不违农时，谷不可胜食也；数罟不入洿池，鱼鳖不可胜食也；斧斤以时入山林，材木不可胜用也。谷与鱼鳖不可胜食，材木不可胜用，是使民养生丧死无憾也。养生丧死无憾，王道之始也。五亩之宅，树之以桑，五十者可以衣帛矣；鸡豚狗彘之畜，无失其时，七十

之一。《中庸》载孔子的话说:“君子之中庸也,君子而时中;小人之反中庸也,小人而无忌惮。”君子能审时度势,根据外在客观环境的变化及时调整自身行为,动静不失其时,进退皆中节,符合中庸之道;而小人无知无畏,不管时空如何变化,不管客观条件是否允许,都固执一已之见,肆无忌惮,为所欲为,必然招致灾祸。

孟子曾比较伯夷、伊尹和孔子三位的出仕态度:“非其君不事,非其民不使;治则进,乱则退,伯夷也。何事非君,何使非民;治亦进,乱亦进,伊尹也。可以仕则仕,可以止则止,可以久则久,可以速则速,孔子也。”(《孟子·公孙丑上》)伯夷有所固执:不是他的君主不侍奉,不是他的人民不使用,国家能治理他就出仕,国家混乱他就退避,是“圣之清者”。伊尹则有些随意:任何君主都侍奉,任何人民都使唤,国家能治理出仕,国家混乱亦出仕,是“圣之任者”。孔子与他们不同,可以出仕就出仕,可以退避

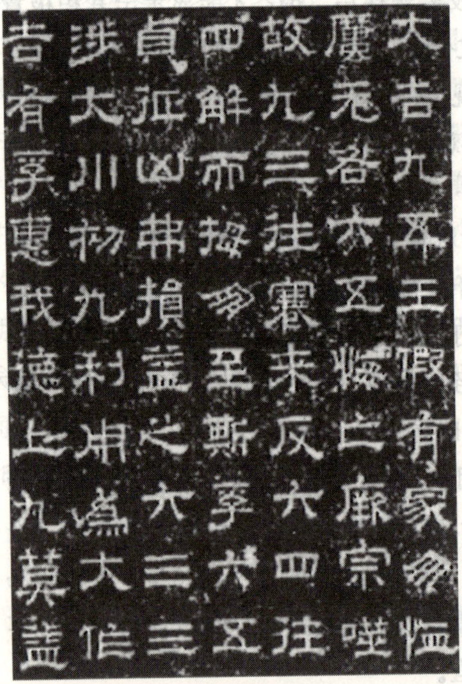

汉熹平石经

就退避，能长久干就长久干，能迅速果断就迅速果断，是一个能够趋时达变、行为合乎时宜的人，是“圣之时者”（《孟子·万章下》）。公孙丑问伯夷、伊尹能与孔子相提并论吗？孟子的回答是“否。自有生民以来，未有孔子也。”因为孔子做到“可以仕则仕，可以止则止，可以久则久，可以速则速”。孟子就把孔子看作是自有人类最伟大的圣人，说明孟子本人也极其看重“与时偕行”原则。

荀子也一再强调要“与时屈伸”、“与时迁徙”。他说：“与时屈伸，柔从若蒲苇，非慑怯也；刚强猛毅，靡所不信，非骄暴也。以义变应，知当曲直故也。”（《荀子·不苟》）意思是说，如果能与时屈伸，有时就应该表现得像蒲苇编的席子一样柔弱，但这样的柔弱并不是胆怯懦弱，而是时势所致，是应时势而为；有时就应该表现得刚猛坚毅，但这样的刚猛坚毅并不代表骄傲粗暴，而是时势使然，是应时而动。总之，与时屈伸就是要随外在客观环境的变化，根据具体的遭际，采取合适的策略，时当进则进，时当曲则曲。

与时俱进　守时待变

人的时遇具体分顺境和逆境两种。在顺境中，当客观条件允许时，要与时俱进，以建功立业。与时俱进的关键在于知几和见几而作。《周易·系辞下》说“几者，动之微，吉之先见者也。君子见几而作，不俟终日。”“几”就是事物发展变化的苗头，“知几”就是在事物发展变化刚露出苗头、显出征兆的时候就加以认识和把握，以便“见几而作”，采取积极的正确的行动，促使事物向好的方向发展。常言道，机不可失，时不再来，如果错过来时机，也就丧失了成就辉煌事业的可能。新时代中国的改革开放，正是以邓小平为核心的第二代领导集体能够准确把握“和平与发展是时代的主题”的世界发展大趋势，与时俱进，及时调整发展思路，把工作重心由“以阶级斗争为纲”转变为“以经济建设为中心”，对内搞活，对外开放，加强和其他国家的经济联系和交流，极大地促进了中国的经济和社会发展。世界形势的发展为中国提供了千载难逢的良好环境，中国政府和人民成功把握和利用了历史为我们提供的机遇，与时俱进，趁势而上，改变了近代以来积贫积弱的不利局面，开创了中华民族走上伟大复兴道路的新局面。这是儒家见几而作、与时俱进哲学在当代成功运用。

而在逆境下，当客观条件不允许时，要懂得潜藏退隐，以待时变。然人人皆知进之利，而不知退之利，正如《周易·乾·文言传》所说：“知进而不知退，知存而不知亡，知得而不知丧。知进退存亡而不失其正者，其惟圣人乎！”所以儒家特别强调隐退的重要性。

当然，儒家所谓的潜藏隐退并意味着消极沉沦，而是在身处逆境时的一种积极的变通趋时的策略，正如《周易·乾·文言传》所说：“潜之为言也，隐而未见，行而未成，是以君子弗用也。君子学以聚之，问以辩之，宽以居之，仁以行之。”儒家所谓的潜藏退隐的过程，也是进德修业、以待时变的过程，是为将来作准备的过程，是一种以退为进的策略。《周易·系辞下》对此有形象的解释：“尺蠖之屈，以求信也。龙蛇之蛰，以存身也。

精义入神，以致用也。利用安身，以崇德也。”尺蠖这种小虫子脚生在头部和尾部，所以行动起来，样子非常怪，要将长在尾部的脚，移到齐近头部的脚，然后头部的脚再向前移动，如此继续不断。当头部的脚和尾部的脚靠在一起的时候，整个身子就弯了起来，所以它在向前行进之际，实际上就是不断弯成弓形再放直的动作。尺蠖把身子弯曲起来，正是为了伸展作准备。龙蛇这样的动物，在寒冷冬天要蛰伏起来的，为的是保存自己的生命，以待春天重新出来活动。人类也是一样，在逆境中也应该潜藏退隐，保存实力，进德修业，以为将来出而致用。

《周易·蹇》卦主要讲人在遇到险阻时如何应对。其《彖传》说：“蹇，难也，险在前也。见险而能至，知矣哉！”其《象传》说：“山上有水，蹇。君子以反身修德。”蹇的意思是险阻，是难。前面有险阻，一时不能克服，这时明智的做法应该是知难而止，反身修德，为将来作准备，以待时势向有利的方向发展。

《解》卦上六爻辞说：“公用射隼于高墉之上，获之，无不利。”《系辞下》解释说：“隼者，禽也。弓矢者，器也。射之者，人也。君子藏器于身，待时而动，何不利之有。动而不括，是以出而有获。语成器而动者也。”隼，是一种阴鸷凶狠的鸟。隼在高墉之上，代表小人得势。在这种君子道消、小人道长之时，正人君子切不可与小人正面冲突，而应该韬光养晦，努力打造消灭阴鸷小人的工具器械，藏之于身，隐而不发，以等待合适的时机。一旦时机成熟，就可以一举歼灭小人。

《周易·乾卦·文言传》说：“夫大人者，与天地合其德，与日月合其明，与四时合其序，与鬼神合其吉凶。先天而天弗违，后天而奉天时。天且弗违，而况于人乎！况于鬼神乎！”这种深刻领会自然和人类社会运行规律，能够与时偕行，在意识和行为上与自然规律和社会规律合拍的大人，达到了孔子所谓“从心所欲不逾矩”（《论语·为政》）的自由境界。这样的大人，也是儒家的理想人格。

三十四、尊德乐道　与民偕乐

儒家崇尚道德，主张直道而行，依道而行，是唯道德之义者，或曰，是道德至上论者，故而倡导尊德乐道，乐以忘忧；儒家讲求仁义，重视民意，强调民为邦本、民贵君轻，故而倡导与民偕乐，乐民之乐。儒家认为，做到尊德乐道，与民偕乐，就能够乐以忘忧，就能够泰然、坦然、怡人。这就是儒家的快乐观，这就是儒家的幸福观。

尊德乐道　乐以忘忧

与道家崇尚自然的传统不同，儒家崇尚道德。孔、孟、荀乃是崇尚道德传统的奠基者。他们认为，实践道德的生活，才是人类最理想最圆满的生活，它不仅能使个己近仁达仁，从而不忧不惑不惧，而且还能使“民德归厚”，从而“天下归仁”。他们意识到道德对于社会进步和现实人生的极端重要性，一方面，社会群体道德状况是国家兴衰存亡的重要标志；另一方面，社会个体道德状况是个体在社会中能否立足的重要前提，一个人如果没有高尚的德行，即使如齐景公贵为公侯，有马千驷，也得不到人们起码的敬重；反之，如果具备很好的道德修养，则即便像伯夷叔齐饿死首阳，仍能得到万民称颂而名垂千古。在他们看来，道德乃人之生命之根本，失去道德即是失去生命之根本。因此，他们突出道德教化和人格修养，期望通过伦理教育、做人教育以提升人们的道德水准和人生境界。

孔子说："不仁者不可以长处约，不可以长处乐。"（《论语·里仁》）意思是说，一个没有仁德的人是不可能长久安于困境、长久处于顺境中的，面对困境，他必然要以非道德的手段加以改变；面对顺境，他同样不能坚持应有的操守。按孔子的逻辑，仁者则可以长处约、长处乐。一个有仁德的人，无论面对什么样的境遇，顺境抑或逆境，均能坚持操守，泰然处之，即"苟志于仁矣，无恶也"（《论语·里仁》）。孔子又赞美颜回说："贤哉，回也！一箪食，一瓢饮，在陋巷。人不堪其忧，回也不改其乐。贤哉，回也。"（《论语·雍也》）颜回家贫，生活极其简朴，用竹筐盛饭，用水瓢饮水，住在陋巷。一般人都忍受不了这种境况，可是颜回却自觉快活。为什么？正是仁者则可以长处约、长处乐的缘故。所以孔子称其为贤人。《论语》又记孔子说："饭疏食饮水，曲肱而枕之，乐亦在其中矣。不义而富且贵，于我如浮云。"（《论语·述而》）吃粗饭，喝清水，弯起胳膊当枕头，快乐就在其中。为什么？亦正是灿烂的星空在人头上，道德律在人心中的缘故。这实际上是在凸显人的道德愉悦、精神愉悦。

孟子进一步将此种道德愉悦、精神愉悦归结为“乐道”精神。所谓道，即是规律、法则，即是仁义礼智。儒家所担忧的就在于道之不得、道之不行、道之不传；儒家的使命就在于求道、闻道，就在于悟道、得道，就在于履道、传道。在儒家学者看来，一旦得道悟道，那么“朝闻道，夕死可矣”（《论语·里仁》）。依我看，这是一种道德精神的自我满足，这是一种快乐的生死观。这一点在孟子这里体现得尤其显著。孟子说：“理义之悦我心，犹刍豢之悦我口。”（《孟子·告子上》）人的精神愉悦、道德愉悦乃至审美愉悦的满足犹如人的感官愉悦的满足一样重要，甚至更重要。在《离娄上》篇我们看到孟子对人的精神愉悦、道德愉悦作出具体的论述，他说：“仁之实，事亲是也；义之实，从兄是也；智之实，知斯二者弗去是也；礼之实，节文斯二者是也；乐之实，乐斯二者，乐则生矣；生则恶可已也，恶可已，则不知足之蹈之，手之舞之。”自觉自愿地遵循和践履仁义礼智，不仅能产生快乐，而且能使人手舞足蹈，不能自已。真正的乐是仁义之乐，精神之乐，也即“理义之悦我心”，简言之“乐道”。

益者三乐　损者三乐

儒家对快乐的种类作出归纳。孔子说：“益者三乐，损者三乐。乐节礼乐，乐道人之善，乐多贤友，益矣。乐骄乐，乐佚游，乐宴乐，损矣。”（《论语·季氏》）孔子在这里将人的快乐分为两类，一类是有益的，一类是有害的。其中，有益的又有三项：第一项是“乐节礼乐”。“礼乐”之“乐”是音乐的“乐”。礼乐指

颜渊陋巷

君道、臣道、父道、子道，指不同层面的人们行事处事应当遵循、践履的规范、标准，包括开展活动中礼仪的规格。按照孔子的观念，“君君、臣臣、父父、子子”，做父亲的就要像父亲的样子，尽父亲之礼和职责；做儿子的就要像儿子的样子，尽晚辈之礼和责任；做君王的就要像君王的样子，尽君王之礼和职责；做臣下的就要像臣下的样子，尽臣下之礼和职责。各不同层面的人们各尽其礼，各司其职，社会自然有序而稳定，不致动乱，人们的生活也就自然安定而快乐。然而，孔子生活的时代，社会动荡，礼崩乐坏，君不君、臣不臣、父不父、子不子，各种僭越现象屡屡发生，所以孔子强调“克己复礼”，提倡节制礼乐。

第二项是“乐道人之善”。此“道”作“说”、“议论”解。人在社会中立足，靠的是学识、学问，是人品、德行，是身份、地位。其学问如何、修行如何、事功如何，要想不被人背后议论、品评，那是不可能的。在孔子看来，议论、品评人物虽属正常之事，但要看动机、出发点为何，是从完善自我、取长补短出发去发现乃至张扬别人的优点优长呢？还是宽以待己、严以待人，以长比短，刻意揭人之短加以讥讽呢？孔子主张前者，主张“道人之善”，认为唯此才是健康的、有益的、快意的。

第三项是“乐多贤友”。俗话说：人在江湖，不能没有朋友。朋友遍天下，就能走遍天下；否则，没有朋友，就成了孤家寡人，就会寸步难行。然应该结交什么样的人做朋友呢？孔子认为，必须慎重选择。孔子的意见，应当多多结交贤德之人。具体而言，就是“友直，友谅，友多闻”（《论语·季氏》），即结交正直的人、诚实的人、见识广的人。结交这样的人做朋友，是有益的、快乐的。否则，“友便辟，友善柔，友便佞”（同上），即结交阿谀奉承之人、口蜜腹剑之人、花言巧语之人，则只能有害无益。

所谓“损者三乐”，一是“乐骄乐”。用现在的话说，就是整天泡在网吧、泡在洗浴中心、泡在麻将桌上，欢乐无度。二是“乐佚游”。用现在的话说，就是整天游手好闲，不做正事，游荡无度。三是“乐宴饮”。用现在的话说，就是整天花天酒地，暴吃暴饮，宴饮无度。孔子认为，此“三乐”只能是有害无益。

由上可知，孔子所强调所提倡的乃是精神之乐、道德之乐、善行善举之乐。

孟子也提出“君子有三乐”。孟子说：“君子有三乐，而王天下不与存焉。父母俱存，兄弟无故，一乐也；仰不愧于天，俯不怍于人，二乐也；得天下英才而教育之，三乐也。君子有三乐，而王天下不与存焉！”（《孟子·尽心上》）按孟子的意见，君子有三桩乐事，而成一国之君统治天下却不在其中。这三桩乐事，一是父母健在，兄弟没病没灾，日出而作，日落而息，虽不富裕，却足以温饱，家庭和睦。这是天伦之乐。二是行得正，站得直，不做亏心事，不怕鬼敲门，上对得住天，下对得起人，心底坦然。这是心安之乐。三是学识渊博，堪为人师，得到天下众多优秀人才进行教育培养，传播知识，传承文化，贡献社会，利国利民。这是教育成就之乐。仔细分析，孟子此“三乐”究其实质，皆是乐理义或乐道的扩充或具体表现，均与儒家的道德愉悦追求密切相关。尤其是第一乐“父母俱存，兄弟无故”，其背后的意蕴和要求直接就是“事亲从兄”之人伦。而第二乐“仰不愧于天，俯不怍于人”，说的也就是人的道德修行包括事亲从兄在内的一切伦理行为内省而无咎，而油然生起的一种精神愉悦。至于第三乐“得天下英才而教育之”，其所教内容不外仁义礼智乐五者，故其所以可乐，也无非是因为此种道德教育的事体和过程而引起的一种道德愉快。为何“王天下”不在“三乐”之内？从世俗的观点看，王天下是许多人所汲汲追求的，王天下亦可谓为可乐。但依孟子，此种乐即非人人所可得，亦非人之性分所固有，它之是否可得取决于外在的异己力量——天命。而“仁义礼智根于心”，为人人先天所固有，求则得之，不求则不得。故仁义之乐、精神之乐、道德之乐才是最大之乐、真正之乐、恒久之乐。

与民偕乐　乐民之乐

儒家在政治思想上强调的重民、爱民观念在生活观、忧乐观上同样得到很好的体现。正是从重民、爱民出发，他们提出了“与民偕乐”、“乐民之乐”的命题。依据《孟子·梁惠王上》篇的记载，孟子与梁惠王曾就如何才能快乐进行讨论。孟子见到梁惠王，王站在池塘边，看着那些鸿雁和麋鹿说：“贤德之人也有这种乐趣吗？”孟子回答说：“只有贤德的人才有这种乐趣，不贤之人即便有了这些东西也不会感到快乐的。《诗经》上说：‘开始筹建灵台，边测量边安排。百姓齐心来建造，不用几天便完成。开始建造并不急于完成，百姓拥护自动来。文王来到灵囿里，母鹿悠闲地躺着。小鹿跳来跳去，瑞鹤洁白肥美。文王来到灵沼旁，满池鱼儿欢跳跃。’文王用民力建台开池，百姓却欢喜高兴，称其台为灵台，称其池为灵沼。为文王能看到麋鹿鱼鳖而高兴。古时候贤者能够与民同乐，所以能得到快乐。”

《孟子·梁惠王下》又载：“曰（孟子）：‘独乐乐，与人乐乐，孰乐？’曰（齐宣王）：‘不若与人。’曰（孟子）：‘与少乐乐，与众乐乐，孰乐？’曰（齐宣王）：‘不若与众。’”“乐民之乐者，民亦乐其乐；忧民之忧者，民亦忧其忧。乐以天下，忧以天下，然而不王者，未之有也。”“与百姓同乐，则王矣。”

由上可知，孟子清晰明确地表述了这样几层意思：其一，反对“独乐乐”，主张“与人乐乐”，反对“与少乐乐”，主张“与众乐乐”；其二，强调“贤而后乐”，不贤者虽有灵台灵沼、鸿雁麋鹿，虽闻钟鼓之声、管篮之音，不乐也；其三，提倡“与民同乐”，“乐民之乐”，指出与民同乐则王，不与民同乐则亡。如此看来，孟子“与民偕乐”、“乐民之乐”的观念意味孟子的快乐观具有广泛的社会性、人民性，说明孟子已经意识到，足以给人们带来快乐的对象或事物不应为统治者所独占，而应与民共享；普通百姓不只是“劳力者”，同时也必然是乐的活动的现实主体。尽管孟子不可能把百姓的地位上升到社会的主人、历史的主人的高度来认识，但他视百姓之乐为统治者所以能乐的前提条件的观念，不能不是一种有着积极意义的进步观念。

三十五、天下为公　世界大同

天下为公、世界大同是儒家的社会政治理想，反映了儒家对没有剥削和压迫、社会稳定有序、人际友爱和谐、生活富足的未来理想社会的构建、憧憬、向往和追求。

博施于民　老安少怀

儒家的思维模式是在自己的主观世界首先构想出一幅未来理想社会的美好蓝图，并与人类历史的所谓黄金时代——尧舜禹时代挂搭起来，进而反观现实，发现现实社会的情况与他们心目中的理想差距甚远，于是，一方面对现实表现出较为强烈的不满，有所批判；另一方面试图用自己的理想去引领社会，用自己的思想去影响社会，用自己的作为去改进社会。孔子呕心沥血，整理典籍，就是要传扬自己的思想和理想；孔子创办私学，教书育人，就是要培养认同自己思想和理想的人才，以为世用；孔子东奔西走，周游列国，就是想得到时君世主的支持，以实践和实现自己的理想和抱负。

那么，孔子的理想是怎样的呢？《论语》记载说："子曰：禹，吾无间然矣。菲饮食而致孝乎鬼神，恶衣服而致美乎黻冕，卑宫室而尽力乎沟洫。禹，吾无间然矣。"（《论语·泰伯》）黻，音弗，fú，祭祀时穿的礼服；冕，音免，miǎn，祭祀时戴的礼帽；沟洫，就是沟渠，也就是现在所说的农田水利。孔子的意思是说，禹是这样完美，我对他很难作出一丁点儿批评，他吃的很差，却把祭品办得很丰盛；穿的很差，却把祭服做得很考究；住的很简陋，却把精力用于农田水利。孔子又称颂尧的功绩之高大及礼仪制度之完美，赞美舜的道德之崇高。（参见《论语·泰伯》）可见，孔子心目中的理想社会的圣王是道德高尚之人，是勤政爱民之人，是恭敬先祖和神灵之人。《论语》又载："子谓子产：'有君子之道四焉：其行己也恭，其事上也敬，其养民也惠，其使民也义'。"（《论语·公冶长》）子产是春秋时郑国的贤相，是中国古代一位杰出的政治家和外交家。孔子说子产有四种行为合乎君子之道：一是做人老老实实，规规矩矩；二是服侍国君（工作）认认真真，恭恭敬敬；三是体恤民情，给以恩惠；四是役使人民，合于时宜，合于道理。可见，孔子心目中理想的臣下是品格高洁、做事认真、爱护百姓、重视民生之人。

《论语》中记载孔子与弟子子贡的一段对话："子贡曰：'如有博施于民而能济众，何如？可谓仁乎？'子曰：'何事于仁？必也圣乎？尧舜其犹病诸！'"（《论语·雍也》）孔子将广泛地给人民以好处，为人民排忧解难，帮助人民过上富足的生活的行为称为“圣”，并视为比他一再推崇的“仁”更高的美德，认为这是像尧舜这样的圣人也很难做得到的。这是“以民为本”的观念。后来《中庸》指出：“民之所好好之，民之所恶恶之，此之谓民之父母。”一切举措皆要从百姓的意愿出发，要看老百姓是否喜欢、是否欢迎、是否满意，老百姓喜欢的、欢迎的、满意的，就全力以赴去实行，老百姓不喜欢的、不欢迎的、不满意的，则万不可行。

孔子还向他的弟子们表露他的志向、理想说：“老者安之，朋友信之，少者怀之。”（《论语·公冶长》）孔子的理想社会是一个有序的道德社会，在这个社会里，没有饥饿，没有欺诈，人人各得其所，老人能够安享晚年，朋友之间相互信任，年少的人得到关爱，健康成长。孔子的思想表现出“大同”理想的初步端倪，但还不很完整。

大同小康　为公为家

完整而系统的关于大同社会的理想，是《礼记·礼运》篇所描述的大同社会。《礼记·礼运》篇是秦汉之际儒家学者的作品，其中关于大同社会的图景是这样描述的：“大道之行也，天下为公。选贤与能，讲信修睦。故人不独亲其亲，不独子其子。使老有所终，壮有所用，幼有所长，矜寡孤独废疾者皆有所养。男有分，女有归。货恶其弃于地也，不必藏于己；力恶其不出于身也，不必为己。是故谋闭而不兴，盗窃乱贼而不作，故外户而不闭。是谓大同。”这段话主要表达了这样几层意思：(1) 大同社会是大道盛行的社会，也即有道社会，在这样的社会里，总的特点和总的原则是“天下为公”，天下乃天下人之天下，而非一己一姓之天下。(2) 与此相联系，在大同社会，人人劳动，然劳动所得并不据为己有，而为社会所共有，共有则共享。(3) 在大同社会，不论男女老幼，人人都得到恰当的安排，各尽其职，各得其守，特别是老人得到敬养，安享晚年，年幼的得到关爱，健康成长，身体有缺陷的人得到照顾，没有歧视，没有生活之忧。(4) 在大同社会，人们相亲相爱，人际和睦，人们不只爱自己的亲人，也把别人的亲人当成自己的亲人一样对待；不只爱自己的子女，也把别人的子女当成自己的子女一样对待。如同孟子所言“老吾老以及人之老，幼吾幼以及人之幼”（《孟子·梁惠王上》）。(5) 在大同社会，人们相互信任，没有欺诈，不用权谋，不用算计，生活和平富足，没有盗贼，没有战争。(6) 在大同社会，选出贤能的人出来管理服务，社会井然有序。总之，在大同社会，没有剥削和压迫，没有战争和争斗，君为有道之君，臣为贤能之臣，百姓安居乐业，各得其所，生活富足美满，人人平等、自由、幸福、和谐。这就是“有道之世”，这就是大道盛行的情况，这就是公天下的图景。

大同社会是与小康社会相对而言的，天下为公是与天下为家相对而言的。《礼记·礼运》篇描述小康社会的情况说：“今大道既隐，天下为家。各亲其亲，各子其子，货力为己，大人世及以为礼，城郭沟池以为固。礼义以为纪，以正君臣，以笃父子，以睦兄弟，以和夫妇，以设制度，以立田里，以贤勇知，以功为己。故谋用是作，而兵由此起，禹汤文武成王周公由此其选也。此六君子者，未有不谨于礼者也。以著其义，以考其信。著有过刑仁讲让，示民有常，如有不由此者，在执者去，众以为殃。是谓小康。”这段话的主要意思是：(1) 小康社会是大道衰微的社会，在这样的社会里，总的特点是“天下为家”，天下乃一家一姓之天下，而非天下人之天下。(2) 与此相联系，在小康社会，人们只认自己的亲人为亲人，只认自己的子女为子女，即人际关系有远近亲疏，遵循“亲亲”的原则。(3) 在小康社会，虽然也讲劳动，但劳动的出发点是为私而非为公。(4) 在小康社会，设立制度来进行管理，用礼义来约束人们的行为，调节人际关系。违背制度、违背礼义的行为将受到谴责。(5) 在小康社会，由于等级尊卑观念鲜明，公私矛盾突出，因而机谋由之而起，战争由之而起。(6) 夏禹、商汤、文王、武王、成王、周公正是用制度管理社会，用礼义治理天下，而成为才德卓越之人。

总之，大同社会与小康社会的根本区别在“天下为公”与

乌鲁木齐文庙 魏广平 / 摄

“天下为家”。《礼记·礼运》篇作者认为，当时的现实社会远不及小康，更不用说大同了。因此，只有先进步到小康社会，然后才有可能进一步发展到大同社会。至于如何从小康进到大同，《礼记·礼运》篇作者并没有提出一条现实可行的路径，而只说这是人们的一种“志”，即理想。

大同思想　来源有自

大同理想渊源有自，孔子的“老安少怀”观念，墨子的“兼爱尚贤”观念，老子的“小国寡民”观念，庄子的“至德之世”观念，许行的“君臣并耕”观念，等等，都是大同理想的思想渊源。

关于孔子的“老安少怀”，前已述及，此不赘述。现在看墨子的“兼爱尚贤”理想。墨子主张不分亲疏，爱无差等：“天下之人皆相爱，强不执弱，众不劫寡，富不侮贫，贵不敖（傲）贱，诈不欺愚。”（《墨子·兼爱中》）又主尚贤，强调不论出身，不论贵贱，只要是贤者，都应该选用，天子就应该是天下最贤的人，而国君以至乡里之长也应该是一国一乡一里中最贤的人。在墨子这里，兼爱是总的原则，尚贤是实现社会治理、人人相爱的一项重要措施。

继看老子的“小国寡民”观念：“小国寡民，使民有什伯之器而不用。使民重死而不远徙。虽有舟舆，无所乘之；虽有甲兵，无所陈之。使人复结绳而用之。甘其食，美其服，安其居，乐其俗。邻国相望，鸡犬之声相闻，民至老死不相往来。”（《老子》第八十章）老子“小国寡民”的理想国是出于对有剥削压迫、

“损不足以奉有余”的无道社会的深恶痛绝，幻想恢复和实现没有剥削和压迫、“损有余以补不足”的有道社会的考虑而提出来的，是既保留古代农业社会质朴的民风，又体现当时经济生活分散性的特点的非古非今、亦古亦今的乌托邦。

继看庄子的“至德之世”理想：“至德之世，其行填填，其视颠颠。当是时也，山无蹊隧，泽无舟梁；万物群生，连属其乡；禽兽成群，草木遂长。是故禽兽可系羁而游，鸟鹊之巢可攀而窥。夫至德之世，同与禽兽居，族与万物并，恶知乎君子小人哉！”（《庄子·马蹄》）这是说，在“至德之世”，草木滋生，禽兽众多，人性敦厚质朴，不用相互算计防范，人与禽兽和睦相处，人们甚至可以牵引禽兽游玩，攀援上树去窥望鸟鹊之巢。“至德之世”在于和鸟兽同居，和万物并聚，没有君子小人之分，贵贱亲疏之别。庄子意在通过对这种简单的物质生活的描述和彰显，提倡一个没有人与自然对立、没有人与人对立、没有统治者与被统治者对立，人的自然本性得到充分发挥和体现的素朴而平等、和谐的社会，这就是庄子的理想。

再看许行的“君臣并耕”理想。许行是农家的代表，《孟子》一书有关于许行言行的零星记述。《孟子·滕文公上》记曰：“有为神农之言者许行，自楚之滕，踵门而告文公曰：‘远方之人，闻君行仁政，愿受一尘而为氓。’文公与之处。其徒数十人，皆衣褐，捆屦、织席以为食。陈良之徒陈相与其弟辛负耒耜自宋之滕……陈相见许行而大悦，尽弃其学而学焉。”许行和他的门徒，穿着粗糙的衣服，过着俭朴的生活。他们主张人人都要劳动，不劳动者不得食，要以自己的劳动所得去换取生活之必需品和其他生产资料。他们还认为贤明的君主也不能例外，也要与民

"并耕而食"。农家的理想社会是一个人人劳动，没有等级特权，没有剥削压迫的社会。

大同理想　影响深远

大同理想不仅渊源有自，更是影响深远。大同理想所显露出的浓烈的人情味和浓厚的和谐意识，构成历代仁人志士前赴后继，追求未来理想目标的内在精神力量。

1. 农民战争领袖的理想或空想

在漫长的封建社会，广大的农民阶级由于不堪重负，不堪封建地主阶级的残酷剥削和压迫，不断地奋起抗争，发动起义，追求最基本的生存权利和人身权利，向往和憧憬财产公有、人人劳动的太平世界。

在东汉末的农民起义中，出现了关于"太平"世界的幻想。农民领袖张角传布"太平道"，组织农民起义。何谓"太平"呢？《太平经》解释说："太者大也，言其积大如天，无有大如天者。平者言治，太平均，凡事悉治，无复不平。"太平，就是人人平等，平等地劳动，平等地享受，不应有不劳而获的特权。应该说，这种理想是超出当时的客观历史实际的，因而是空想。南宋钟相起义时提出"等贵贱，均贫富"，要求废除等级特权，消灭贫富不平现象。明末李自成起义，提出"均田免粮"，希求实现人人丰衣足食，"吃着不尽"的理想。在近代著名的太平天国农民革命中，洪秀全提出了"天下一家"的理想，并为之进行了不懈的努力和斗争（实践），他在《天朝田亩制度》中指出："有田同耕，有饭同食，有衣同穿，有钱同使，无处不均匀，无人不饱暖也。"这实质是一种平均主义的空想，却表现了他们冲破封建等级制，建立没有剥削的新世界的美好愿望。

2. 异端思想家的乌托邦思想

魏晋之际异端思想家鲍敬言出于对封建的奴役和剥削的认识和反抗，提出了"无君无臣"的乌托邦思想，指出"身无在公之役，家无输调之费"，"安得聚敛，以夺民财"，主张废除城池和刑法，人人劳动，"穿井而饮，耕田而食，日出而作，日入而息"，"安土乐业，顺天分地，内足衣食之用，外无势利之争"。宋元之际异端思想家邓牧与鲍敬言一样，对暴君和酷吏深恶痛绝，给以无情的抨击，进而他描述了一幅美好幸福社会的乌托邦图景。在他的乌托邦社会里，虽有皇帝，但他的身份近似百姓，"其位未尊也"，是人民选举出来的公仆，为人民办事，因而受到人民的拥戴；虽有少数官吏，然也是人民推举的，与人民关系融洽，管理公共事务而已，并无特权；而广大人民虽分工不同，职业不同，却人人劳动，自食其力。明代异端思想家何心隐是一位封建叛逆者，他认为人有欲望乃人的天性，人不能无欲，不过，与百姓同欲才是最高的欲。他主张老有所养，幼有所归，他提倡并实践义务教育、平等教育、社会教育。他是近代乌托邦社会主义的先驱。

3. 康有为和孙中山的乌托邦社会主义

康有为是戊戌维新变法运动的领袖。虽然他领导的变法运动很快就夭折了，但他却留下一部很有名的著作《大同书》。在

《大同书》中，他将“公羊三世”说与《礼记·礼运》篇中的“小康”、“大同”联系起来，指出时下中国处于“据乱世”，唯有先进入“升平世”，然后才能最终进入“太平世”，即大同世界。他认为去苦求乐、追求平等幸福乃人之天性。由此出发，他一方面详尽描述了大同世界的美好愿景，大同世界毋宁就是快乐世界、神仙世界；另一方面又揭露了人世间现实中的种种苦难，因而提出“去九界”包括去家界、去国界、去乡界等，以达人类之大同。他的思想有一定的反封建的积极意义，然终究是一种没有任何现实性的乌托邦。

孙中山是资产阶级民主革命的先行者，他领导的辛亥革命，结束了二千多年的封建帝制，建立了民主共和国。在长期的革命实践中，他提出了主观社会主义的乌托邦，系统阐发了三民主义思想体系。他意识到欧美资本主义的经济与社会的种种矛盾和问题，尤其是两极分化的现象突出。为避免重蹈覆辙，他试图“毕其功于一役”。他曾依据《礼记·礼运》篇的大同思想而对社会主义做了这样的绍述：“鄙人对于社会主义，实欢迎其为利国福民之神圣。”“实行社会主义之日，即我民幼有所教，老有所养，分业操作，各得其所。”（《社会主义之派别与方法》）为实现此理想，他主张“平均地权”，其实质是改变地主阶级对土地的垄断，发展资本主义。同时，他特别强调历史的重心是民生，指出“民生就是人民的生活，社会的生存，国民的生计，群众的生命。”“民生问题才可说是社会进化的原动力。”（《民生主义》）孙中山的主观社会主义以非科学的方式表达了构建一个没有剥削压迫的未来理想社会的美好愿望。

三十六、天人合一　尊重自然

天人关系也即人与自然的关系。在儒家哲学中，关于天人关系主要有三种模式：一是天人合一；二是天人相分；三是天人相胜。天人合一，重在揭示人与自然的统一性、一致性；天人相分，重在阐述人与自然的差异性、区别性；天人相胜，重在说明天人之间有分有合，其分其合各有作用，相互补充。不过，绝大多数儒家学者都提倡和认同天人合一。

以德配天　敬德保民

最早的天人关系表现为人神关系，天人合一也就是人神合一。在这一意义上，天主要不是指自然、大千世界，而是指神、帝或上帝。在人神关系中，人和神不是平等的关系，而是主宰和被主宰、左右和被左右的关系，神、帝或上帝居于绝对主导的至高无上的地位，人不能自己决定自己的命运，而只能听命于和服从于神、帝或上帝的摆布，因而天人合一只能是合于天、合于神。

这种观念发端于中国历史的殷商之际。当时的生产力水平还很低，人们谋生的手段和工具还十分原始，社会文明发展的程度还处于比较初级的阶段，许多自然现象和社会现象都不能得到合理的解释，往往归之于神的力量和作用。《殷虚文字乙编》记载："甲辰，帝其令雨？""帝其令风？"甲辰这一天，上帝会下令降雨吗？上帝会下令刮风吗？不仅大千世界的自然现象取决于神的作用，社会现象也不例外，人事的吉凶祸福也取决于神的作用。人们唯有通过顶礼膜拜，以求得神或上帝的佑护。

历史发展到周代，社会生产力有了长足的进步，人们谋生的手段和工具有了很大的改进，社会文明发展的程度有了较大的提升。在这样的背景下，人们观念中的天人关系发生历史性的逆转，天或神的地位开始下降，人的地位开始上升。伴随对自然现象和社会现象的长期观察，伴随生产实践和社会实践经验的不断积累，人们不自觉地感悟到，对于神或上帝的虔诚，并不能保证人类所行所事的成功，于是由绝对地服从天命，转向开始肯定和重视人类自身的力量，开始肯定和重视人的主观能动性。这是理性的觉醒，这是人的觉醒。西周初年周公提出"以德配天"、"敬德保民"的观念，正是此种理性思潮的产物。尽管天的地位没有根本动摇，但人的地位却在上升。"以德配天"，意味不必再盲从天命，而应重视人自己的"德"，天命是否对人类的生产生活产生好的作用，取决于人的修德深浅厚薄。"敬德保民"，旨在告诫统治者注重修德立德，善待百姓，而不是一味假借上天的旨意，欺骗百姓，欺压百姓。与其说这是对殷商灭亡的历史经验教训的总结，毋宁说这是时代思潮折射出的思想光芒。

天人相知 契合贯通

“以德配天”、“敬德保民”的观念可以说已经蕴含天人相感、相通思想的萌芽。周宣王时尹吉甫作《烝民》诗云：“天生烝民，有物有则，民之秉彝，好是懿德。”（《诗经·大雅·荡之什》）认为人民的善德来自天赋，含有天人相感通的意蕴。春秋时期郑国政治家子产云：“天道远，人道迩，非所及也，何以知之？”（《左传·昭公十八年》）天道即自然规律，人道即社会规律。子产区分自然规律和社会规律，重视对人类社会规律的认识而忽视对自然规律的探求，但他也肯定天和人即自然规律和人类社会规律存在不可分割的联系。

春秋末年，儒学的创立者孔子对传统关于天的观念既有继承，又有改造。一方面，他吸取传统天命观中命运之天的因素，对天命明确地取肯定的态度；另一方面，也是更为重要的方面，他吸取时代的养分，赋予天命以新的内涵、新的规定性。这首先表现在他将有人格意志的主宰之天转换成自然必然性之天，指出：“天何言哉！四时行焉，百物生焉，天何言哉！”（《论语·阳货》）认为天对春夏秋冬四时不加左右，任其自然运行，对花草林木、鸟兽鱼虫百物不加主宰，任其自然生长。其次，孔子赋予天以伦理道德的性质，在孔子看来，唯有道德需要、道德生活，才是人类的本质需要和理想生活，因而只有天命自身具有道德的属性，经过道德实践所达到的境界才是一种道德人生境界。而这也正是人类的理想境界。

尤其值得注意的是，孔子还说过“知我者其天乎”（《论语·宪问》）和“五十而知天命”（《论语·为政》）的话，前者是说“天知人”，是把天拟人化、道德化，赋予天以人的属性——道德性；后者是说“人知天”，是把人客体化、对象化，赋予人以物（天）的属物——自然性，是说明人在天命面前不是被动的，人有主动性、能动性，可以认识自然，把握天命，从而更好地按照符合人的需要的方式生存生活，实现人的发展。总之，“天知人”，“人知天”，天人相知，说明天和人具有某种亲和性、相通性，是天人契合无间、相互贯通的情态表征，是主体的客体化、客体的主体化、主客交融的体现。

尽心知性　知天合天

如果说天人合一的观念在孔子那里仍给人某种模糊的感觉的话，在战国之际的孟子这里则要明确得多了。孟子把天和人的心性联系起来，他说：“尽其心者，知其性也；知其性，则知天矣。”（《孟子·尽心上》）孟子认为心作为思维的器官其功能作用即是思维，“心之官则思”（《孟子·告子上》）。性作为人的本质其内容即是恻隐、羞恶、辞让、是非之心，也即所谓“四端”。天作为最高的实体存在赋予人以思维的功能和作用。所以充分发挥心的思维动能和作用（尽心），即可认识、把握人的本质（知性)；而认识、把握人的本质，即可“上达”于天，感悟到天无非是一种“莫之为而为”的客观必然性(知天)，因而只能“顺之”而不能“逆之”，否则，逆天而行，“揠苗助长”，必致适得其反。孟子的独到之处在于着重探讨了人性问题，提出了性善学说，并以此为中介将天和人沟通和统一起来。

战国中晚期成书的《易传》的作者提出“与天地合德”(合天)的观念，指出：“夫大人者，与天地合其德，与日月合其明，与四时合其序，与鬼神合其吉凶，先天而天弗违，后天而奉天时，天且弗违，而况于人乎！”(《周易·乾·文言》)这实际是说，一方面要遵循天(自然)的变化规律；另一方面要发挥人的能动作用，通过这两方面的功夫以达到天人和谐、一致的理想。这显然较孟子的思想又前进了一步。所谓“天地之德”，也就是“生生之德”，圣人追求的“盛德大业”，就是从珍爱生命出发，按照

1917年泗水文庙祭祀盛况

阴阳变化、和谐统一之理，发挥人的主动性，以辅助万物“生生不息”。可见，天人合一不是静态的，而是动态的，不是一个片断，而是一个循环往复、无有止息的不断上升和前进的过程。这是一种大和谐意识，也是一种大生命意识。后来宋代周敦颐在《太极图说》中提出的“圣人与天地合其德”，张载在《正蒙·诚明》中提出的“性与天道不见乎小大之别也”、“性与天道合一存乎诚”，程颢提出的“须是合内外之道，一天人，齐上下”（《程氏遗书》卷三），程颐提出的“道未始有天人之别，但在天则为天道，在地则为地道，在人则为人道”（《程氏遗书》卷二十二），明清之际王夫之在《周易外传》中提出的“圣人尽人之道而合天道”等，都是对《易传》“与天地合其德”观念的继承和发展。

尊重自然　珍爱生命

儒家天人合一的命题有何意义和价值呢？以往的研究者片面强调“天人相分”命题的意义和价值，而将天人合一命题归为糟粕来对待，这是很成问题的。固然，天人之分的学说注重人与自然的区别和不同，突出和强调人的主观能动性，这是富有积极意义的，但这种学说忽视了人与自然的统一性问题，一味强调“制天”、“戡天”，强调人对自然的占有与征服，势必导致自然生态平衡的破坏，并最后导致社会生态平衡的破坏，从而使人类丧失其生存生活的基础和条件。这是人类所厌恶和不愿看到的局面。以往人类对大自然的掠夺性开发给人类生存的有限空间带来一系列的严重问题，使我们这个小小的地球伤痕累累,教训是深刻的。恩格斯在《自然辩证法》中说,人类不要过分陶醉于对大自然的征服,因为每一次征服,大自然都进行了报复。德国著名诗人歌德也说,大自然不会犯错误,犯错误的是人。对于大自然而言,我们人类可谓罪孽深重。为了赎罪,为了使生存空间得到改进,也为了人类的生活更加美好、更富有质量,有必要从儒家的天人合一理论中汲取智慧和启示。

虽然不同时期乃至同一时期的儒家学者关于天人合一的论述、见解不尽相同,然而在承认、肯定天和人、自然界和人类精神具有统一性、相通性,并视这种统一、和谐为人类的最高理想这一点上却是基本一致的。儒家通过天人合一命题所揭示的人与自然、主观世界和客观世界、自然规律和思维规律的近似性、统一性,就其精神实质而言,在今天仍有着不容低估的积极的价值和意义。

问津书院

笔者在《中国文化精神》一书中曾指出，儒家从天人合一的理想和信念出发，反对把人与自然、人与动物截然割裂、对立起来，认为人是自然的产物，人从自然中产生以后，便构成自然的一部分，自然世界是一个大宇宙，人类社会是一个小宇宙，人类不过是自然大家族中的一员，与自然界大家庭中的其他成员有许多共同之处。孟子说："人之所以异于禽兽者几希"（《孟子·离娄下》），就是基于这样的认识。这些共同之处的存在便构成人与自然之间统一性和关联性的基础，人不能离开外部自然而生存发展，人类理当视自然为自己的朋友。① 儒家对人与自然或者说人的世界与物的世界统一性、相通性、关联性乃至平等性的认识和把握，旨在提醒人们记住，人的世界与物的世界互为依存、渗透、作用，人类不能盲目地将自己凌驾于自然之上而对自然采取非理性的态度和立场。儒家并没有因此而漠视人与自然、人的世界与物的世界的差异性，漠视人的内部自然不同于外部自然的特殊性。儒家常常将天、地、人并称为三才，但其重心却在揭示人在三才中的特殊地位。儒家认为，人的世界优越于物的世界之处，就在于人有道德理性。因而，儒家对于人的生存和人的发展给予更多的关心。一般而言，其关心的次序总是先从人类再推及其他生命。不过，"这并不意味着人的价值就绝对比其他生命高，人就可以为自己的目的和利益对其他生命为所欲为。人之优越恰恰在于他能以合乎道德的方式对待他人及其他动物，在于他是道德的主动者和代

---

① 参见邵汉明主编：《中国文化精神》，商务印书馆 2000 年版，第 66 页。

理人。"[①] 从终极的意义上说，或者说，从人与自然的大和谐观、大生命观上说，儒家执信人与自然应是和谐融洽的，自然万物不是死的，而是与人类一样的活的生命存在，人类绝不可以把自己看作自然万物的主宰，而应尊重自然，爱护自然。显然，尊重自然，爱护自然，就是尊重生命，爱护人类自己。

① 参见何怀宏主编：《生态伦理——精神资源与哲学基础》，河北大学出版社 2002 年版，第 41 页。

后　记

《大众儒学》是我主持的国家社科基金项目——“大众儒学”的最终成果。2010 年项目结项时，蒙专家厚爱，评价等级为优秀。

本书主要由我和吉林省社会科学院哲学与文化研究所刘辉研究员、《社会科学战线》杂志社王永平研究员撰写完成，《社会科学战线》杂志社的张利明和吉林省社会科学院哲学与文化研究所的杨永亮两位年轻同志也参加了个别章节的撰写。全书由我统稿、定稿，刘辉和王永平两位青年才俊也参加了统稿工作。

本书书名与项目名是一致的。我在此前所以提出“大众儒学”，一是受艾思奇著《大众哲学》的启发，哲学有一个通俗化、大众化的问题，儒学同样有一个通俗化、大众化的问题；二是基于我对儒学乃至整个传统文化普及工作重要性、必要性的认识，儒学不能仅仅停留在形而上的学理研究的层面，还应该进入形而下的普及应用的层面，这样才能更好地发挥它的积极的作用。

我很清醒地知道，要写好《大众儒学》着实不易。它既要求对儒学全貌、儒学基本内容和精神旨趣有一个较为全面、系统和准确的认识和把握（这是儒学学理研究所应该达到的目标），又要求有较高的马克思主义理论素养和对时代精神、现实生活的体悟与理解，还要求有较好的通俗易懂的语言表达能力。这是做好《大众儒学》的三个基本条件。按照这一标准，我们用心了、努力了，然离理想的目标无疑相距甚远。我想，权且视为抛砖引玉吧，俟有机会再版，再作加工改进。

书稿各章节间，我们有意识地配了几十幅图片，这些图片包括儒学人物、儒学经典的善本书籍、孔庙及祭孔活动等。所有图片均选自孔祥林等著《世界孔子庙研究》（中国编译出版社 2011 年版）和郭齐勇著《中国儒学之精神》（复旦大学出版社 2009 年版），对学界同仁的支持深表谢忱。

本书目录的英文翻译是吉林省社会科学院高句丽研究中心的赵欣博士作的。因为半文半白，且都是四字成言，八字成句，翻译起来难度可想而知。要特别感谢赵欣女士的智力支持。

本书的出版得到人民出版社领导和编辑的大力支持，方国根编审为此付出很多努力和辛劳。谨在此一并表示真诚的谢意。

邵汉明

2013 年 5 月 27 日